城市轨道交通票务管理实务

主　编　方振龙　贺丽萍
副主编　于福权　马　骏　刘为民
参　编　肖　华　王冬梅　韩玉辉　徐宇卉

北京理工大学出版社
BEIJING INSTITUTE OF TECHNOLOGY PRESS

内容简介

本书对城市轨道交通票务岗位技能进行了细致、系统的分析，主要内容以轨道交通企业票务岗位人员技能需求和学生认知规律为依据，详细讲解了票务岗位的各个工作任务对职业技能的需求，分成城市轨道交通票务系统概述、自动售检票系统终端设备操作与日常维护、车站票务工作、车站票务处理、票款清分管理、票务差错和票务事故、铁路非正常情况下的票务应急处理7个项目，可以让读者迅速、全面地掌握票务相关岗位所必需的理论、实践技能。

本书是城市轨道交通专业的核心教材，可供职业院校相关专业教学选用，也可作为轨道交通行业的岗位培训用书和有关技术人员的学习参考用书。

图书在版编目（CIP）数据

城市轨道交通票务管理实务/方振龙，贺丽萍主编. —北京：北京理工大学出版社，2023.8重印

ISBN 978-7-5682-1585-5

Ⅰ.①城…　Ⅱ.①方…②贺…　Ⅲ.①城市铁路-旅客运输-售票-管理　Ⅳ.①U239.5

中国版本图书馆CIP数据核字（2015）第299054号

出版发行／北京理工大学出版社有限责任公司
社　　址／北京市海淀区中关村南大街5号
邮　　编／100081
电　　话／（010）68914775（总编室）
　　　　　（010）82562903（教材售后服务热线）
　　　　　（010）68944723（其他图书服务热线）
网　　址／http://www.bitpress.com.cn
经　　销／全国各地新华书店
印　　刷／廊坊市印艺阁数字科技有限公司
开　　本／787毫米×1092毫米　1/16
印　　张／16
字　　数／373千字
版　　次／2023年8月第1版第5次印刷
定　　价／49.80元

责任编辑／王俊洁
文案编辑／王俊洁
责任校对／周瑞红
责任印制／李志强

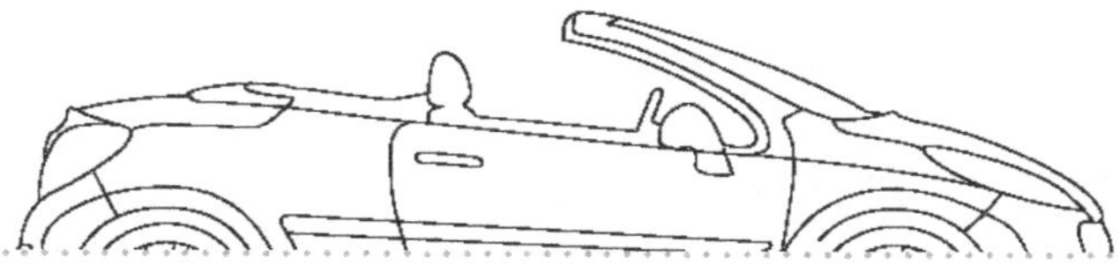

前言

PREFACE

伴随着中国经济的腾飞，中国城市轨道交通产业也步入了高速发展时期，截至2014年年底，我国内地已有北京、上海、广州、天津、重庆、南京、武汉、长春、深圳、大连等22个城市先后建成并开通运营城市轨道交通线路，总里程达3 137千米，2014年，全国城市轨道交通客运总量达126亿人次。“十三五”时期，我国将进入城市轨道交通建设的大发展阶段，2020年，规划线路里程将超过10 000千米，《中国制造2025》对我国制造业转型升级和跨越发展作了整体部署，为我国城市轨道交通产业的发展提供了前所未有的机遇和巨大潜能。

城市轨道交通产业的繁荣为城市轨道交通专业技能人才的培养提供了发展机遇。自动售检票系统作为城市轨道交通系统中的重要环节，要保障该系统安全、高效地运营，必须依靠一支岗位知识丰富、技能强的高水平技能型人才，针对目前自动售检票岗位技能人才培养的现状，我们整理了长春地铁、北京地铁、广州地铁等城市轨道运营公司关于自动售检票系统的相关岗位实务，编写了这本以岗位技能操作为主的，培养自动售检票系统岗位操作、维护人才的教学用书。

本书围绕自动售检票系统的实践操作，共分成城市轨道交通票务系统概述、自动售检票系统终端设备操作与日常维护、车站票务工作、车站票务处理、票款清分管理、票务差错和票务事故、铁路非正常情况下的票务应急处理7个项目，每个项目包含2～6个具体工作任务。在每个工作任务中，通过情境导入、知识要点、理论准备、任务处理、实训任务5个实践教学环节，对工作任务进行全面的理论知识介绍和实践教学指导，学员通过每个项目和工作任务的学习，可以由浅入深地掌握自动售检票系统各个子系统的岗位技能，在工作中能够迅速进入工作任务状态，达到用人单位的岗位能力要求。

全书充分考虑到了职业院校的教学特点和城市轨道交通企业对票务运营人才培养的需求，注重理论知识和实践技能的有机结合。

本书编写任务如下：方振龙、徐宇卉编写项目一、项目二，肖华、贺丽萍编写项目三，马骏编写项目四，于福权、韩玉辉编写项目五、项目六，王冬梅、刘为民编写项目七。

本书在编写过程中参阅了近年来多位专家学者的专著、文献、论文等资料，在此我们向提供帮助的专家学者及学校在轨道交通车站工作的毕业生表示衷心的感谢。由于编者水平有限，本书难免有不当之处，恳请读者给予批评指正，我们将十分感谢。

编　者

2015年10月

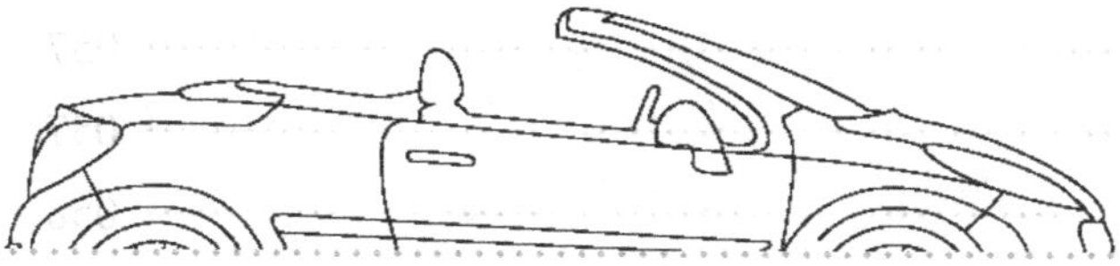

目 录

CONTENTS

项目一

城市轨道交通票务系统概述

项目描述

随着城市人口的不断增加，城铁/轻轨以其安全、舒适、方便、快捷等突出优点已成为大城市改善交通结构、构建立体式交通运输网络、解决交通拥挤难题、改善城市环境的最佳方案，发展城市轨道交通是世界上很多国家的共识。与传统的交通工具不同，城市轨道交通自动化程度高，也是最有效率的城市交通工具。而面对客运量越来越大的城市交通系统，采用传统的纸质车票和人工检票方式已远远不能满足客运要求，利用先进的地铁自动售检票系统来减少地铁工作人员的劳动强度和获取城市轨道交通系统的客流信息与收益情况的第一手资料，已成为城市轨道交通的发展趋势。本项目主要讲述自动售检票系统对城市轨道交通系统的意义及其发展史；票务管理体系的定义及其与自动售检票系统之间的关系。

培养目标

1. 知识目标

(1) 城市轨道交通票务系统的组成。

(2) 自动售检票系统的组成。

(3) 城市轨道交通票务业务的相关知识。

2. 能力目标

(1) 城市轨道交通票务系统的应用。

(2) 自动售检票系统的应用。

(3) 城市轨道交通票务业务的相关操作。

3. 素质目标

(1) 具有良好的职业道德认识、情感、意志、行为和修养，有铁的组织纪律观念。

(2) 具有责任感和对突发事故的应变能力。

(3) 具有“安全第一、预防为主”的思想意识和观念。

(4) 具有创新精神与实践能力。

任务1　城市轨道交通票务系统认知

【理论准备】

一、国外城市轨道交通票务系统发展现状

目前，世界上城市轨道交通票务系统主要有印制纸票人工售检票系统、印制纸票半自动售检票系统、一次性磁票自动售检票系统、重复使用磁票售检票系统、接触式智能卡自动售检票系统、非接触式智能卡自动售检票系统等，城市轨道交通车票如图 1-1 所示。本单元以莫斯科、东京等城市的自动售检票系统为例介绍城市轨道交通票务系统的发展。

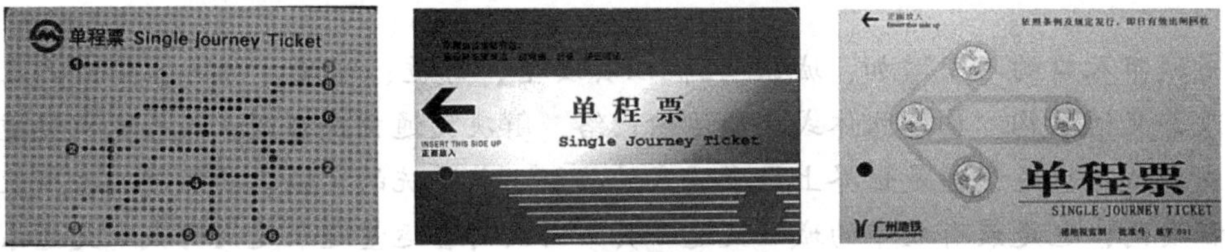

图 1-1　城市轨道交通车票

1. 莫斯科

1996 年，莫斯科地铁全面安装自动售检票系统。1997 年，第一代磁卡车票应用于自动售检票系统。莫斯科地铁采用单一票价，车票类型包括单次车票、月票、季票、年票及学生票。

莫斯科地铁网络采用了环状与放射状相结合的方式，线路密集、分布均匀，最大限度地覆盖了整个城市区域。莫斯科地铁运营里程已达 278.3 千米，共有 172 个车站，换乘十分方便。根据不完全统计，2007 年，莫斯科地铁的年客流量为 32 亿人次，位居世界第一。

莫斯科地铁计划采用计程票价代替“单一票价”运价表，并采用储值票。整个地铁自动售检票系统模块包括验票软件、车站管理和通信服务器、CSC（Con tactless Smart Card）票信息终端软件、中央交易处理和报表软件、自动售票机软件（仅为离线），其中，自动售检票系统的中央控制系统和报表系统每天可以处理 600 万人次客流量的售检票和乘客旅程统计分析。莫斯科地铁检票闸机如图 1-2 所示。

图 1-2　莫斯科地铁检票闸机

2. 东京

东京的地铁由两家公司负责经营、维护和技术管理，分别为营团地铁和都营地铁，运营管理 13 条地铁线路，地铁运营里程为 286 千米，每天的运送能力为 740 万人次左右。东京地铁的自动售检票系统采用的票种较多。东京轨道交通的票制为磁卡票，票种有单程票、一日票、月票、多次票和 SF 储值票等。单程票的有效期为 1 天。多次票和月票享有优惠，所有票种都可灵活使用和换乘。系统收益清分统一简捷，东京轨道交通行业的 20 家地铁和私铁公司等组成一个 PASSNET 联盟，制定各公司之间的票务清分原则。他们遵循统一的原则，每月结算一次，数据以磁带形式提交给第三方公司，统一进行清分处理，各公司根据清分结果自行通过银行划账结算。换乘处理灵活，乘客在车站可以购买单程票或换乘联票、月票和储值票等；进出站闸机以常开式双向闸机为主。换乘方式为多种并存，有不出站之间换乘，也有出站换乘，还有通过专门通道进行换乘的方式。进出站采用双向闸机，多名乘客可以一次将多张车票投入闸机进行检票，最多可同时识别 9 张车票，且车票正向着智能化发展。自动售检票机可识别纸质和硬质车票，并可自助进行退票操作，不收手续费；车站设有较宽敞的残疾人通道和大件行李通道，自动售检票机上设置有盲文引导系统。东京地铁车站常开式双向闸机如图 1-3 所示。

图 1-3　东京地铁车站常开式双向闸机

二、我国城市轨道交通票务系统的发展历程

我国自动检票系统的研究、开发起步较晚，近年来的发展极为迅速，地铁、公交、铁路客运系统都对 AFC（自动售检票）系统有迫切的要求。国内一些研究单位和厂家都在积极进行这方面的研发。城市轨道交通起步最早的北京地铁，从运营开始，一直延续到 20 世纪 90 年代，仍采用人工售检票。

1. 我国自动售检票系统的发展历程

我国在 20 世纪 90 年代开始自动售检票系统的探索，迄今只有十几年时间，经历了从无到有、从小到大的发展，归纳起来，可以分为启蒙、实践、调整三个阶段。

（1）启蒙阶段

20 世纪 80 年代末，上海地铁凭借国外集成商的经验和资料，开始了 AFC 系统和设备的研制。当时城市轨道交通 AFC 系统在中国仍然是空白，在 20 世纪 90 年代初《广州地铁 1 号线可行性研究报告》中，在票务收费方式中人工和自动的比选方案描述是重要章节。在此阶段，AFC 系统的功能主要是借鉴国外成功的经验配置。我国城市轨道交通首个 AFC 系统供货合同在20世纪90年代中期签订。当时国际上的磁卡AFC系统技术已成熟，IC（Integrated Circuit 集成电路）卡技术在交通收费方面的应用研究刚刚起步，巴黎地铁和香港地铁收费系统考虑采用非接触IC卡技术。当时我国对公交IC卡应用只是处于接触式IC卡水平，在磁卡、IC卡、条形码等多种媒介之间。由于IC卡成本高，所以，这一阶段国内AFC系统票卡通常采用磁卡介质。

（2）实践阶段

从1998年年底开始，AFC系统在国内城市轨道交通领域相继投入使用。并发挥了重要作用。AFC系统能为乘客提供便捷服务，使票务管理水平和客流处理能力逐步得到提高，实现地铁票务收益管理低投入、高效率运行。这个阶段，国内轨道交通AFC系统通过摸索和总结，整理和归纳了许多适用于轨道交通票务管理需要的新功能，使AFC系统的功能更为完善。

下面以北京地铁为例介绍。

2003年12月31日，北京第一套单线自动售检票系统在地铁13号线投入使用。这是一套基于磁票的AFC系统，集成商为日本信号公司，系统单程票为一次性纸质磁票。从2008年6月9日起，北京城市轨道交通路网在运营的5条线路上启动自动售检票（AFC）系统。这就意味着北京地铁纸票彻底退出历史舞台。乘客在北京坐地铁将使用新的电子式单程票卡和原有的市政交通/一卡通卡，进站、出站都需要检票（刷卡）。

（3）调整阶段

短短几年时间，轨道交通AFC系统、IC卡技术的应用由研究摸索阶段发展到大规模的实际应用阶段。由于非接触式IC卡具有储存量大、保密性强、可实现一卡多用等优点，逐步取代了磁卡，如今已成为各城市轨道交通收费系统的首选票卡媒介。非接触式IC卡技术在轨道交通AFC系统中大规模地应用，降低了AFC系统的成本，使系统结构更为简单、高效，推动了新建线路AFC系统的功能扩展和性能提高。

下面以广州地铁为例介绍。

广州地铁自1999年6月28日全线正式开通，第一条线即采用了磁卡自动售检票系统，一号线集成商为美国CUBIC公司，二号线全部采用非接触式IC卡自动售检票系统。

2. 我国主要城市现状

目前，国内新建轨道交通AFC系统基本采用非接触式IC卡技术，使系统设备更为简化，减少了卡票现象，减少了系统的维修工作量，提高了系统的信息处理能力和安全性；同时，IC卡技术的应用使公交行业联营成为发展趋势，为广大乘客带来更大便利。目前，一卡通系统已拓展到多个城市的交通领域，如在上海，乘公交、地铁、出租车、轮渡等均可采用一卡通，在广州、北京、西安、大连等城市也都实现了公交、地铁交通的一卡通。

（1）北京

北京轨道交通早在1985年就开始进行自动售检票系统的可行性研究，但应用较晚。

正如前面所述，2003年12月31日，北京第一套单线自动售检票系统在地铁13号线投入使用，这是一套基于磁票的自动售检票（AFC）系统，集成商为日本信号公司，系统单程票为一次性纸质磁票。为了响应北京市政府关于推行“市政交通一卡通”的理念，该系统也增加了对一卡通储值卡的支持功能。

2008年6月9日，北京轨道交通路网自动售检票（AFC）系统投入使用，实现了真正意义上的“一卡通行、一票通行”和无障碍换乘。系统单程票为可以回收使用的超轻薄型IC卡，支持一卡通储值票的使用。

（2）上海

2000年，上海地铁1号线自动售检票系统叠加了由上海生产的以上海公交卡作为储值票的系统，形式同磁卡和非接触城市公共交通卡，同时实现了地铁运营商与公共交通卡公司的数据交易与账务结算。2001年，上海地铁2号线投入运营，同步将1号线自动售检票系统扩展到2号线。上海地铁3号线于2001年10月启用西班牙INDRA公司的自动售检票系统，使用一次性卡型纸质磁票。2002年，地铁1号线北延伸段11个站开通，采用上海生产的自动售检票系统，车票采用与原地铁1号线兼容的塑质磁卡票，采用中央系统间互联交换数据。2005年12月，建立了上海新标准的自动售检票网络化系统，完成了对原地铁1、2、3号线系统的改造，建立了4、5号线自动售检票系统，设立路网清分结算中心，负责票卡发行、数据汇集处理等工作。

（3）广州

广州地铁1号线采用美国CUBIC公司的磁卡自动售检票系统，并于1999年年初全线投入使用。为适应换乘和清分的要求，对系统进行了改造。该系统使用非接触式IC卡车票实现换乘。单程票在售出当站、当日有效，出站时，车票由出站闸机回收。广州地铁车票分为地铁单程票、储值票（含普通储值票、中小学生储值票和老年人储值票）、老年人免费票、纪念票、羊城通交通卡（即羊城通）。其地铁的自动售检票系统主要由非接触式IC卡车票、售票机、闸机、车站系统和中央系统等组成。系统能兼容“羊城通”票卡，与广州市其他公交系统能实现“一卡通”结算。闸机采用剪式闸机，提高了乘客的通行能力，同时也方便了乘客。安装在非付费区的验票机，方便乘客查询车票和“羊城通”储值票的余值、有效使用时间等车票信息。广州地铁便携式单程票和储值票“羊城通”如图1-4所示。

图1-4　广州地铁便携式单程票和储值票“羊城通”

（4）香港

香港地铁（MTR）始建于1975年，1979年首条线路开通运营，并采用了自动售检票系统。香港地铁现在已成为香港公共交通的重要方式，是世界上最繁忙的城市轨道交通之一。

香港地铁与售检票系统相关的工作包括自动售检票系统、收益管理、电子工厂和自动售检票系统训练中心四大部分。其中收益是核心，自动售检票系统是基石，各部分相互依赖、相互协作、相互配合，以自动售检票系统为主线，将四大部分有机地结合在一起，使轨道交通高效、稳定、可靠地运作。香港地铁自动售检票系统使用的单程票是磁卡，储值票采用Feli Ca① 非接触式 IC 卡，即“八达通”卡。乘坐地铁时，“八达通”卡的使用比例超过 85%。

实训任务

调查研究你所在城市的轨道交通票务系统。

1. 任务说明

根据本任务内容，结合你所在城市的城市轨道交通现状，编写一份城市轨道交通票务系统（或者你所在城市铁路车站的票务系统）调研报告。

2. 任务目标

深入理解城市轨道交通票务管理系统的功能、设备种类和车票媒介的作用。

3. 任务要求

在本次实训任务中，所形成的报告最终以 PPT 的形式展示，应图文并茂，具有说服力。报告的主题为你所在城市的城市轨道交通车站有哪些设备与票务有关？

任务2　自动售检票系统认知

【理论准备】

一、自动售检票系统的基本架构

城市轨道交通网络化运营对自动售检票系统提出的技术要求包括：在城市轨道交通运营网络内，所有运营线路间实现“一卡换乘”；实现在各线路之间的票务清分、结算；实现线路与城市公共交通卡发行、管理部门的清算。不同城市为实现以上要求，按照各自需要构建了不同的自动售检票系统架构。

自动售检票系统的基本架构形式有线路式架构、分散式架构、区域式架构、完全集中式架构、分级集中式架构五种，如图 1-5 和图 1-6 所示。

1. 线路式架构

（1）基本架构形式

线路式架构的自动售检票系统是根据符合运营线路独立管理自动售检票系统和票务的设想，在路网中表现系统架构形式，如图 1-7 所示。

① Feli Ca 是索尼公司推出的非接触式智能卡。名称由英语中代表“幸福”的“Felicity”和“card”（卡片）组合而成，是索尼的注册商标。

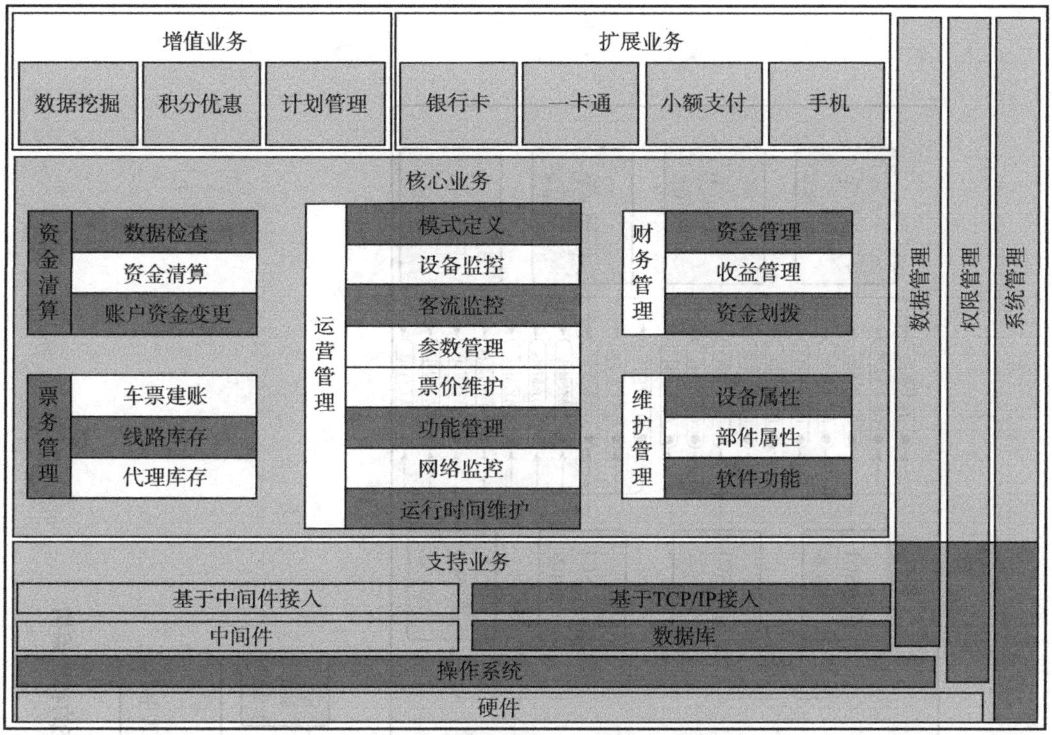

图 1-5　自动售检票系统的基本逻辑架构

在线路式架构中，每条运营线路建有一套独立的自动售检票系统，包括中央计算机系统、车站计算机系统、终端设备和车票媒介。中央计算机系统完成线路轨道交通自动售检票的管理、票务统计和票务结算，并单独与外部卡清算系统连接，实现与外部卡清算系统的交易数据转发、对账和结算等。不同线路之间的自动售检票系统是彼此独立的，票务信息不能共享，无法满足站内跨线换乘票务清分的应用需求。

（2）特点分析

从技术的角度看，自动售检票系统易实现线路式架构管理，能满足各条线路自动系统的运营管理要求。如果需实现站内跨线换乘票务清分，则需在各线路之上增加一个跨线换乘票务清分中心，同时要求至少把各线路有进站、无出站或有出站、无进站的所有进站或出站的检票交易上传给清分中心，由清分中心进行进、出站配对，并按某种预定的规则清分后给出清算报表，据此，可实现线路间关于营收款应收、应付账的结算。实际上，线路独立式自动售检票系统之上不可能有票务清分系统（这种管理方式对应票务管理分级集中式架构），所以无法实现跨线站内换乘。

（3）适用性

线路式架构的自动售检票系统只能适用的环境为：单线式轨道交通线路和分离式轨道交通线路。

2. 分散式架构

（1）基本架构形式

轨道交通网络由若干个区域构成，每个区域由若干条线路组成，但各个区域相互独立，完成本区域线路的票务处理和运营管理，构成分散式架构，其基本形式如图 1-8 所示。

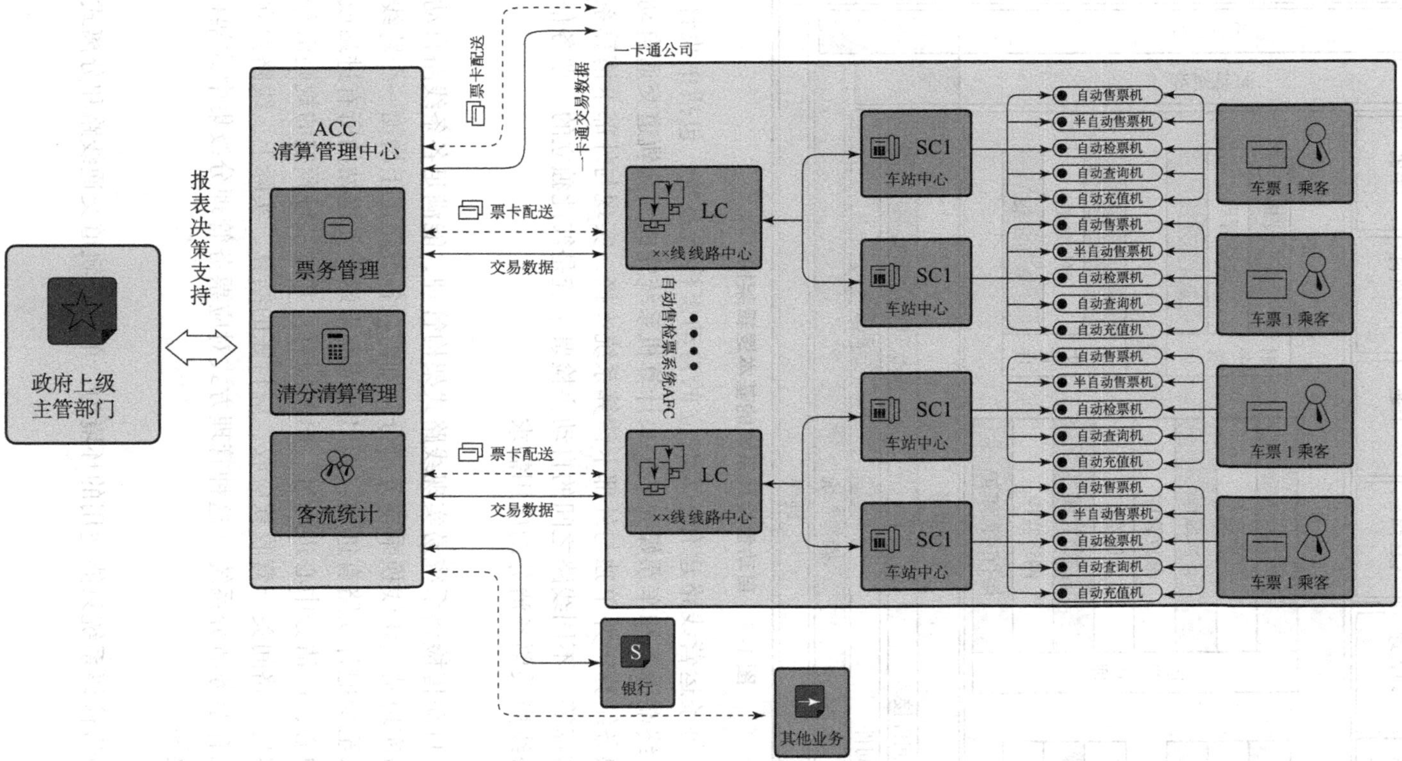

注释
SC：Station Center，车站中心。AFC：Auto Fare Collection，自动售票检票系统。
LC：Line Center，线路中心。 ACC：AFC Clearing Center，自动售检票清算管理中心。

图1-6　自动售检票系统的物理架构

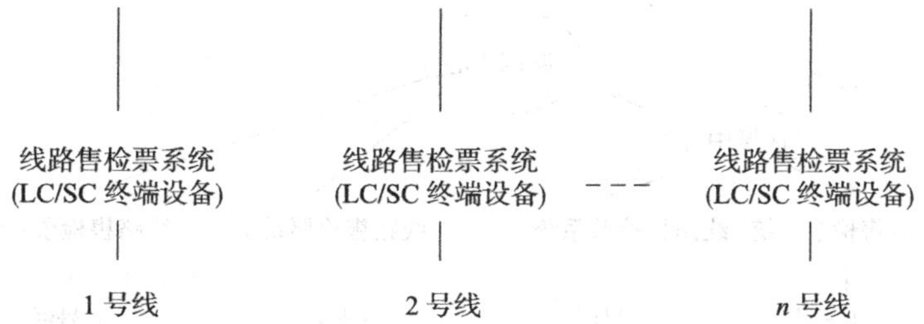

图 1-7　线路式架构

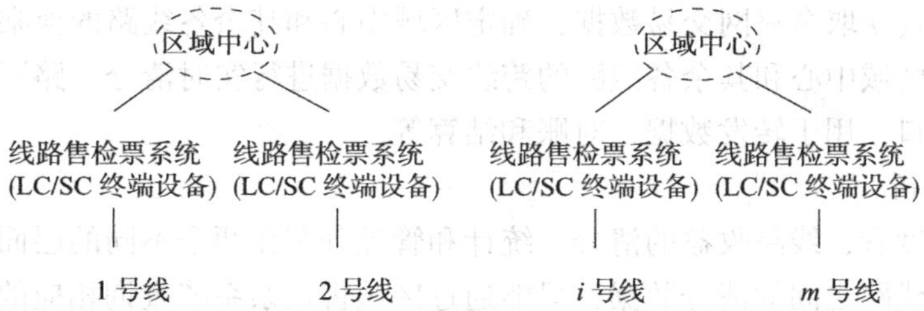

图 1-8　分散式架构

区域中心负责获取所管辖范围内线路的交易数据，确定其管辖范围内各线路的换乘结算模式，并对所管辖范围内各线路的跨线交易数据进行实时清分。每一个区域清分中心负责相应区域线路的清分，区域中心与外部卡清算中心连接，交换外部卡交易数据和清分结果。由于区域清分中心是相互独立的，区域清分中心之间不能实现互联，乘客不能跨区域直接换乘，但能够在区域内直接换乘。

（2）特点分析

从技术的角度看，分散式架构的路网不能实现跨区域换乘。

从运营管理的角度看，分散式架构的售检票系统可以设置若干个区域，每个区域之间相互独立，每个区域仅能对本区域的线路实现票款、客流统计和收支分离等方面的管理。如果要实现路网全面管理，必须将若干个区域清分中心的数据进行汇总、分析和统计。对分散式系统架构而言，区域清分中心管辖的线路少，发生换乘的路径将大大减少，清分工作量相对较小。但是，不同区域清分系统之间的线路不能够直接换乘，增加了路网的运营管理工作量。

（3）适用性

分散式架构的自动售检票系统能够适用的环境为：条状形区域管理的轨道交通线路和由一个投资和运营方管理的多条线路。

3. 区域式架构

（1）基本架构形式

区域式架构是在分散式架构和线路独立式架构的基础上设置一个路网中心，此架构如图 1-9 所示。

路网中心直接与独立线路的售检票系统连接，同时与区域中心连接，区域中心直接与所管辖线路的自动售检票系统连接。区域中心负责获取所管辖线路的交易数据，确定其管辖范围内各线路的换乘清分方式和结算，并对所管辖范围内各线路的跨线交易数据进行实时清

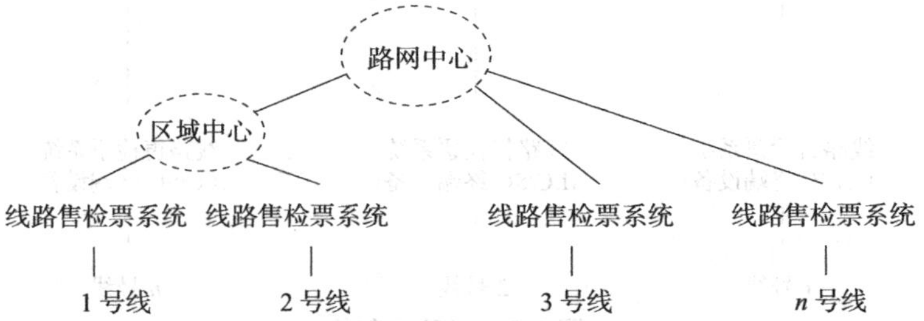

图 1-9　区域式架构

分。路网中心负责获取全路网交易数据，确定区域中心和其余各线路的换乘结算方式和数据公共接口，并对区域中心和其余各线路的跨线交易数据进行实时清分。路网中心具有与外部卡清算系统的接口，用于转发数据、对账和结算等。

（2）特点分析

从技术的角度看，线路收益的清分、统计和管理分布在两个不同的层面上，路网中心无法直接了解区域线路之间的清分数据，只能通过区域售检票系统查询相应的数据。

从运营管理的角度看，如果区域中心对应的线路由一家投资方投资和一家运营公司管理，则可将此区域视为一条线路，系统就可简化成一个区域中心；如果区域的线路由多方投资和多家运营公司管理，则此时采用两个层面进行清分。采用区域式架构的自动售检票系统会给管理带来麻烦，但它保护了原有的投资，并可通过区域中心实现跨线换乘。

（3）适应性

区域式架构的自动售检票系统适用于由区域式线路和独立式线路构成的轨道交通网络。

4. 完全集中式架构

（1）基本架构形式

完全集中式架构是将轨道交通网络中所有的线路拟为一条路网式线路，设置一个路网中心，线路上的车站计算机系统集中后，通过通信设备直接与路网中心连接，即不设置线路中心系统进行相应的清分处理。路网中心相当于自动售检票系统的中央数据处理系统，负责获取全路网的所有交易数据并负责各线路的数据处理和结算，同时负责线路的运营管理，其架构如图 1-10 所示。

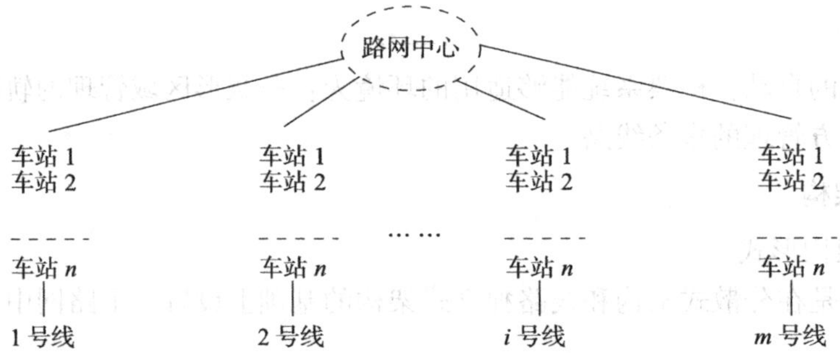

图 1-10　完全集中式架构

完全集中式架构的自动售检票系统的路网中心（中央数据处理系统）与各独立线路的车站系统直接连接，路网中心替代线路中央系统的职责，同时负责对各线路的清分、统计和管理。路网中心负责全路网所有线路单程票/储值票交易数据的收集、处理、清分、对账和结算处理，负责路网所有线路外部卡交易数据的收集、转发、处理、清分，负责路网车票的统一编码和管理，负责与“公共交通卡”清算中心的清分。全路网数据的管理与结算由路网中心独立完成。

(2) 特点分析

从技术的角度看，完全集中式系统架构清晰，可以实现路网内所有线路的换乘和清分(实质上是一条路网式线路)，能满足路网便捷化的需求。由于路网的所有信息都由路网中心统一处理，路网中心需要具备较大的存储容量和高速的处理能力，同时，由于完全集中的管理，对路网中心的可靠性也提出了较高的要求。

从运营管理的角度看，完全集中式架构的自动售检票系统实质上为线路售检票系统，在全路网范围内实施票款、客流和运营的管理。

(3) 适用性

完全集中式架构的自动售检票系统适用于单一线路或运营商和多个独立的运营商管理的多线路。

5. 分级集中式架构

(1) 基本架构形式

分级集中式架构是在线路式架构的基础上设置一个路网中心，路网中心负责获取全路网的交易数据，确定各线路的换乘结算方式和数据公共接口，并对各线路的跨线交易数据进行实时清分，其架构如图1-11所示。

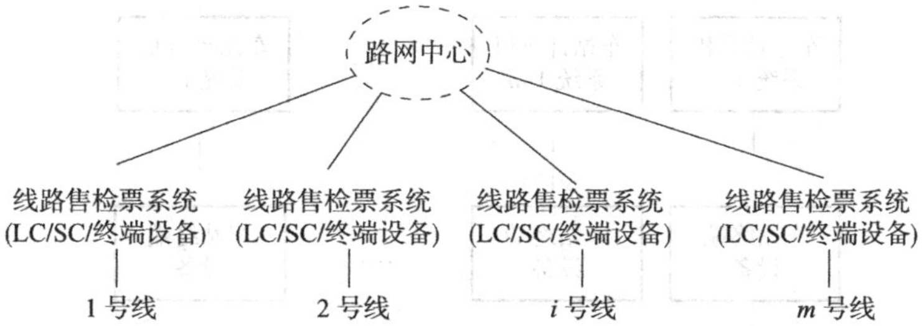

图1-11　分级集中式架构

分级集中式架构的自动售检票系统的路网中心直接与各独立线路售检票系统的线路中央计算机系统连接，路网中心负责对各独立线路进行清分、统计和管理。路网中心负责全路网所有线路售检票系统单程票/储值票换乘交易数据的收集、处理、清分和清算，负责路网所有线路外部交易数据的收集、转发、处理、清分和结算，负责路网车票的统一编码和管理，负责与外部卡清算中心统一接口的处理。线路中央计算机系统负责线路交易数据的收集、处理、分析和管理，并与路网中心交换数据。清分交易数据的管理由路网中心与线路中央计算机系统共同完成。

(2) 特点分析

从技术的角度看，分级集中式系统架构清晰，可以实现路网不同线路的换乘和清分，满足路网捷运化和信息化的需求。但在分级集中式票务系统架构中，由于乘客换乘的路径较多，则跨线换乘票务清分规则的确定和计算较复杂。

从运营管理的角度看，分级集中式架构的售检票系统可以实现对全路网票款、客流的全面管理，可实施收支分开的管理。

从投资的角度看，分级集中式架构的自动售检票系统由多套线路售检票系统和一个路网中心构成，路网中心负责与线路售检票系统的连接，同时也负责与外部卡清算中心的连接。从技资的角度看，由于分级集中式架构只建设一个路网中心（考虑主备系统），所以相应的投资也较少，即采纳此架构建设的票务系统在总投资上将相对减少。

(3) 适用性

分级集中式架构的自动售检票系统能够满足轨道交通网络化的基本需求。

(4) 各层次逻辑

分级集中式自动售检票系统主要包括五层：第一层为清分系统，第二层为线路中央计算机系统，第三层为车站计算机系统，第四层为车站终端设备，第五层为票卡。各层次逻辑模型如图 1-12 所示。

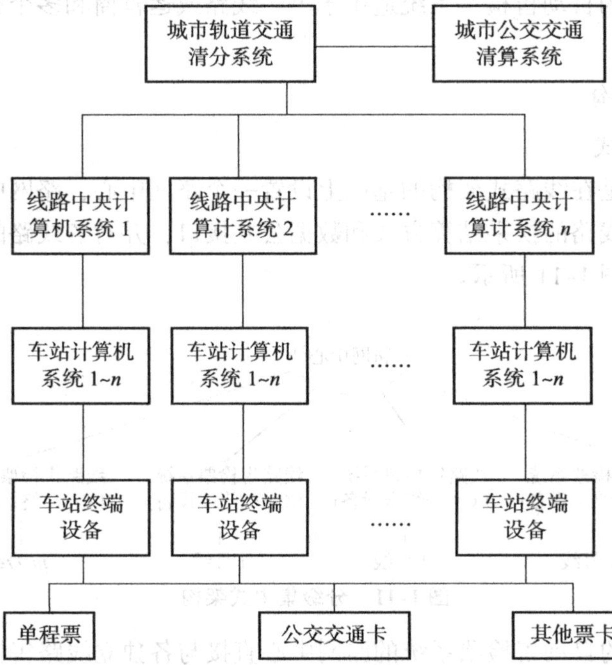

图 1-12　各层次逻辑模型

①清分中心与中央计算机的关系。

中央计算机将“一票通”和“一卡通”相关的交易数据以联机报文方式发送给清分中心。清分中心将“一票通”和“一卡通”相关的票务参数、黑名单以及其他运营参数发送给中央计算机。

②中央计算机与车站计算机的关系。

中央计算机与车站计算机系统之间采用共线以太网环的通信方式，车站计算机将“一票通”和“一卡通”相关的交易数据、寄存器数据、状态数据以联机报文方式发送给线路中央计算机。线路中央计算机将运营参数、命令、车票黑名单等发送给车站计算机。

③车站计算机与车站终端设备的关系。

车站计算机与车站终端设备进行点对点通信，各方都可以作为信息的发起方和接收方，信息以报文方式传输，并采用MAC（Media Access Control，媒体介入控制层）校验数据传输的完整性。车站终端设备将“一票通”和“一卡通”相关的交易数据、寄存器数据、状态数据以联机报文方式发送给车站计算机。交易数据如表1-1所示。

表1-1　车站计算机交易数据

类型	描　述
交易数据	储值票发售、单程票发售、出闸、进闸、更新、储值票充值、挂失、即时退票、罚款、替换、非即时退票申请、非即时退款、黑名单交易、优惠生成/使用
寄存器数据	按交易数据类型和票卡类型分类的交易数量和金额的累计值
状态数据	设备运作模式、设备操作模式、报警或故障情况、软件版本、参数版本
收益管理数据	设备班次审核，钱箱及票箱审核，收益核算以及收益平衡及收益统计
维护管理数据	设备维修管理日志和维修统计等数据
设备参数	设备运作参数、运作时间表，系统运作模式参数、黑名单、收益参数、操作员参数、车票属性参数
设备运营指令	设备状态查询，设备控制命令，强制运营开启/结束以及模式转换
设备软件	应用程序可执行文件，动态和静态连接库和组件

二、自动售检票系统设备配置与布局

1. 自动售检票（AFC）系统设备配置与布局的影响因素

车站自动售检票（AFC）系统设备配置是研究解决自动售检票（AFC）系统设备的选型和配置数量的问题，而车站自动售检票（AFC）系统设备布局则是研究解决自动售检票（AFC）系统设备空间布置的问题。影响车站自动售检票（AFC）系统设备配置与布局的因素主要有以下几个方面。

（1）高峰小时进出站客流

高峰小时进出站客流的数量是决定车站自动售检票（AFC）系统设备配置的主要因素，高峰小时进出站客流的流向则是决定车站自动售检票（AFC）系统设备布局的基本依据。

根据客流统计资料数据分析，车站客流的进出站高峰小时出现时间与断面客流的高峰小时出现时间通常不同，车站客流的进站高峰小时与出站高峰小时出现的时间通常不同，工作日高峰小时进出站客流通常大于双休日高峰小时进出站客流，因此，一般采用工作日高峰小时进出站客流作为计算车站自动售检票（AFC）系统设备配置的依据。

从客流的空间分布角度来看，应根据车站内乘客流向及行程轨迹，分别对各个收费区及各组检票机的进出站客流进行分析，还应该对上、下行方向客流的到发特征，进出站客流到检票口的特点和进出站客流的路径交叉等进行分析。

（2）车站自动售检票（AFC）系统设备的使用能力

车站自动售检票（AFC）系统设备的使用能力是指车站自动售检票（AFC）系统设备在单位时间内（通常为1分）的出票张数或通过人数等。车站自动售检票（AFC）系统设备的通过能力可以分为设计能力和使用能力。设计能力是理想状态下的设备能力，根据自动售检票（AFC）系统文件提供的数据确定。比如检票机的设计能力，主要取决于票卡读写时间、闸门开启时间和乘客通过闸门的时间等。但在实践中，由于乘客的特性、使用熟练程度、设备利用不均匀等原因，车站自动售检票（AFC）系统设备的使用能力小于设计能力。因此，在自动售检票（AFC）系统设备配置计算时，应考虑其使用能力。

（3）站台与站厅层设计布局

站台、站厅层设计布局主要设计站台类型、车站控制室的位置、升降设备的位置和车站出入口的布置等。

站台、站厅层设计布局对收费区及检票机的设置有较大影响，从而影响车站 AFC 设备的配置和布局。比如，岛式站台车站，收费区的自动扶梯、步行楼梯设置在站厅的中央区域，客流量比较大的车站，在收费区两侧布置验票机，会增加检票机的数量。

2. 自动售检票（AFC）系统设备配置的原则

自动售检票（AFC）系统设备的配置需要考虑以下三点：

①城市轨道交通车站的设备配置首先要满足面向乘客服务的要求。

②要强调设备配置的能力匹配与经济性。

③要体现出轨道交通服务方式在各类城市公共交通服务模式中的先进性。

在充分考虑这三个方面内容的基础上，围绕以下原则来配置相应的设备设施。

（1）实用性原则

车站的设备配置要符合车站服务的特点，即服务的短暂性和高频率。轨道交通车站主要解决乘客在该服务系统中汇聚与疏解，有很强的时效性；乘客的基本要求是在短暂的移动过程中充分享受车站所提供的舒适服务。因此，设备的实用性是车站首先考虑的问题。

（2）功能匹配原则

由于轨道交通系统投资巨大，城市轨道交通车站的设备配置要满足乘客所需的服务要求，同时也要防止出现设备能力闲置的情况，从而降低设备的使用效率以及系统运营的经济效益（不包括正常的设备能力储备），即车站设备的服务能力与乘客所需的服务容量应匹配。另外，车站设备配置的能力匹配，还包括各设备之间的容量与能力匹配，如列车运营密度对售检票能力也提出了相应的配套要求，这一要求首先就是售检票系统和车站各配置设备之间的能力协调。

（3）先进性原则

城市轨道交通系统作为先进的、大容量的、快捷的交通运行工具，同时也是一个复杂的运营系统。高技术、高智能化是其基本特征，而要体现这一高技术、高智能化特征，构成这一系统的诸设备必须有相当的先进性，就目前而言，应以计算机技术、信息技术和控制技术为主要应用对象，提高车站设备的技术和应用层次。

（4）经济性原则

在满足乘客乘降需求的前提下，本着提高设备利用率的原则，售检票系统配置的相关设备必须有一个符合经济性的问题，即从设备的等级、规模、先进的程度等方面出发，体现够用的原则，从而使车站售检票系统的建设投资恰到好处。

（5）安全性原则

与其他各类交通工具一样，城市轨道交通系统的运营也十分强调其运营的安全性，它是所有被考虑要素中的第一位要素。而安全运营的实现除了依靠严格而又科学的运营管理以外，设备的运行可靠程度也是严格的决定性因素。对于售检票系统设备的配置来说，要从所配置设备的安全可靠性上严格把关，同时还要配备必要的应急设备，以防万一。

3. 自动售检票（AFC）系统设备布置要求

（1）正确设置售检票位置

售检票位置与出入口、楼梯应保持一定距离，如图 1-13 所示。

图 1-13　出入口、楼梯布置

（2）合理布置付费区

售检票位置根据出入口数量相对集中布置，并满足客流流向要求，如图 1-14 所示。

图 1-14　付费区布置

（3）设备应采用相对一致的外尺寸

每个付费区内至少设置 1 台补票机，每个出入口的检票机数量不应少于 2 台。检票机布置如图 1-15 所示。

图 1-15　检票机布置

实训任务

调查研究你所在城市的轨道交通票务系统。

1. **任务说明**

根据本任务内容，结合你所在城市的城市轨道交通现状，编写一份城市轨道交通票务系统（或者你所在城市铁路车站的票务系统）调研报告。

2. **任务目标**

深入理解城市轨道交通票务管理系统的功能、设备种类和车票媒介的作用。

3. **任务要求**

在本次实训任务中，所形成的报告最终以 PPT 的形式展示，应图文并茂，具有说服力。报告的主题为：介绍你所在城市的城市轨道交通使用的车票。

任务 3　城市轨道交通票务业务管理

【理论准备】

一、城市轨道交通票务系统的业务管理与实施

票务系统的业务管理是借助自动售检票系统来实现的。主要内容有票卡管理、规则管理、信息管理、账务管理、模式管理和运营监督等。

1. 票卡管理

票卡就是乘客使用的车票，用于记载乘客的出行和费用信息，是乘车的有效凭证。票卡管理就是对票卡的发行、使用、更新等全过程进行有效的管理。票卡发行及其使用主要包括车票编码定义、车票初始化、车票的赋值发售、车票的使用等。

2. 规则管理

为保证票务系统能够在多部门和多环节高效运行，就必须制定一套科学、严密的规则、流程，包括票价策略、结算规则、权限管理和操作流程等。票价基本政策主要指城市轨道交通运营企业对计价方式、乘车时限、乘车限制等方面的规定。

3. 信息管理

信息化是自动售检票系统的一个基本特征。为进行有效的管理和为决策提供可靠的信息，需对系统收集的基础数据进行深度挖掘、加工，开展统计分析并发布信息。

4. 账务管理

账务管理是对系统内的票务收入进行汇缴、清算、入账等过程的管理，包括账户设置、票款汇缴、登账稽核、收益清算、资金划拨和对凭证进行有效管理等。

5. 模式管理

模式管理就是针对不同的运营状况、条件所作出的相应操作行为的选择和实施，包括正

常运营模式、降级运营模式以及相配套的运营管理。

6. 运营监督

运营监督就是通过系统设备以及所具有的完整、严密、及时的信息流对运营状况进行实时跟踪监督，以提高运营质量和服务水平。它包括信息传输状况监督、客流状况监督、调配监督、收款监督及收益监督等。

二、票务管理系统

在地铁运营管理中，票务组织管理是对车票流向、票款收入和自动售检票系统的运行情况进行总的监视、控制、协调、指挥和调度。票务工作如何直接影响到运营公司的收入和经济效益，因此，必须重视票务组织管理工作，将其定位为运营组织管理的核心。票务管理体系的业务管理内容主要包括：制定票务政策、收益管理、车票管理、票务设备设施管理、车站票务管理、AFC 系统设备设施管理等。

1. 制定票务政策

为保证票务系统能够在多运营商和多环节下高效运行，就必须制定一套科学、严密的规则、流程，包括票务政策、票价方案、清分规则等。

（1）票务政策

应坚持把地铁作为城市公益性公共交通基础设施的原则，与其他公共交通系统协调统一，制定相互适应的票务政策。

（2）票价方案

票价方案的关键是制定基础票价表。在保证运营企业可持续发展的前提下，兼顾国家、企业、乘客三方的利益，并且在政府相关部门的监管下制定基础票价表。同时，还应规定乘客乘车的基本准则，如时限、里程、票种选择性等。

（3）清分规则

在运营主体多元化的条件下，为实现地铁多线路之间的无障碍换乘，实现车票发行、联网收费、票务清算、AFC 系统的统一管理，必须成立地铁清分清算管理中心（简称 ACC）。因此，清分结算体系是地铁线网多元化运营的产物，清分结算体系包括城市一卡通和地铁清分结算系统。

2. 收益管理

收益分为收益管理、审计管理、稽查管理，三者的关系流程如图 1-16 所示。

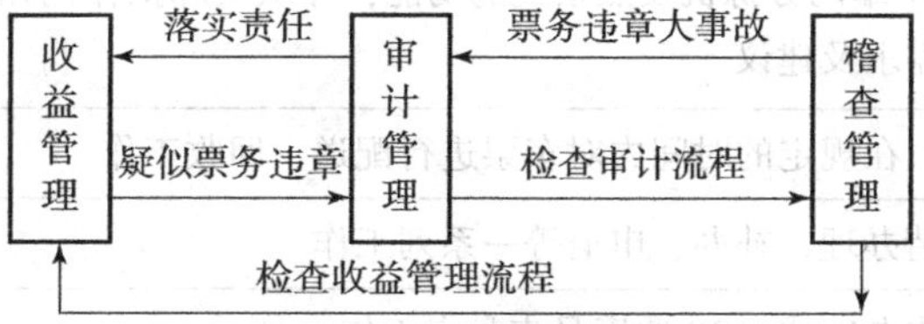

图 1-16 收益审核关系流程

收益管理是对系统内的票务收入进行汇缴、清算、入账等的过程管理，包括账户设置、登账稽核、收益清算、资金划拨和对凭证进行有效管理等。稽查管理工作主要是对审计管理过程中发现的违章金额大、违章次数多的票务违章行为进行跟踪查办，提供运营企业年度重大票务违章查处案例，为收益安全管理重大决策提供依据。

在地铁里担任审核票务差错、收益清算角色的岗位是收益核对助理，其岗位职责如表 1-2 所示。

表 1-2　收益核对助理的岗位职责

序号	工作职责的内容	权责
1	统计分析票务营收数据，提供决策数据	协办
2	制定票务管理相关规章、文本并进行修订	主办
3	完成每日的收益报表核对，核对售票员短款、银行短款，完成相关台账	主办
4	完成营业收入、日报表等收益报表	主办
5	在 AFC 系统设备功能具备的情况下，完成无效票分析工作	主办
6	掌握 AFC 系统的收益管理功能及各类收益报表的用途，并从实际操作的需求出发提出建议	主办

3. 车票管理

车票管理工作的中心是车票的采购、编码（初始化）、发售、预赋值、调配、监测、清洗、注销、销毁等。主要为：统计线路级车票库存量，并根据全线车票使用情况制定车票采购计划；对新票进行验收入库；对各类车票的初始化、编码工作；对各类车票进行出入库管理；对车站各类车票使用情况进行汇总、监控和管理的工作；根据车站的车票需求情况，及时调配车票；对需回收车票以及问题车票进行分析和处理。

在地铁担任车票的制作、配送等工作角色的岗位是车票处理员，其岗位职责如表 1-3 所示。

表 1-3　车票处理员的岗位职责

序号	工作职责的内容	权责
1	参与票务政策、票务管理相关规章制度、文本的制订和修订工作	协办
2	负责票务室票库所有车票的出入库，与相关人员进行车票交接工作	主办
3	掌握编码分拣机的使用方法、日常维护及管理方法	协办
4	按照生产计划制作车票，确保制作车票的票种、数量、金额等信息准确无误	主办
5	掌握 AFC 系统中编码分拣机及点票机的功能，并从实际操作的角度出发，提交相关设备的功能需求及建议	协办
6	按照配收计划，在规定的时间内对车票进行配送、回收工作	主办
7	负责公务票申请办理、补办、申退等一系列工作	主办
8	配合车票管理主办完成 OCC 票库月末盘点工作	协办
9	配合车票管理主办、车票管理助理进行车票的测试、验收工作	主办

4. 票务设备设施管理

票务设备设施管理是对 AFC 系统和设备进行日常运营维护维修、技术提升、硬件改造和软件升级等工作。对于车站票务管理而言，票务设备设施管理的工作主要是设备监管和简易故障处理，保证车站票务工作的正常进行。

在地铁里担任设备故障处理角色的岗位主要为正线巡检维护员，其岗位职责如表 1-4 所示。

表 1-4　正线巡检维护员的岗位职责

序号	工作职责的内容	权责
1	接受工班长安排的各项工作	主办
2	负责对所管辖的系统设备做好日常巡检工作，并按要求做好详细的巡检记录	负责
3	对所管辖范围内的设备故障做到第一时间响应，赶赴现场对故障进行排除，并做好相应的故障排除记录	负责
4	负责工作区域内的环境卫生和安全检查，保证安全、文明生产；定期对所管辖车站的设备房、维修间、备品间进行清洁	负责
5	对于未能排除的故障，应在第一时间上报，并做好故障跟踪工作，直到故障排除为止	负责
6	在工作期间，当发生突发事件时，必须服从上级领导人或现场负责人的安排	负责
7	负责保管、维护工班的工器具和办公用品，以及消耗材料的申报和使用工作	负责
8	负责填写各类台账，包括故障追踪记录、维修记录、交接班记录等，审核完毕后按时上交	负责

5. 车站票务管理

车站票务管理可以从人、设备、现金、消耗料四个方面的关系着手，负责执行票务中心的收益管理、车票管理和票务设备设施管理。

在车站，有票务职责的岗位由高到低分别为站长、值班站长、客运值班员、行车值班员、售票员、厅巡，其职责如表 1-5 所示。

表 1-5　站长、值班站长、客运值班员、行车值班员、售票员、厅巡的岗位职责

岗位	职　责
站长	总体负责车站的票务管理工作，确保车站的票务运作顺畅
	负责车站的车票、现金以及票务备品安全
	监督、检查、指导车站员工的票务工作
	保管部分备用票务钥匙
	定期召开车站票务工作例会，查找问题，制定预防补救措施，向客运部提出票务工作的建议

续表

岗位	职　责
值班站长	具体负责车站票务管理工作，确保本班票务运作顺畅
	具体负责本班车票、现金及票务备品等安全
	具体负责车票、备用金及票务备品的申领
	具体负责车站票务管理室闭路监控系统的日常管理和监控
	检查、监督员工的票务工作
	处理票务紧急情况及乘客票务纠纷，并及时上报相关部门或单位
	保管部分票务钥匙
	负责票务管理相关通知、规定的传达、监督、执行和检查
客运值班员	负责 TVM（商业收款机）钱箱的更换、补币、清点以及票箱的补票工作
	负责车站票款的解行，车站与银行打包返纳的工作
	安排并监督站务员的票务工作，负责给售票员配票、配备用金以及结账等工作
	完成相关票务报表、台账的填写；负责每月报表的装订和存档
	负责车票/报表的接收、上交等工作
	保管车站票务管理室的车票、现金、报表、单据、票务备品、票务钥匙等；并负责其安全
	处理与乘客相关的票务事宜
	协助值班站长处理票务紧急情况
行车值班员	负责监控 SC 的运行状态
	负责监控车站 AFC 系统设备的运行状态，并做好报修及记录工作
	负责在票务紧急情况下设置紧急模式
	保管部分票务钥匙
售票员	负责车站票务中心当班的售票工作
	保管当班报表、单据、现金、车票、票务钥匙、车站票务中心相关备品，并负责其安全
	完成相应票务报表的填写
	协助处理票务紧急情况
厅巡	引导乘客正确操作票务设备
	巡视车站 TVM（自动售票机）、AGM（Automatic Gate Machine，自动检票机）的运作情况
	按要求更换 AGM 票箱
	检查乘客车票的有效性
	及时回收乘客遗留的车票
	协助处理票务紧急情况

6. 自动售检票（AFC）系统设备设施管理

AFC 系统是基于计算机（大型数据库和网络等）、现代通信、自动控制、非接触式射频 IC 卡、机电一体化、模式识别、传感、精密机械等多项高新技术于一体的城市轨道交通收费系统。

AFC 系统的使用，实现了乘客车票的自动发售、检票等，还可以实现票款的计费、收取、统计的全过程自动化，可减少票务管理人员的数量，提高地铁系统的运行效率和效益。AFC 系统还使乘车收费更趋合理，减少现金流通，减少堵塞人工售检票过程中的各种漏洞和弊端，避免售票/找零的烦琐，方便乘客，增强客流分析预测的能力，合理地调配车辆，提高了运营公司的经营管理水平。票务管理的各项工作是以自动售检票系统功能的实现为基础的。

三、城市轨道交通票务系统与自动售检票系统的关系

城市轨道交通票务系统是自动售检票系统的必要环境和基础；自动售检票系统则是城市轨道交通票务系统的实现手段之一，能有效提高城市轨道交通票务系统的管理水平和效益。

自动售检票系统的使用可大量减少票务管理人员的数量，提高城市轨道交通系统的运行效率和效益。同时，通过该系统对客流量、票务收入等综合业务信息的汇总分析，可以强化客流分析预测能力，合理地调配车辆，提高票务系统的工作效率，进而提高网络化运营管理水平。

自动售检票系统与票务策略的对应关系主要表现在客流、票制、统计与结算、车票处理等方面。

1. 客流

自动售检票系统可根据交易信息为做出决策或制定规则提供客流信息。自动售检票系统通过其良好的票务管理水平和高效的客流信息处理能力，成功实现低成本、高效率的系统运作。

提高信息利用率、增强自动售检票系统的决策分析能力是自动售检票系统的发展方向之一。应强化系统整理分析原始数据和信息的能力，将票务系统与其他信息管理系统相结合，通过票务系统的信息挖掘，可以进一步了解区域客流特征，为管理提供量化的决策依据，也可以为相关的经济行为提供客流行为支持，提高服务和管理决策的针对性和准确性。

2. 票制

自动售检票系统根据票务政策的计费原则和计费方式进行售票、检票、统计。对于单一票制、计程票制和混合票制，应结合不同的票制原则以及相应的优惠措施制定执行方案。

（1）单一票制

单一票制是根据乘车次数进行计费，与实际乘坐的距离长短无关。

（2）计程票制

计程票制是经进出站检票，严格按照实际乘坐距离长短（里程或乘坐车站数）并根据票价计费标准计算乘车费。

（3）混合票制

混合票制也称分区域计程制。即将运营线路总长度分为若干个区域，根据票价计费标

准，在各区域内采用统一票价。实际运营距离跨越一个或多个区域时，根据占用的区域数进行计费。

3. 统计与结算

票务统计与结算的基础是交易数据。线路每天的客流量是该线路各站的单程票、储值票及特种票的进站数及换乘至该站人数之和。各线日车票收入，以单线各站的单程票发售收入与储值票的出站扣值及当天票补收入之和，减去退票款后，按乘客在各换乘线路乘坐的情况核算。

自动售检票系统可对客流量、票务收入以及单程票的使用进行统计和分析，并编制相应的报表。

自动售检票系统对不同线路或不同收益载体进行票务收入清分，对路网系统与其他兼容系统进行清分，并可通过银行结算系统进行及时结算。

4. 车票处理

车票处理包括对单程票、储值票和许可票的处理。一般情况下，单程票是当日当站使用的车票，通常要制定退票规则，包括是否允许退票、退票时间要求、手续费的收取等。储值票有记名和不记名之分。不记名票通常不办理挂失、退票。当储值票不能正常使用时，由车站受理，交专门部门进行查询、分析并做相应处理。特种票不能正常使用时，由专门部门进行查询、分析并做相应的处理。

实训任务

调查研究你所在城市的轨道交通票务系统。

1. 任务说明

根据本任务的内容，结合你所在城市的城市轨道交通现状，编写一份城市轨道交通票务系统（或者你所在城市铁路车站的票务系统）调研报告。

2. 任务目标

深入理解城市轨道交通票务管理系统的功能、设备种类和车票媒介的作用。

3. 任务要求

在本次实训任务中，所形成的报告最终以PPT的形式展示，应图文并茂，具有说服力。报告的主题为：你所在城市的城市轨道交通的票价。

思考与练习

1. 简述城市轨道交通的运营模式有哪些？举例说明。
2. 我国城市轨道交通的补贴形式有哪几种？
3. 城市轨道交通票务管理系统与自动售检票系统有什么关系？

项目二

自动售检票系统终端设备的操作与日常维护

项目描述

自动售检票系统终端设备安装在各车站站厅内，是自动售检票系统直接为乘客提供售检票服务的设备，是完成车票发售、进/出站检票、充值、车票分析等读写交易处理数据采集、保存、上传的设备，包括自动检票机、自动售票机、半自动售票机等。本项目主要阐述各终端设备的结构组成和功能及运营模式、简单故障、操作程序等主要内容。

培养目标

1. 知识目标

(1) 自动检票机的功能、结构及组成。
(2) 自动售票机的功能、结构及组成。
(3) 半自动售票机的功能、结构及组成。
(4) 车站计算机的功能、结构及组成。

2. 能力目标

(1) 自动检票机的操作与日常维护。
(2) 自动售票机的操作与日常维护。
(3) 半自动售票机的操作与日常维护。
(4) 车站计算机的操作与日常维护。

3. 素质目标

(1) 具有良好的职业道德认识、情感、意志、行为和修养，有铁的组织纪律观念。
(2) 具有责任感和对突发事故的应变能力。
(3) 具有“安全第一、预防为主”的思想意识和观念。
(4) 具有创新精神与实践能力。

任务1　自动检票机的操作与日常维护

【情景导入】

案例名称	自动检票机设置		
时间	××××年××月××日	地点	广场站

事件概况：

某市市民叶先生通过微博反映，轻轨站进站口的自动检票机设置不太合理，并提出了看法和建议。

“自7月1日轻轨通车以来，我出入广场站40余次，每次进站时，都感觉自动检票机使用不太方便。”叶先生说：“每次进站时间为固定时间，人流相当集中，而且很多人都不会使用自动检票机检票，检票缓慢。”

叶先生说：“能否把自动检票机设置在车辆一侧呢？乘客随到随检，上车前核对车辆方向即可上车，这会更加方便。”

【知识要点】

1. 自动检票机的内部组成。
2. 自动检票机的工作原理。
3. 自动检票机的操作及常见故障处理方法。

【理论准备】

自动检票机，简称闸机（AGM，Automatic Gate Machine），是实现乘客自助进出站检票交易（在非付费区和付费区间通行）的设备。对有效车票，检票机通道阻挡解除（门扇开启或释放转杆），允许乘客进出站。

自动检票机安装于车站付费区与非付费区的交界处，其设置遵循乘客通行规则：在检票端右手持票检票，左侧通道通行。每个车站根据站厅布局都安装了数组自动检票机，用于控制和监控乘客进入或离开付费区，是乘客进/出车站付费区时的检（验）票口，是实现乘客自助进/出站检（验）票交易的AFC终端设备。

一、自动检票机的功能

1. 自动检票机的分类

自动检票机根据其功能不同，可以划分为进站检票机、出站检票机和双向检票机三种。进站检票机用于完成进站检票，检票端（票卡读写器）设在非付费区一侧，无车票回收装置；出站检票机用于完成出站检票，检票端（票卡读写器）设在付费区一侧，配有车票回收装置；双向检票机既可完成进站检票，也可完成出站检票，在非付费区和付费区可分别按照进站和出站的处理规则完成检票功能。

自动检票机根据阻挡装置的类型，可以分为三杆式检票机（如图2-1所示）、扇门式检票机（如图2-2所示）和拍打门式检票机（如图2-3所示）三大类型。根据通道宽度，可以分为标准通道检票机和宽通道检票机两种。

图2-1　三杆式检票机

图2-2　扇门式检票机

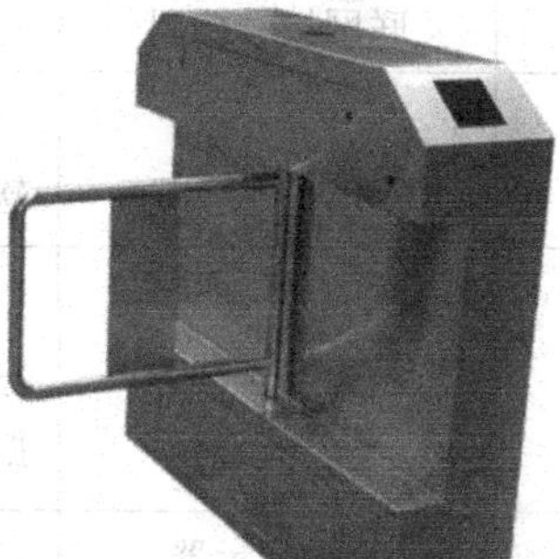

图2-3　拍打门式检票机

2. 自动检票机的功能

自动检票机的基本功能是对乘客进入或离开付费区时所持车票进行检验，并完成进站或出站的交易处理。在计时计程的收费规则下，乘客进入付费区时，进站检票机检查车票的合法性并记录进入时的地点和时间；离开付费区时，出站检票机检查车票的合法性、进站信息的合法性及在付费区内的停留时间，并根据进入位置和离开位置计算本次车程的费用，完成车票扣款操作。自动检票机的主要功能如下：

①自动对车票进行有效性检验，有效票放行，无效票禁止通行，并提示乘客持票到客服中心处理。

②自动完成车票的读写、回收、计费、扣费、退还等操作。

③监控乘客通行，对乘客的不规范行为提供报警。

④为乘客提示车票处理结果，指示通道通行的状态，显示运行状态和特殊票提示、报警。

⑤接收车站计算机下发的参数和控制命令，并执行相应的操作。

⑥定时将存储的交易信息（如进/出站客流量及扣费信息）等上传到车站计算机，生成相关报表。

⑦对各部件的工作状态进行自动监测，并向车站计算机上报工作状态。

⑧在断电和接到紧急放行信号时，必须自动打开检票通道。

自动检票机的具体功能如表2-1所示。

表2-1　自动检票机的具体功能

序号	功 能 项	功 能 描 述
1	联网下载参数	接收车站计算机系统下发的系统运行参数，包括费率类参数、操作员表、设备配置参数、公用参数、运行模式、黑名单表以及其他运营参数
2	上传状态信息	将设备状态实时上报到车站计算机
3	上传交易信息	上传原始交易数据、上传寄存器数据

续表

序号	功　能　项	功　能　描　述
4	联网接受控制	接收车站计算机的控制命令
5	软件升级	可以通过车站计算机升级自动检票机软件；自动检票机保存最近两个软件版本；新软件失效时，自动切换到上一个版本运行软件
6	离线运行	当网络出现故障时，自动检票机可以运行于离线模式；交易数据和状态数据保存在本地，至少保存最近 100 000 条交易数据及 7 天的设备数据，当网络恢复时，自动上传到车站计算机
7	方向指示器	高亮度显示设备通行方向，提供 30 米外远距离指引
8	警示灯/蜂鸣器	采用双色灯，优惠票显示及非法通行警示蜂鸣器控制 1 米处≤50dB
9	乘客显示器	采用 6.4 米 TFT LCD，中英文显示车票使用的信息
10	刷卡检测	同时有两张车票在有效读写范围内不操作
11	有效性检查	车票的安全性、合法性、黑名单、进出站次序、更新信息、有效期、余值和乘次、超乘、超时以及使用地点检查
12	车票处理	有效票，写入进出站信息；无效票，提示处理方法；出站时，储值类车票扣除车费和乘次，回收类出票插入回收口回收，交易完成，生成交易记录
13	信息提示	对车票的处理通过乘客显示器进行显示并有声光提示
14	读写卡器读写距离	0～100mm
15	交易处理时间	≤300ms
16	可读写票卡	ISO 14443 Type A 及 Mifare 系列、ISO 14443 Type B
17	正常通行	通过对射传感器对正常通过的行人、大行李等进行检测并作出正确判断
18	异常通行检测	通过对射传感器对逆行闯入、无票通行、跟随等行为进行检测并作出正确判断
19	通行安全保护	通过安装在闸门位置的安全传感器，防止闸门夹到乘客
20	1.2m 以下儿童通行	通过安装在闸机中部的反射型传感器检测乘客并让其通过
21	车票回收处理	检查、编码、校验、无效退出时间 0.5s
22	票箱	不锈钢，可容纳 1 000 张车票
23	紧急模式闸机状态	闸门打开，显示快速通过，闸门掉电，应打开
24	双向检票机同步显示	顶棚、方向指示器同步显示
25	双向检票机通行显示	一侧刷卡通行时，对侧方向显示
26	检票机通道宽度	900mm，可保证残疾人等特殊人群通行

续表

序号	功 能 项	功 能 描 述
27	用户权限管理	操作员分等级管理，不同等级的操作员具有不同的操作权限；每个操作员的操作等级及权限设置包括允许操作的设备类型、允许操作的功能、允许操作的车站等；所有报警将被记录
28	车票安全	票箱双锁设计：取走票箱和打开票箱需要不同钥匙；更换票箱部接触车票电子标签；每个票箱的车票数量都要被记录
29	报警功能	当非法打开维修门时，设备将报警；自检失效，设备将报警；上报到车站计算机，显示报警信息；本地声光报警
30	抗冲击性	设备外壳有足够的强度，耐受一定程度的碰撞和冲击
31	操作安全	进票口平滑，避免对乘客的伤害；内部机械部件无毛刺，避免对操作员的伤害
32	电气安全	具有独立的电气开关和漏电保护开关；高压模块有明显的警告标识；有良好的接地措施，保证设备金属外壳不带电；具备防雷击、防浪涌等电源保护措施
33	状态自诊断	自动检票机和车站计算机通信状态检测；自动售票机内各模块与主机的通信状态检测；自动检票机内部各模块的传感器检测；自动检票机内部各模块的机械到位检测；在测试模式下可测试各模块的功能，并可通过测试票检票测试整体协作功能
34	维护面板	具有输入和显示功能；提供菜单操作方式，中文界面；能方便快捷地定位故障，并显示该故障的中文描述
35	外接维护终端	提供外接维护终端接口；使用外接维护终端时，不需要打开维修门；使用外接维护终端时，必须先输入操作员的编号和密码，以验证身份；外接维护终端可以使用便携式 PC
36	断电保护	在停电时，能接受 SC 的关闭指令，完成最后一笔交易，在保证数据完整不丢失后，进行自动关机操作，关机时间不大于 5 分；关机时能自动退出应用程序，并安全退出操作系统，自动关闭内部电源
37	人体工程学	从乘客显示器角度、回收车票位置和阻挡门高度进行设计

二、自动检票机的结构组成

自动检票机以主控单元为核心，辅以阻挡装置、车票处理装置、声光提示装置等模块。主控单元一般选用高可靠性、低功耗的通用型嵌入式计算机设备或工业级计算机设备，需要具有丰富的外部接口以支持外部设备的连接，并需要保留部分接口以支持未来设备的扩展。自动检票机的总体布局和结构如图 2-4 所示。

图 2-4　扇门式自动检票机的布局和结构

1. 自动检票机的上部结构

自动检票机的上部外观结构如图 2-5 所示。

图 2-5　自动检票机的上部外观结构

（1）票卡读写器

票卡读写器的安装位置符合乘客右手持票的习惯，在检票机安装读卡器的位置有醒目的标识，指示乘客刷卡位置。闸机的读写器可分为两种：储值票读写器和单程票读写器，两种读写器可以互换，两种读写器软件版本相同。

票卡读写器提供高级应用程序编程接口，支持对 ISO14443 A/B 标准卡片的读写操作。读写器设计了四个安全认证模块 SAM 卡座，支持多密钥应用，提供读卡器与安全认证模块 SAM 之间的接口和数据传输。扩展安全认证模块 SAM 不会造成读卡器性能的降低。

针对不同的设备应用，相应的票卡读写器执行充值和消费操作。读写器有效读写距离为 10cm，交易速度为 200～1 000ms。读卡器对票卡的操作满足一卡通对票卡应用流程标准要求、安全认证模块 SAM 的安全保密处理要求和交易数据处理要求。

图 2-6 为读写器及天线，读写器相关技术参数如表 2-2 所示。

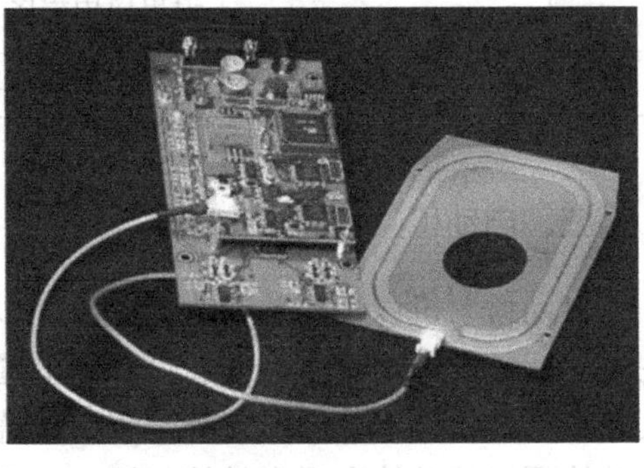

图 2-6　读写器及天线

表 2-2　读写器相关技术参数

项　目	技　术　参　数
工作环境温度	－10℃ ～ ＋70℃
工作湿度	20% ～90% RH
工作电压	DC－12V ±1V
基本配置	天线（连同轴电缆）、2 个安全模块插座、DB 针 RS－232 接口、 DC－12V 电源接口
最大感应距离	不小于 6mm（外置）、不小于 2mm（内置于机芯）
场强	最大值不小于 7. 5V/m、最小值大于 1. 5A/m
读写时间	公共交通卡交易处理速度：≤0. 3s/张 单程票回收处理速度：≤0. 8s/张
工作频率	13. 56MHz＋7kHz
读写器与 IC 卡片通信速率	106k 波特率
读写寿命	大于 100 万次
MTBF	大于 100 000h
与上位机接口方式	RS－232
与上位机通信速率	28 800～57 600bit/s
与上位机通信协议	符合国家标准
物理特性符合	ISO/IEC 7816－1. ISO/IEC 7816－2
逻辑接口和通信协议符合	ISO/IEC 7816－3

进站检票机及出站检票机都装有一个储值票读写器及天线，另外，出站检票机传输装置中还装有一个小天线的单程票读写器，用以完成单程票回收时的读写操作；双向检票机具有进站和出站的所有读写器。

读写器天线负责储值票和单程票中的数据通信和能量传输，将车票中的数据通过读写器上传到工控机（读卡过程），由工控机对车票中的数据进行判断，再将判断结果下发给读写器，由读写器通过天线对车票中的数据信息进行修改（写卡过程）。

读写器完成一次交易的时间：在规定的数据格式下，单程票与读写器之间完成一次交易所需时间小于 200ms，储值票与读写器之间完成一次交易所需时间小于 300ms。

读写器冲突处理机制：在同一时刻内，在读写器感应区内同时出现两张（或两张以上）的单程票时，读写器对单程票均不作处理。

读写器掉电保护：外部电源失电时，不破坏或不改变读写器的内存数据。复电时，能恢复到断电前的状态及内存数据。

读写器的有效读写范围如图 2-7 所示。

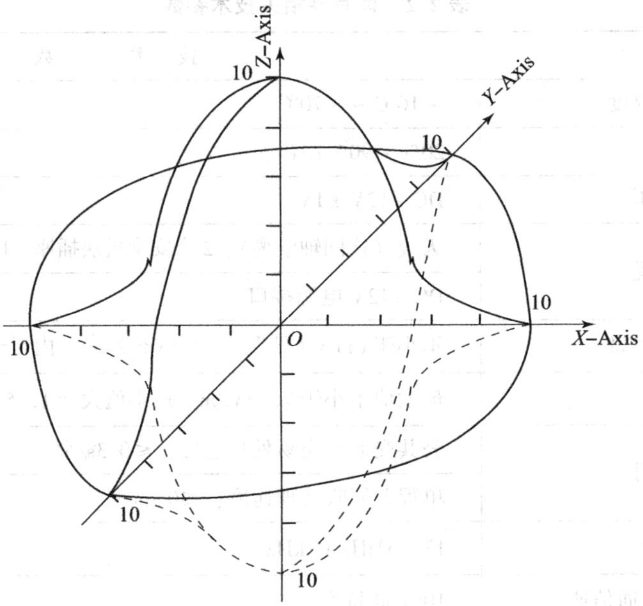

图 2-7　读写器的有效读写范围

读写器的有效读写范围具有以下特点：

①原点是天线的中心点。

②天线平面为 x 轴和 y 轴平面。

③天线上方和下方的有效读写范围一致。

④范围说明：卡片处于有效读写时，卡片中心在天线平面上的投影与天线中心的距离为：0mm、40mm，70mm、100mm。

⑤卡片中心距天线平面的最大垂直距离为：100mm、70mm、15mm、0mm。

（2）乘客显示器

乘客显示器为可变显示，能够显示中文、英文、数字及图形，以引导乘客正确使用检票机。常见乘客显示器显示内容与说明如表 2-3 所示。

表 2-3　常见乘客显示器显示内容与说明

描述	显示内容	可能出现的情况说明
关闭	关闭 Closed	设备处于关闭状态： （1）系统下达关闭命令； （2）在维护面板上选择“关闭服务”
正在初始化	正在初始化 Initialize	设备处于初始化阶段，正在检测设备所有模块的工作： （1）设备刚通电； （2）设备从一个非营运状态变为可运营状态时，设备自动进入初始化界面
请使用车票	请使用车票 Use Ticket	设备处于正常营运状态，可接收单程票和储值票

续表

描述	显示内容	可能出现的情况说明
请使用储值票	请使用储值票 Use CSC	设备处于正常营运状态，可接收储值票，但无法接收单程票，造成的原因可能如下： （1）机芯卡票； （2）票箱回收机构故障（卡票、票箱未安装、票箱满等）； （3）单程票读写器故障
请使用单程票	请使用单程票 Use SJT	设备处于正常营运状态，可接收单程票，但无法接收储值票。可能原因是：储值票读写器故障
请进站	请进站（箭头） Enter Station	设备处于正常营运状态，并判定车票有效，允许乘客进入闸机通道
请出站	请出站（箭头） Exit Station	设备处于正常营运状态，并判定车票有效，允许乘客通过闸机通道
请再试一次	请再试一次 Try Again	设备处于正常营运状态，并在判定车票时，乘客已将车票移出天线感应区
请稍后再使用	请稍后再使用 Try Later	只有双向检票机才会出现。设备处于正常运营状态，当乘客在一端检票处理时，在设备的另一端则显示该内容，以提示另一端的乘客。等待对方的乘客通过后再使用，避免两端的乘客在通道内争执
车票过期	车票过期 Ticket Expired	设备处于正常营运状态，并判定车票已过有效期； （1）储值票已过允许使用的有效期； （2）单程票非当日售出的票
余额不足	余额不足 Deficit	设备处于正常营运状态，并判定车票为储值票或单程票时，单程票的票额小于最小费率区的金额，储值票的余额小于或等于0。出站时，单程票的票额小于费率区的金额，储值票的票额小于允许最后的透支额
车票类型错误	车票类型错误 Type Error	设备处于正常营运状态，并判定车票为暂不允许的车票
紧急模式	紧急模式 Emergency Mode	设备处于紧急状态： （1）设备接收到系统下达的紧急命令； （2）在维护面板上选择“紧急模式”； （3）设备接收到紧急按钮下发的电压环信号
维护模式	故障诊断 Diagnostic Model	设备处于维护状态

续表

描述	显示内容	可能出现的情况说明
请使用测试票	请使用测试票 Use Test Ticket	设备处于维护状态，设备允许接收测试票； 在维修面板上选择“测试模式”
错码	错码 Error Code	设备处于维护状态，在维护面板上键入设备不存在的测试码
余额	余额（箭头） Balance	设备处于正常营运状态，并判定车票为储值票且有效，在允许乘客进入的同时，显示票卡的余额
请到客服中心	请到客服中心 Go to BOM （拒绝码）	设备处于正常营运状态，在进站检票机上判定车票为无效时显示该内容，引导乘客去客服中心
暂停服务	暂停服务 Out of Service （故障码）	设备处于非营运状态： （1）操作员打开维修门； （2）设备主要模块故障，设备无法继续投入运营； （3）系统下达暂停服务命令
请插入车票	请插入车票 Insert Ticket	设备处于正常营运状态，在出站检票机上，乘客将需回收的车票放在外置天线上，设备提示乘客插入该车票

2. 自动检票机的侧向结构

自动检票机的侧向外观结构如图 2-8 所示。

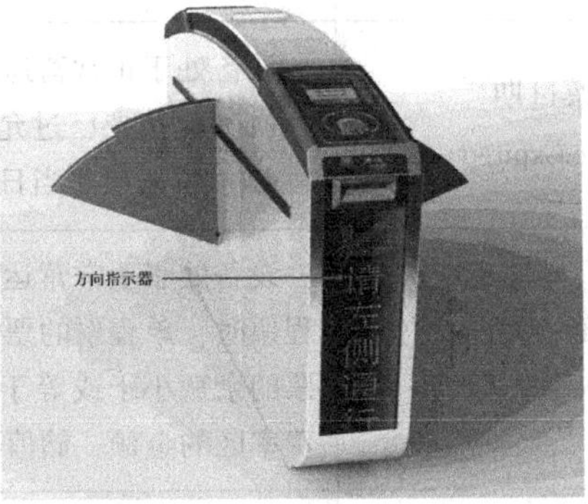

图 2-8　自动检票机的侧向外观结构

（1）通行传感器

通行传感器能够监控乘客通过自动检票机的整个过程以及监测通过自动检票机的人数。自动检票机一般采用两种传感器：透过型传感器和漫反射型传感器。

每对（个）传感器都不是单独使用的，通行控制单元对一组或者所有传感器的检测反馈信息进行分析处理，保证通行控制的准确性和安全性。

（2）高度传感器

自动检票机上装有检测身高的反射型传感器，用于检测通过的乘客是否是身高为 1.2 ~ 1.4m（高度可调）以下的儿童。从检票机中部呈向斜上方的反射型传感器，可以检测到

1.2～1.4m 以上位置的物体。当这个反射型传感器未检测到任何物体时，即使其他的传感器检测到有物体通过，也不认为是通过的乘客。因此，身高 1.2～1.4m 以下的儿童即可以安全地通行。但是在实际通行当中，由于乘客通过时身高变化较大，所以不能非常精确地利用身高作为识别儿童乘客的依据。儿童身高安全检测示意图如图 2-9 所示。

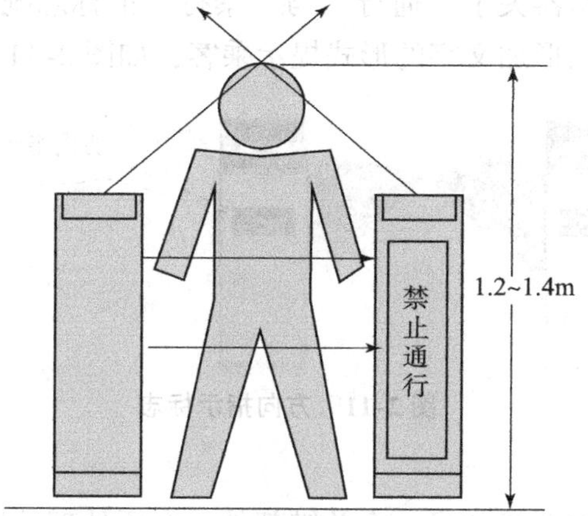

图 2-9　儿童身高安全检测示意图

（3）扇门

扇形门装置是另一种得到广泛应用的检票机阻挡装置。扇形门装置由扇形门、机械控制结构和控制板组成。

扇形门由软性塑胶和内置钢板组成。门的边缘部分采用软性塑胶材料生产，从而能最大限度地减小强行通过时对人体的损害。其内部的钢板可保证扇形门有效地快速关闭和阻止强行推动扇形门。扇形门为三角形，由可吸收能量的软性材料制成，当受到冲击发生变形时能自动恢复到原来状态。

当扇门需要运动时，控制板驱动电动机，通过减速齿轮提供动力给转换器，在操作杆连接处产生力矩，通过电磁铁传递运动，带动扇门运动。控制板负责对机械的控制功能及传感器信号的管理。

3. 自动检票机的立面结构

自动检票机的立面结构如图 2-10 所示。

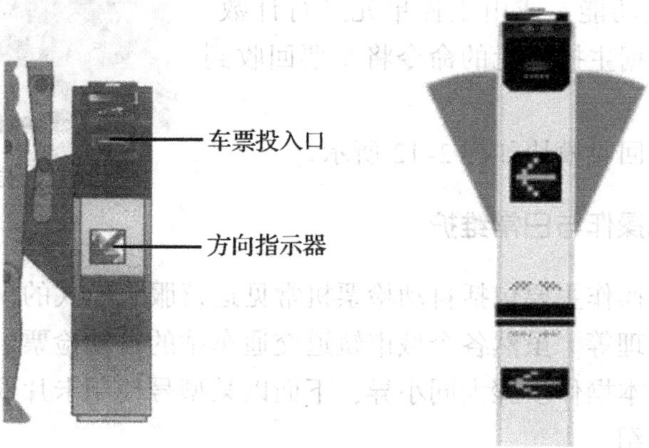

图 2-10　自动检票机的立面结构

(1) 方向指示器

方向指示器位于检票机面向乘客的前面板上，显示通道的通行方向标志，远距离指示乘客通道的通行状态。方向指示器的设计确保乘客在 30 米外的距离都可以明辨标志的内容和含义。

方向指示器及乘客显示器关于“通行”与“禁行”的标志统一，采用国际通用的标志，且配有中文说明文字，以图形加文字的形式提示乘客，如图 2-11 所示。

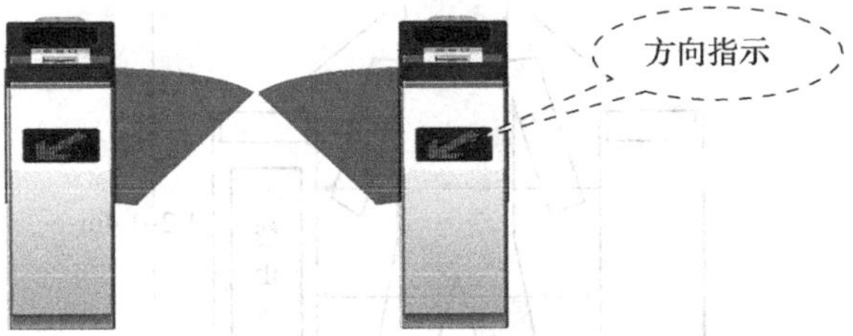

图 2-11　方向指示标志

(2) 车票处理装置

车票处理装置是自动检票机的另一个关键部件，车票处理装置负责完成车票读写、传送及回收处理。车票处理装置主要包括两大部分：车票读写设备和车票传送装置。

对于 IC 车票，目前使用的基本上都是非接触式 IC 芯片车票，只要车票停留在天线感应的范围内，都可以对其进行读写。因此，对于进站交易而言，只需要使用车票读写器就可以完成进站处理，而不需要配置传动装置。由于出站时单程使用的 IC 车票都需要回收，因此当使用单程 IC 车票出站时，必须将 IC 车票投入（筹码型）或插入（方卡型）车票处理装置中，车票通过传送装置（通道）到达天线感应区并在此完成车票读写，交易成功的车票继续经传送装置回收到票箱中，非法车票或交易失败的车票将返回给乘客，由乘客到车站服务中心完成票务更新后再次使用。对于不需要回收的 IC 车票，与进站类似，仅使用车票读写器就可以完成出站处理。

带有票箱的车票处理装置通常需要配置两个票箱，并实时监控票箱的状态，在票箱未安装、票箱将满或票箱已满时，需要向主控单元发送相关信息，主控单元将相关信息上传到车站计算机系统 SC。票箱通常还需要具有计数功能，或由主控单元进行计数。车票处理装置可以根据主控单元的命令将车票回收到指定的票箱中。

自动检票机车票回收模块如图 2-12 所示。

图 2-12　自动检票车票回收模块

三、自动检票机操作与日常维护

对自动检票机的操作主要包括自动检票机常见运营服务模式的识别、重启操作，票箱的更换操作及卡票的处理等。虽然各个城市轨道交通车站的自动检票机的型号、技术性能、功能有一定差异，但基本操作步骤大同小异，下面以某型号使用卡片式车票的扇门式自动检票机的操作为例进行介绍。

1. **自动检票机常见运营服务模式的识别**

自动检票机的常见运营服务模式一般有正常服务模式和停止服务模式两种。一般情况下，自动检票机根据系统设置的运营开始及结束时间自动进入正常服务模式和停止服务模式。

（1）自动检票机的正常服务模式

每天开始运营之后系统启动，自动检票机进入正常服务模式，方向指示器显示绿色图标“”，乘客显示器显示“请出示车票”，自动检票机根据事先定义的进站检票机、出站检票机、双向检票机运行模式运行，处理车票并打开或关闭扇门，如图 2-13 所示。

（2）自动检票机的停止服务模式

当进入设定的结束运营时间或闸机出现故障等异常情况时，人为对闸机进行关闭后，闸机进入停止服务模式，不再处理车票，扇门处于关闭状态，方向指示器显示图标“”，乘客显示器显示“暂停服务”，如图 2-14 所示。

图 2-13　自动检票机正常服务模式

图 2-14　自动检票机停止服务模式

2. **自动检票机的重启（上电与下电）操作**

在日常运作中，一般的自动检票机软件故障均可通过重启设备进行处理（即下电再上电的过程），重启工作可由站务员完成。具体的操作顺序为：打开维修门→关闭配电盘的开关→打开通道维修门→打开配电盘的开关。

下电时，将钥匙沿顺时针方向转动，打开维修面板，输入操作员号（ID）和密码，将配电盘的开关关闭。

上电时，将钥匙插入并沿顺时针方向转动，向上、向外倾斜提起，并打开维修门，将电源开关打向 ON 方向，将配电盘的开关打向 ON 方向。如图 2-15 所示。

3. **自动检票机的票箱更换操作**

出站检票机设有单程票回收系统，有效单程票通过出站检票机时会被回收进票箱内，由于票箱具有一定的容量，在票箱将满或已满时，出站检票机会发出报警提示，以提醒车站人员及时对票箱进行更换。如果没有及时更换，出站检票机将进入停止服务模式。一般情况下，车站需在出站检票机票箱将满时或已满时进行更换，也可根据实际需要进行更换。更换出站检票机票箱操作流程如下。

步骤 1：摆放暂停服务牌，出站检票机进入停止服务模式。如图 2-16 所示。

图 2-15 自动检票机的重启操作

图 2-16 摆放暂停服务牌

步骤 2：打开维修门。如图 2-17 所示。

步骤 3：按面板显示要求输入正确的操作员号（ID）和密码。如图 2-18 所示。

图 2-17 打开维修门

图 2-18 输入 ID 和密码

步骤 4：验证成功登录后，选择运营服务中的更换票箱操作，在更换票箱操作中选择“卸下 A 票箱”，票箱托盘开始下降。如图 2-19 所示。

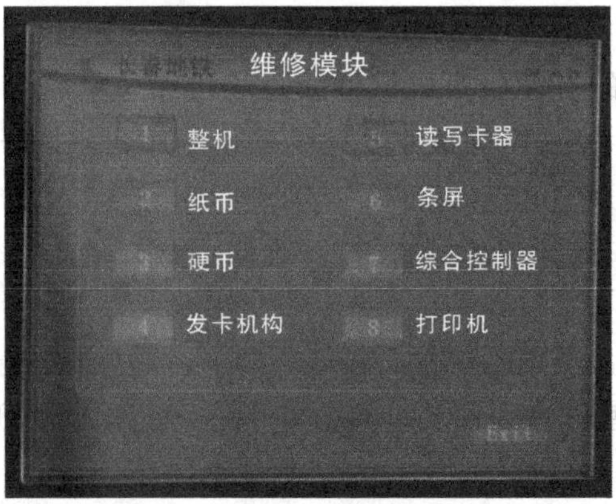

图 2-19 验证成功登录界面

步骤 5：当票箱托盘完全降下后，推回票箱盖。如图 2-20 所示。

步骤 6：插入钥匙，逆时针扳动至“关”位置。如图 2-21 所示。

步骤 7：当票箱托盘完全降下后，双手取出票箱，换上空的票箱。

更换票箱时，要注意爱护票箱，轻拿轻放，避免损坏票箱，同时注意双手操作，以避免刮伤手。

图 2-20　推回票箱盖

图 2-21　逆时针扳动至“关”位置

4. 几种简单故障的处理

（1）卡票的处理

卡票是指单程票在经出站检票机单程票回收系统导入相应的票箱过程中，因车票问题，如边缘变形、过厚等，导致车票不能顺利导入票箱，卡在导入系统某个位置时的现象。发生卡票故障后，出站检票机将不再接收单程票，但能正常处理储值票。

①卡票位置。

卡票现象会发生在投票口及票箱顶部的传送带区域。

②卡票操作。

打开右侧维修门，拉出车票回收模块。

从票卡卡住的位置离左手边最近的绿色转盘开始，按照出卡方向旋转，依次旋转各转盘，直至票卡移至方便取出的位置。

卡住的单程票取出后应重新启动闸机。若仍不正常，需联系专业维修人员进行处理。

处理卡票的操作流程如图 2-22 所示。

图 2-22　处理卡票的操作流程

（2）进出闸模块异常的处理

进出闸模块异常通常表现为两种情况：一种是可以验票，但显示异常，不能显示票价、余额等信息，闸门能正常开启、关闭；另一种是不能验票，闸门不能正常开启、关闭。此时，站务员可通过重新启动闸机进行处理，若仍不正常，需联系专业维修人员进行处理。

（3）系统死机的处理

系统死机是指闸机因自身系统故障而导致死机，停止运行，不能分析任何车票，进入暂停服务模式。此时，站务员可通过重新启动闸机进行处理。若仍不正常，需联系专业维修人员进行处理。

【任务处理】

1. 案例分析

在咨询了广场站副站长冯亮后。冯亮表示，很高兴市民能够为广场站提出建议，并分析了事件原因。

“一方面，每趟列车的到站时间都不同，若不在进站口进行检票，就会出现乘客混乱进站的情况；另一方面，进站口共有7个闸口，若人工检票，就需要7名工作人员。”冯亮说：“有时一趟列车进站达几百人，人工检票不仅费人力，而且费时，还容易出现差错。”

冯亮提醒，广大乘客在进站口检票时，应自觉排好队，有顺序地使用自动检票机检票。在不会使用的情况下，可咨询在旁负责的工作人员，以方便快捷地检票乘车。

2. 解决措施

通过以上理论知识的学习，分析情景导入中“自动检票机设置事件”的防范措施。

（1）站长遇到设备故障较多时要合理布岗。

（2）服务员应严格遵守有关票务的规章制度，遇到高峰时，可适当增加人工检票时间。

（3）车站服务人员发现设备故障应及时报修。

实训任务

1. 熟悉自动检票机的内部结构组成。
2. 对自动检票机熟练地进行票箱更换、重启、简单故障处理等操作。

任务2　自动售票机的操作与日常维护

【情景导入】

案例名称	乘客在TVM购票发生纠纷事件（自动售票机操作）		
时间	××××年××月××日	地点	××车站
事件概况： 某日，A站客运值班员张三（女）单独到站厅更换钱箱。张三首先更换V04纸币钱箱，此时，一名男乘客到V04购票，发现V04“暂停服务”后，走到V03准备购票。此时，张三在没有通知V03前乘客V03“暂停服务”的情况下就开启TVM门进行纸币钱箱的更换工作。该名乘客发现不能购票，便拍打V03显示屏。张三听到拍打声后对乘客进行制止，并劝乘客到其他设备购票。乘客说：“为什么人家买票就把机停了。”张三回答：“我们按规定是要换钱箱的。”之后，继续更换钱箱，该乘客随后又到V04处购票。张三更换完钱箱向付费区走去。该乘客在V04前大声喊：“喂！”张三手提两个钱箱往前走，并未回头回应乘客的咨询。该乘客购票后跟随张三进闸，张三问乘客：“先生，什么事？”乘客说：“我要见你们领导，你的工号是多少？我要投诉！”随后，该乘客忽然伸手把张三的胸卡扯过去看。			

【知识要点】

1. 自动售票机的内部组成。
2. 自动售票机的工作原理。
3. 自动售票机的操作及常见故障处理方法。

【理论准备】

自动售票机（TVM）安装在车站非付费区内，由乘客自己操作，自动发售地铁车票及对城市“一卡通”进行充值。自动售票机具备模拟显示线路的乘客显示屏和方便乘客操作的触摸屏，同时可显示票价和投币信息，自动售票机站厅布局如图 2-23 所示。

图 2-23　自动售票机站厅布局

一、自动售票机的功能

1. 自动售票机的功能

自动售票机的基本功能是通过乘客的自助式操作完成自动售票。自助购票的基本过程包括购票选择、接收购票资金、自动出票及找零等过程，在必要时还可以打印充值凭证等。自动售票机可接收硬币和纸币购买单程 IC 票卡，自动售票机也具有对“一卡通”卡和地铁专用储值票进行充值的功能。同时，自动售票机预留银行卡的数据接口和电气接口及物理空间，方便支付方式的扩展。

自动售票机主要实现如下功能：

①接受乘客的购票选择，并在购票过程中给出提示信息及操作指导。

②可以接收乘客投入的现金（或储值票、信用卡等其他付费介质）并自动完成识别，对无法识别的现金（或储值票、信用卡）予以退还。

③自动计算乘客投入的现金数量及购票金额，自动找零。

④自动完成车票校验、车票发售及出票。

⑤对各部件的工作状态进行自动监测，并向车站计算机系统上报工作状态。

⑥接收车站计算机系统下发的参数和控制命令，并执行相应的操作。

⑦存储并上传交易信息。

⑧对本机接收的现金及维护操作进行管理。

2. 自动售票机的操作

(1) 自动售票机常见操作

自动售票机是自助型系统设备，城市轨道交通车站内会有部分乘客对该系统的操作不熟练，站务员应主动、热情地提供操作指引服务。因此，站务员应熟练掌握自动售票机的购票操作。指引乘客使用自动售票机购票、充值时，站务员可通过乘客操作界面实现点选操作。

①使用纸币、硬币购买单程票，如图 2-24 所示。

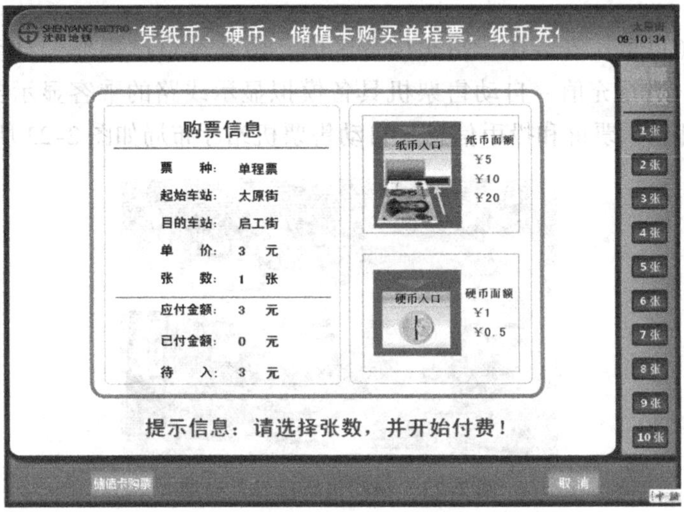

图 2-24 用纸币、硬币购买单程票流程

②使用储值票购买单程票。

第一步选择线路，第二步选择站点，第三步选择张数。如图 2-25 所示。

图 2-25 储值票购买单程票流程

③储值票充值流程。

乘客使用现金在自动售票机上进行储值票充值时，自动售票机通常可接收第五版 50 元和 100 元人民币币种充值。具体操作流程大致分为：在主界面选择充值按钮→插入储值票→支付储值票充值金额→设备对储值票充值→返还储值票等几个步骤，储值票充值界面如图 2-26 所示。乘客从开始充值后至支付充值金额之前都可以取消交易，点击“取消”按钮或者一定时间内没有任何操作时，系统会返还投入的储值票并返回初始界面。

图 2-26　储值票充值流程

（2）自动售票机维护操作

①登录。

在 TVM 待机状态下，打开后门，弹出维护登录界面。输入用户名、密码，进入维护主界面，如图 2-27 所示。

图 2-27　登录

②在维护主界面，按数字键可进入相应模块的维护面板；按 ESC 键，退出维护，回到系统主界面。

a. 整机。

在主界面按 1 键，进入整机维护面板，该面板提供了设备的关键设置项、整机操作指令、交易明细查看和模块自检功能。包括整机信息与维护、整机自检、交易明细三部分。如图 2-28 所示。

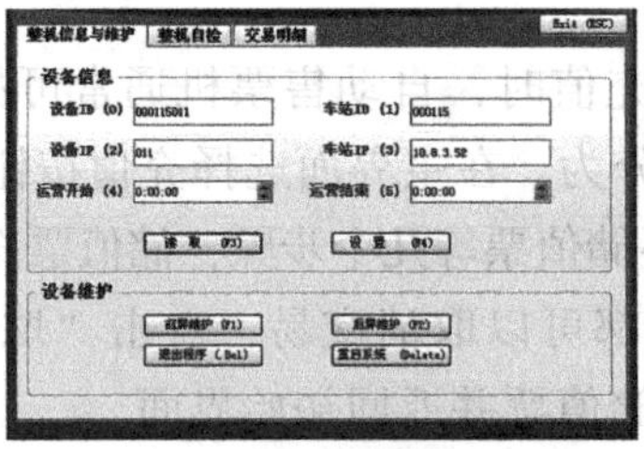

（a）整机信息与维护

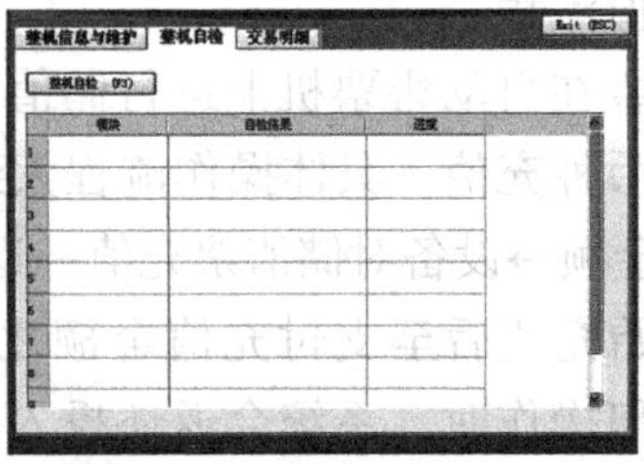

（b）整机自检

（c）交易明细

图 2-28　整机维护面板

b. 纸币。

在主界面按 2 键，进入纸币维护面板，该面板提供了纸币的交易参数及维护接口。

（a） 纸币钱箱。

一天交易结束后，做日终盘点时，需要进入纸币维护模块，做钱箱的盘点。

按下 F2 键，读取纸币钱箱各项数据；

按“提示信息”更换钱箱；

按下 F4 键，钱箱计数清零。

（b） 业务操作。

业务操作用来测试纸币模块功能。如图 2-29 所示。

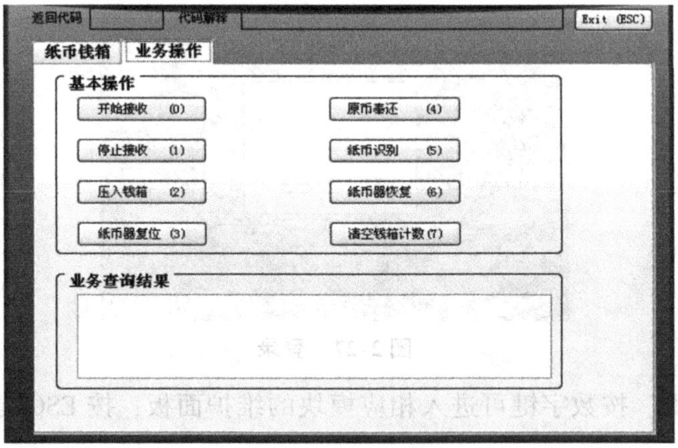

图 2-29　业务操作

c. 硬币。

在主界面按 3 键，进入硬币维护面板，该面板提供了硬币的日常维护及功能测试接口，其中，加币、盘点是硬币模块最常用的日常维护接口。如图 2-30 所示。

(a) 基本操作。

硬币综合测试。按以下步骤可完成对硬币模块单独处理钱币接收的测试。

按下 F1 键，输入待投入的 1 元硬币数量；

按下 F2 键，输入待投入的 5 角硬币数量；

按下 2 键（打开闸口）。

投入硬币。

(b) 找零。

按下 F3 键，查询找零前各 Hopper 的硬币计数；

按下 F1 键，输入待找零的 1 元数量；

按下 F2 键，输入待找零的 5 角数量；

按下 F4 键，按照输入的钱币数量找零，找零后，自动刷新各 Hopper 硬币计数。

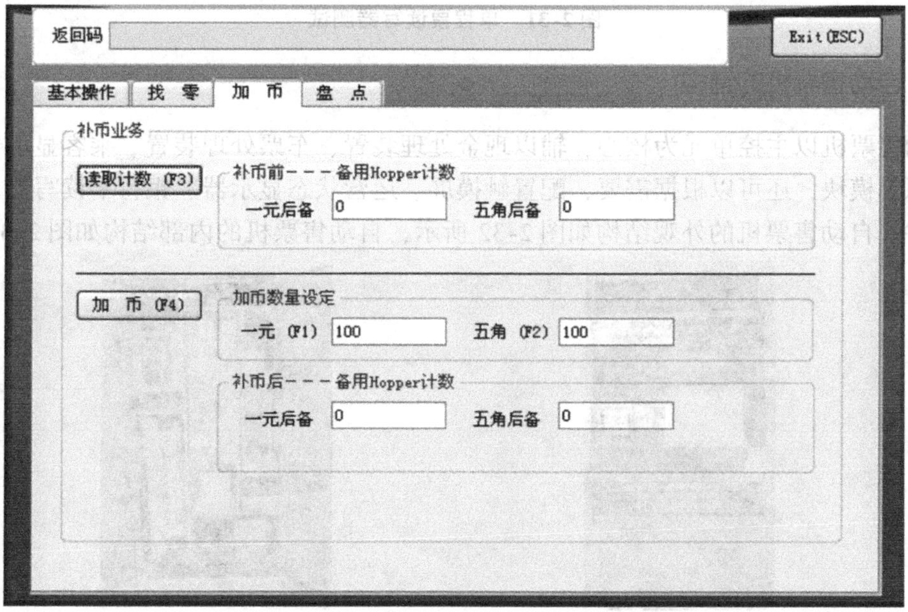

图 2-30 硬币维护面板

d. 读写卡器。

在主界面按 5 键，进入票卡读写器维护面板，该面板提供了读写器的功能测试接口，通常用来测试单程票与储值卡读写器的工作状态是否良好。

(a) 单程票读写器测试。

单程票读写器的主控板固定在发卡模块上，天线位于发卡模块的通道末端，用来读写经由发卡机构发出的单程票。如图 2-31 所示。

(b) 储值票读写器测试。

储值票读写器的主控板固定在售票机前面板内侧，天线位于储值卡模块内，用来读写储值卡。

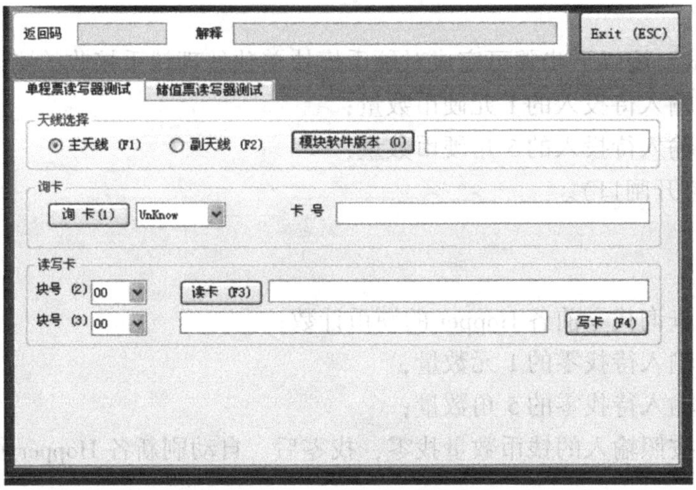

图 2-31　单程票读写器测试

二、自动售票机的结构

自动售票机以主控单元为核心，辅以现金处理装置、车票处理装置、乘客显示器、打印机、电源等模块，还可以根据需要，配置触摸屏、运营状态显示器、银行卡读写器及密码键盘等部件。自动售票机的外观结构如图 2-32 所示，自动售票机的内部结构如图 2-33 所示。

图 2-32　自动售票机的外观结构

图 2-33　自动售票机的内部结构

1. 主控单元

自动售票机的主控单元（也称为工控机）采用 32 位工业级微处理器，阻抗电磁噪声的性能良好（VCCI Class A），能一天 24 小时工作，并能提供充分的指定功能。即使电源中断，数据也不会丢失。主控制器主控制单元采用嵌入式工控机来实现，有良好的抗电磁干扰性能，能保证整机全天 24 小时不停机地稳定运行。主控制器负责运行控制软件，完成车票处理、现金处理显示、数据通信、状态监控等功能。

2. 现金处理模块

自动售票机内的现金处理设备关系到发售资金的安全，是自动售票机安全管理的最重要的部件。现金处理设备按照功能划分，可以分为两大类，即现金识别设备和现金找零设备；如果按照现金的类型划分，还可以进一步划分为硬币识别设备、纸币识别设备、硬币找零设备和纸币找零设备。

（1）纸币处理模块

纸币识别设备一般至少可以识别六种以上的纸币（同一面值但不同版本的纸币将被认为是两种纸币）。纸币识别设备通常包括入币口、传输装置、识别模块、暂存器和钱箱等部件。当纸币通过入币口被送入识别器后，纸币传输装置将纸币输送到纸币识别模块，识别模块将对纸币进行面额和防伪标记的识别，合法的纸币将被送入纸币暂存器，不合法（无法识别）的纸币将被退回给乘客。当乘客取消交易时，纸币暂存器内的纸币可以从退币口（也可能是入币口）返还给乘客。当乘客确认交易后，纸币暂存器内的纸币将被转入纸币钱箱内。

纸币钱箱采用全密封的结构，通过两把安全锁来保证现金安全。当纸币钱箱从安装座上拆下时（即用安全锁打开时），钱箱入口将自动关闭，从而保证更换钱箱的工作人员无法直接接触到纸币。只有使用另一把钥匙才能将钱箱打开，清点收到的现金。

纸币处理单元的工作原理描述如下：

①纸币处理器收到接收纸币指令，点亮进币口绿色指示灯，提示机芯工作正常，可以插入纸币。

②乘客将纸币平整地插入进币口，纸币机芯模块对插入物进行初步判断，如认定为纸币，则打开进币口电动机，吸入纸币，并自动纠正没有垂直插入的纸币。

③吸入的纸币进入传送通道，在纸币识别区经传感器识别纸币的合法性及面额特征，采用先进的纸币识别方法对纸币的真伪进行判断，如果纸币是真币且符合接收要求，将会被存放在纸币暂存区；如果为假币或非法纸币，将直接由退币口退还给乘客。

④如果本次购票交易成功，则将暂存区的纸币传送至缓冲区（压钞区），压入钱箱存储；如果交易失败或取消交易，则将暂存区的纸币由退币口退还给乘客。钱箱设有位置检测传感器，可以对钱箱已满或将满的状态作出判断。如果钱箱已满，纸币处理单元关闭进币口，停止接收纸币。纸币处理模块如图 2-34 所示。

图 2-34　纸币处理模块

（2）硬币处理模块

硬币找零设备比较复杂，一般至少应包括循环找零机构、补充找零机构、清币机构及硬币回收机构。硬币找零设备一般会与硬币识别设备采用一体化的设计方法，以提高处理速度和优化硬币模块的结构。

所谓循环找零机构，是可以使用乘客投入的硬币来补充找零的找零机构，而补充找零机构需要人工添加硬币，通常在循环找零机构内的找零硬币不足时使用。当循环找零机构已满时，乘客投入的硬币将通过硬币回收机构回收到硬币钱箱中。当运营结束时，可以使用清币机构将循环找零机构（也可能包括补充找零机构）中保存的硬币清空，被清出的硬币将被硬币回收机构回收到硬币钱箱中，以便车站管理人员进行清点。

硬币模块处理的基本工作原理描述如下：

①乘客投入的1元硬币经过硬币识别模块识别后，进入暂存区，等待下一步的处理；不合格的硬币直接掉入出币口，返还顾客。当乘客取消交易时，硬币分拣机构将投入的硬币原币返还顾客。

②当交易成功后，硬币分拣机构自动将硬币投入储币箱或找零箱中（当找零箱的硬币数量低于某一设定值时）。找零机构及找零箱构成硬币循环机构，可以将乘客投入的硬币用作找零。循环式找零箱中的硬币总是保持在一定数量（可由参数设定），如果进入的硬币超过这个数量，将进入下面的储币箱；如果找零箱中的硬币数量低于设定值，可由找零补充箱补充。硬币找零箱可分别存储1元硬币1 500个以上，找零出币速度可达每秒5个。储币箱和补币箱可以互换，两者都具有电子ID，主机可通过指令查询票箱状态和身份。当钱箱从自动售票机的存放座上取走时，钱箱的入币口会自动关闭，可防止更换钱箱的操作人员接触到钱币。自动售票机的硬币处理模块，如图2-35所示。

图2-35　硬币处理模块

3. 维护面板

维护面板的作用是供车站管理人员对设备进行维护、故障诊断及参数设置等操作。维修人员根据需要，通过输入密码，进入维修面板的维修系统进行维护。其操作界面可设计成菜单式或指令式。

（1）维护面板的内容

①设备运营状态信息。

②设备时钟显示和设置。

③设备运行版本信息。

④部件运行状态信息。

⑤硬币清零菜单或指令。

⑥更换钱箱菜单或指令。

⑦打印账单菜单或指令。

⑧设备部件测试菜单或指令。

⑨设备关机、复位菜单或指令。

自动售票机的维护面板如图2-36所示。

（2）自诊断功能

自动售票机具备自诊断功能，可协助维护维修人员快速发现故障及确认故障。

①运营状态信息。

当自动售票机门打开后，管理人员登入维护面板，在维护面板上即可通过“故障代码”或“中文提示信息”的方式提示自动售票机的运营状态，包括“设备运

图2-36　自动售票机的维护面板

营模式”、“设备状态信息”和“设备故障信息”，以提示管理人员根据对应的信息进行操作。

②时钟显示和设置。

自动售票机的时钟与自动售检票系统中的时钟同步。管理人员可通过菜单或指令查询自动售票机的时钟信息，如果时钟不一致，则可通过设置调整。

注意：其时钟必须与自动售检票系统的时钟一致，并在与自动售检票系统断去通信后才能进行操作。

③运行版本信息。

管理人员可通过该菜单或指令，查询自动售票机的运行版本信息，运行版本是直接影响自动售票机运营状态的关键信息，如与正式运营版本不一致，则会造成自动售票机运营不稳定或错误运营的现象发生。

④部件运行状态信息。

管理人员可通过该菜单或指令，查询部件运行状态信息。

⑤硬币清零菜单或指令。

作为车站日常管理的措施，管理人员可通过硬币清零菜单或指令进行自动售票机的账务处理，这属于结算的运营钱款操作，此操作也可判断自动售票机硬币模块的运转性能。

⑥更换钱箱菜单或指令。

管理人员可进行相关指令操作，更换钱箱。

⑦打印账单菜单或指令。

管理人员进行钱款操作后可进行该菜单或指令操作，打印自动售票机的相关账单信息。

⑧部件测试菜单或指令。

通过诊断、测试菜单或指令表，可以看到许多关于部件的测试菜单或指令，当发生故障时，管理人员可进行这些指令或菜单操作，来判断部件的运行状态，并进行相应的处理。

⑨关机、复位菜单或指令。

管理人员可进行这些指令或菜单操作，对自动售票机进行逻辑关闭、复位操作，以免硬关机所造成的伤害。

4. 乘客触摸显示器

乘客触摸显示器是自动售票机人机界面操作的主要部件，乘客根据显示器的提示界面，通过加装在乘客显示器上的触摸屏选择进行购票操作。乘客显示器安装在自动售票机前面板乘客操作范围内，用于显示有关购票操作的信息。乘客显示器显示字体为中文，在需要时，可选择用英语显示。显示语言类型作为参数设置。

在乘客购票过程中，乘客显示器能显示乘客所选择的目的地车站、票种、单价、张数、付费总金额、已投币金额等信息。乘客显示器能显示所有可发售的票种、张数、各种付费方式、交易取消、交易确认等选择按钮供乘客选择。在交易过程中，乘客显示器能指示乘客下一步的操作，并能提示其无效操作。在设备故障、关闭或暂停服务时，乘客显示器能显示相关的信息。乘客显示器还可以替代运营状态显示器，用于显示当前设备的运行模式和操作模式，包括暂停服务模式、无找零模式、关闭模式、只收硬币模式、只收纸币模式、只找硬币模式、只找纸币模式等信息。

三、自动售票机的操作与日常维护

自动售票机的操作主要包括自动售票机常见运营服务模式的识别、自动售票机乘客操作界面的使用、自动售票机钱箱的更换、补充单程票、补充找零硬币等。因为各个城市轨道交通车站的自动售票机型号、技术性能、功能有一定差异，但基本操作步骤大同小异，下面以某型号使用卡片式车票的自动售票机操作为例进行介绍。

1. 自动售票机常见运营服务模式的识别

自动售票机可运行在多种服务模式下，这些模式可以通过车站计算机下达参数设置，也可以根据自动售票机模块的状态进行自动调整。运行模式主要有正常服务模式、停止服务模式和限制服务模式三种。

自动售票机处于正常服务模式时，能提供所有设计要求的服务：单程票发售、储值票充值功能可用，支付方式不受限制，乘客信息显示器显示“正常服务，××××”等字样；当自动售票机发生卡票等故障或运营结束后或车站人为设置停止服务后，自动售票机进入停止服务模式，乘客信息显示器和触摸屏显示“暂停服务”字样，如图2-37所示。

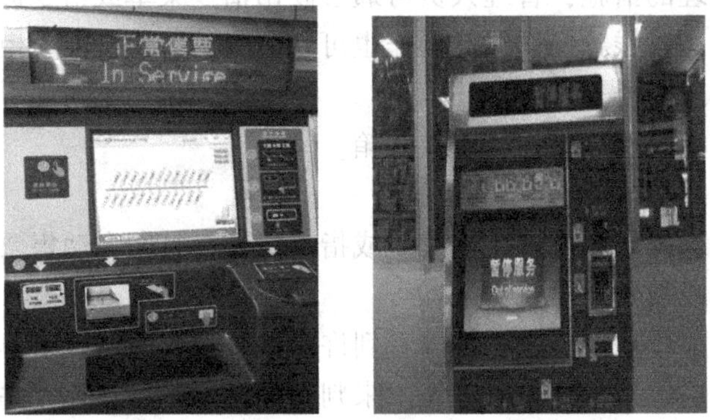

（a）　　（b）

图2-37　自动售票机的正常、停止服务模式

当自动售票机内部各模块中任一模块状态不良而其他模块正常时，自动售票机会自动进入限制服务模式，只具备部分功能，如图2-38所示。一般包含只售单程票、只收硬币、只收纸币、不找零、只充值几个子模式。

图2-38　自动售票机的限制服务模式

(1) 只售单程票模式

在正常模式下，当自动售票机充值功能模块无法使用时，进入只售单程票模式，只能发售单程票，不充值，乘客显示器显示“只售单程票”字样。

(2) 只收硬币模式

在正常模式下，当自动售票机纸币接收器和储值票模块无法使用时，进入只收硬币模式，不接受纸币购票，乘客显示器显示“只收硬币”字样。

(3) 只收纸币模式

在正常模式下，当自动售票机硬币接收器和储值票模块无法使用时，进入只收纸币模式，不接受硬币购票，乘客显示器显示“只收纸币”字样。

(4) 不找零模式

在正常模式下，当自动售票机找零装置出现故障或找零装置中的硬币或纸币少于最少存币值时，进入不找零模式。在不找零模式下，不接受需要找零的纸币，购买单程票。乘客显示器显示“不找零”字样。

(5) 只充值模式

在正常模式下，当自动售票机单程票发售模块出现故障或单程票存量低于参数设定值时，进入只充值模式。在只充值模式下，不发售单程票，只接受纸币充值并拒收硬币。乘客显示器显示“只充值”字样。

2. 自动售票机乘客操作界面的使用

(1) 自动售票机乘客操作主界面

乘客通过自动售票机乘客操作界面的点选操作完成自助式购买单程票和充值。常见的自动售票机乘客操作主界面如图 2-39 所示。

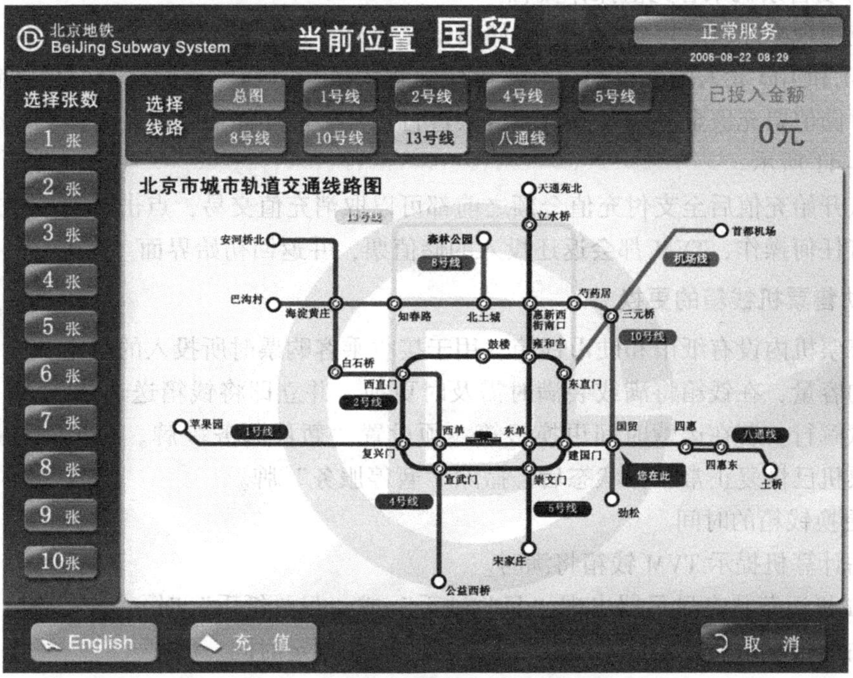

图 2-39 自动售票机乘客操作主界面

地图区域能清晰显示线网地图，能实现地图的缩小、扩大及水平移动。当乘客点击某车站时，以该车站为中心的附近几个车站会被放大显示，以便于乘客正确选择目的地站购票。选择线路区域提供了按线路分类的按钮，当乘客点击选择要乘坐的线路时，该线路在地图区域被放大，方便乘客快速、准确地点选目的地站。时间区域能实时显示当前的日期与时间。该选择区域可以实现按票价直接购票，为熟悉轨道交通票价的乘客提供了便利。功能选择区域提供了乘客选择或确认的按钮，如中英文切换按钮、充值操作和取消交易按钮等，实现相应的功能选择。信息提示区域主要用于向乘客显示相应情况下的信息。状态区域显示了自动售票机当前运营状态的信息。

（2）自动售票机乘客自助购票操作流程

通过乘客操作界面，乘客可实现按地图、线路、票价三种方式选择目的地进行购票，具体购票流程大致分为选择目的地→选择车票购买数量→支付金额→发售车票→找零等几个步骤，如图 2-40 所示。

①乘客根据导向指示找到自动售票机（TVM）。

②在屏幕上点选所要到达的车站站名（TVM 为您提供地图、线路、票价 3 种方式选择目的地）。

③点击所需购买的张数。

④根据显示应付金额投入硬币或纸币（只接受 0.5 元或 1 元面值硬币、5 元或 10 元面值纸币）。

⑤取出所购车票及找零（未投足票款时按取消键，TVM 将返还您投入的硬币或纸币）。

乘客从开始购买车票后到没有支付全部金额之前都可以取消购票交易，点击交易取消按钮或者在一定时间内没有任何操作，TVM 都会返还乘客所投的金额，并返回初始界面。

（3）自动售票机乘客充值操作流程

乘客使用现金在自动售票机上进行储值票充值时，自动售票机通常可接收第 5 版 10 元、20 元、50 元和 100 元人民币币种。具体操作流程大致为：在主界面选择充值按钮→插入储值卡→支付储值票充值金额→设备对储值票进行充值→返还储值票等几个步骤，储值卡充值界面如图 2-41 所示。

乘客从开始充值后至支付充值金额之前都可以取消充值交易，点击取消按钮或者在一定时间内没有任何操作，TVM 都会返还投入的储值票，并返回初始界面。

3. 自动售票机钱箱的更换

自动售票机内设有纸币和硬币钱箱，用于接收乘客购票时所投入的纸币和硬币，由于钱箱有一定的容量，在钱箱将满或装满时需及时更换，并立即将钱箱送返 AFC 票务室，以便清点和票款解行。若在运营时间更换钱箱，须设置“暂停服务”牌。更换完毕后，须在确认自动售票机已恢复正常服务状态后，撤除“暂停服务”牌。

（1）更换钱箱的时间

①车站计算机提示 TVM 钱箱将满时。

②TVM 机运营状态显示器出现“只收硬币”或“只收纸币”时。

③各站结合本站实际客流情况制定的更换钱箱的固定时间。

④运营结束后。

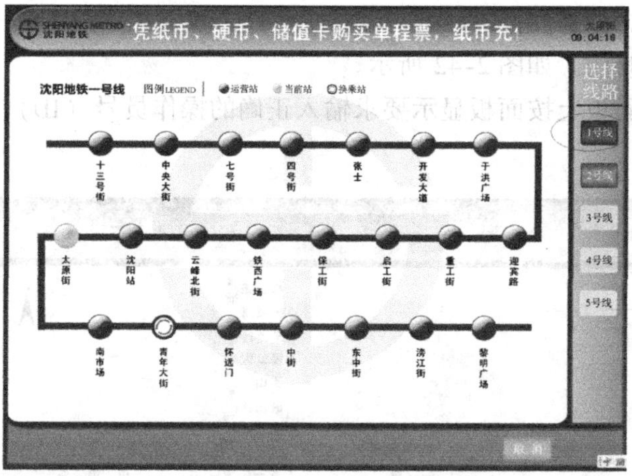

（a）选择目的地

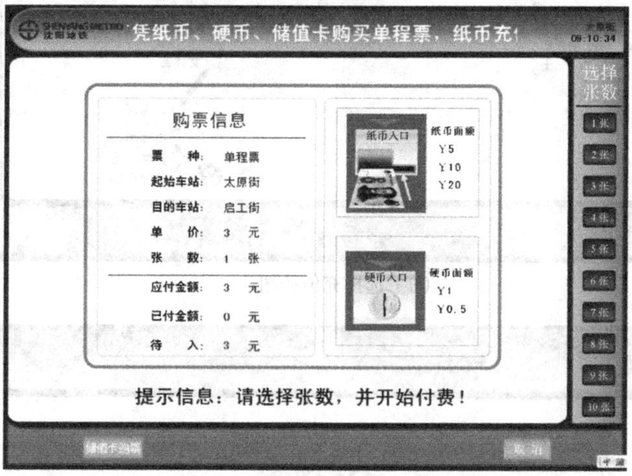

（b）选择车票购买数量、支付金额

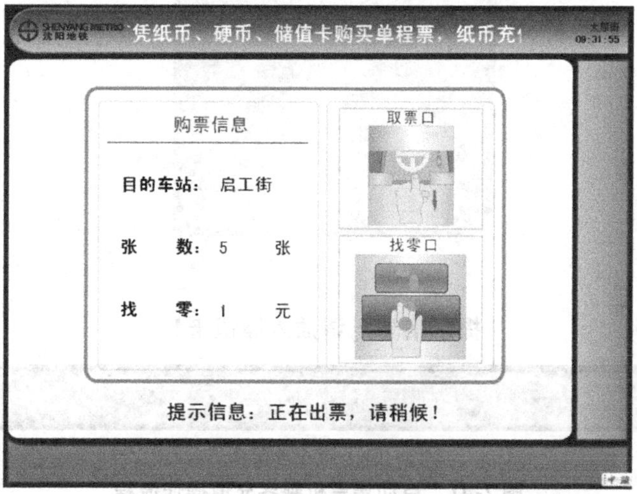

（c）发售车票、找零

图 2-40　自动售票机乘客自助购票操作流程

（2）自动售票机更换硬币钱箱操作

步骤1：打开维修门。如图2-42所示。

步骤2：在维修面板上按面板显示要求输入正确的操作员号（ID）和密码进行登录。如图2-43所示。

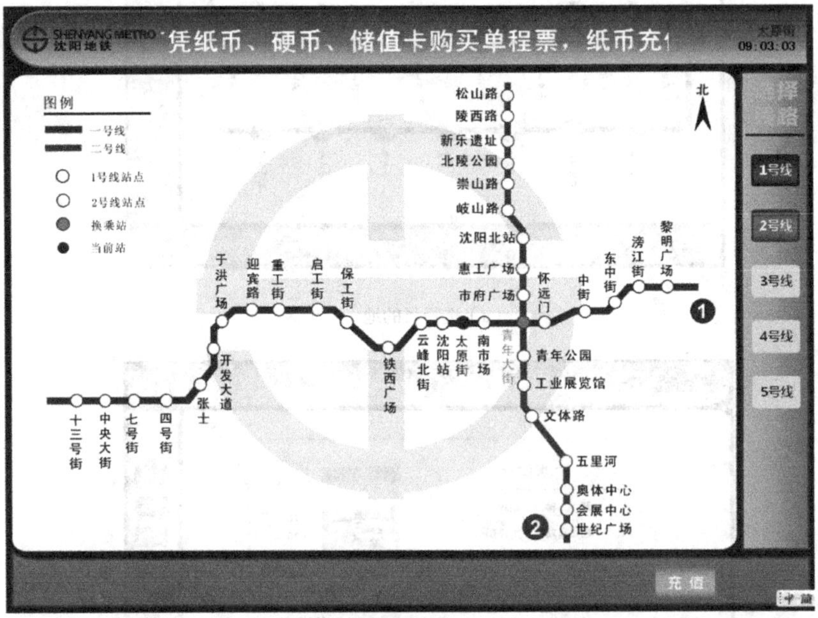

（a）选择充值按钮

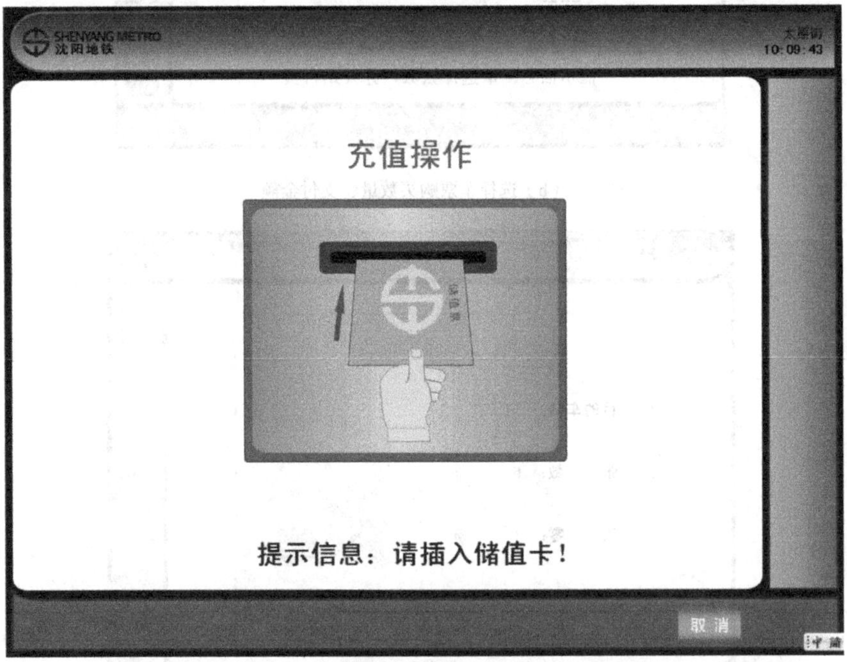

（b）插入储值卡

图2-41 自动售票机乘客充值操作流程

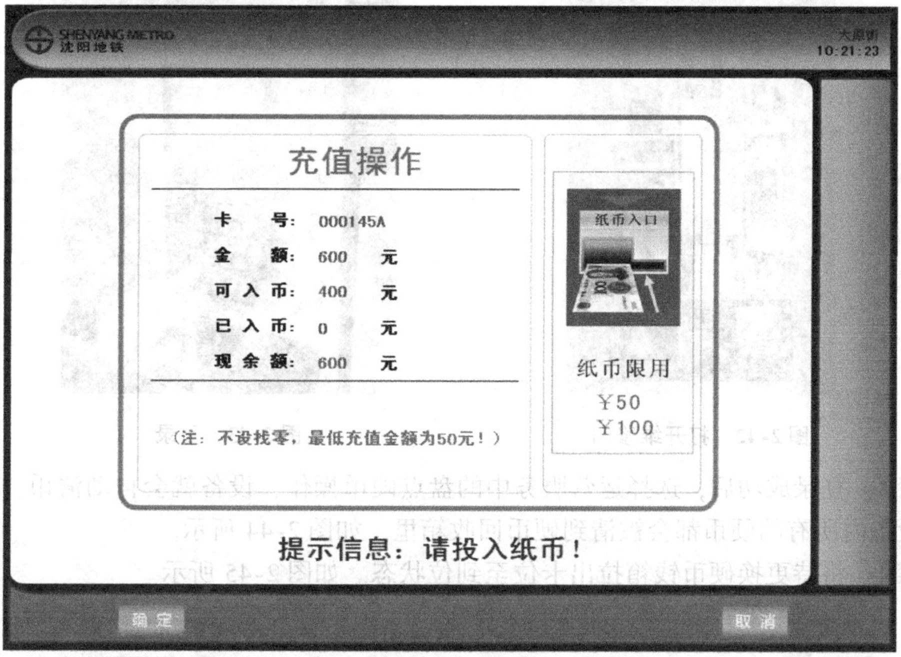

（c）支付储值票充值金额

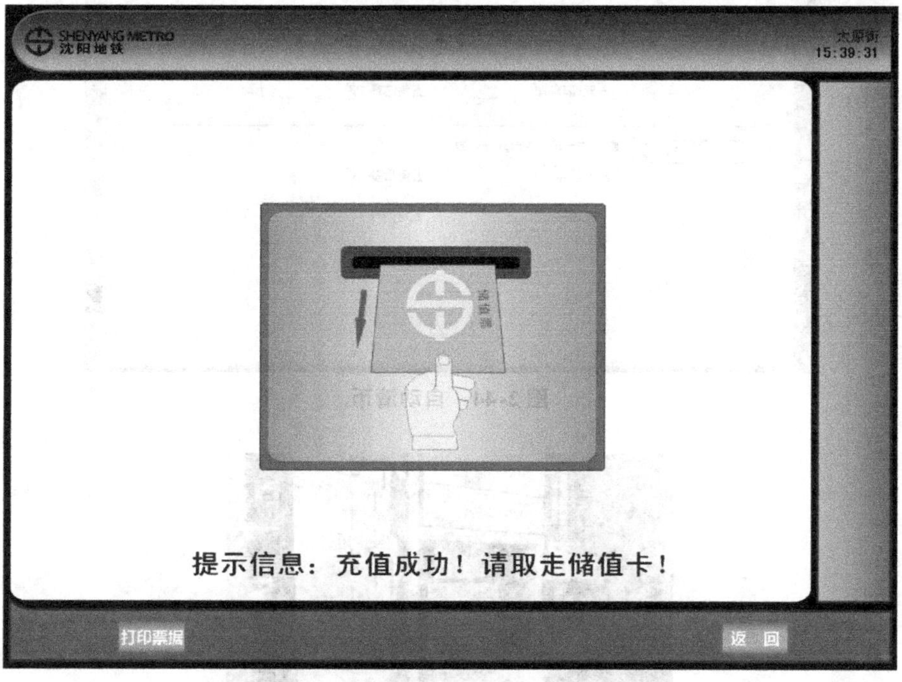

（d）返回储值票

图 2-41　自动售票机乘客充值操作流程（续）

图 2-42　打开维修门

图 2-43　登录

步骤 3：登录成功后，选择运营服务中的盘点硬币操作，设备就会自动清币，当清币完成后，设备内所有的硬币都会被清到硬币回收箱里。如图 2-44 所示。

步骤 4：将待更换硬币钱箱拉出卡位至到位状态。如图 2-45 所示。

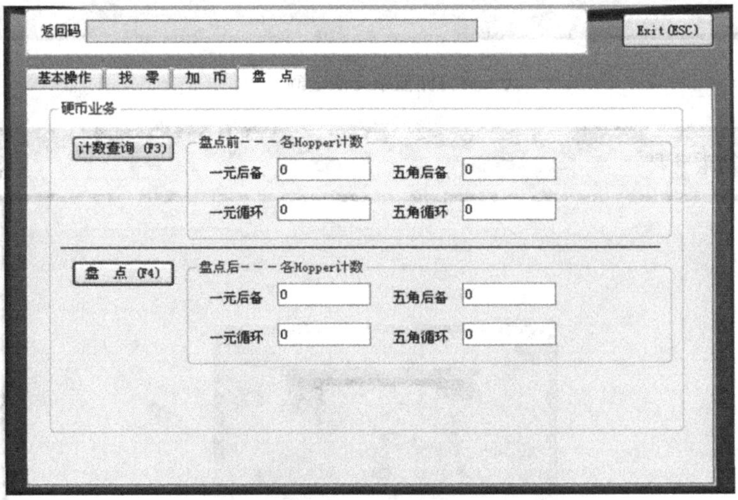

图 2-44　自动清币

图 2-45　拉出待更换硬币钱箱

步骤 5：将待更换硬币钱箱从支架取下，然后更换上空的硬币钱箱。如图 2-46 所示。

步骤 6：双手将空的硬币钱箱插入支架到位后，推回原位。如图 2-47 所示。

图 2-46　换上空的硬币钱箱

图 2-47　推回原位

步骤 7：在控制面板上选择“签退”键进行签退。如图 2-48 所示。

步骤 8：推进并关好维修门完成硬币钱箱更换操作，将换出的硬币钱箱运回到 AFC 票务室进行清点。

(3) 自动售票机更换纸币钱箱操作

步骤 1：打开维修门。如图 2-49 所示。

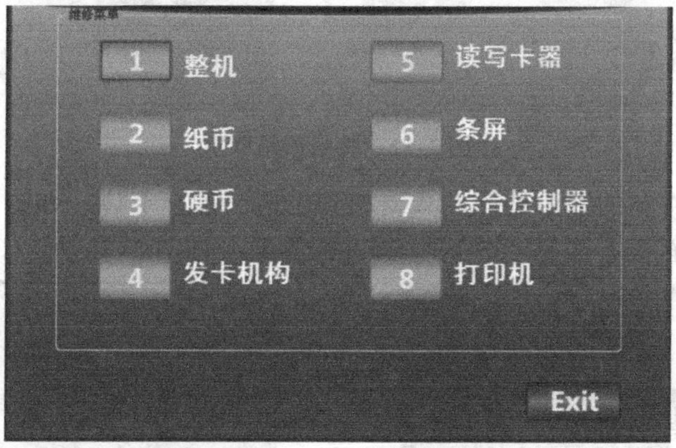

图 2-48　签退

图 2-49　打开维修门

步骤 2：在维修面板上按面板显示要求输入正确的操作员号（ID）和密码进行登录。如图 2-50 所示。

步骤 3：拉动纸币模块中部的“拉出把手”，将纸币模块拖出，并拖至卡位处。如图 2-51 所示。

图 2-50　登录

图 2-51　拖出纸币模块

步骤 4：双手将纸币箱取下。如图 2-52 所示。

图 2-52　将纸币箱取下

步骤 5：用双手将空的纸币钱箱插入支架到位后，推至卡位。如图 2-53 所示。

步骤 6：在控制面板上选择“签退”键进行签退。如图 2-54 所示。

图 2-53　插入纸币钱箱

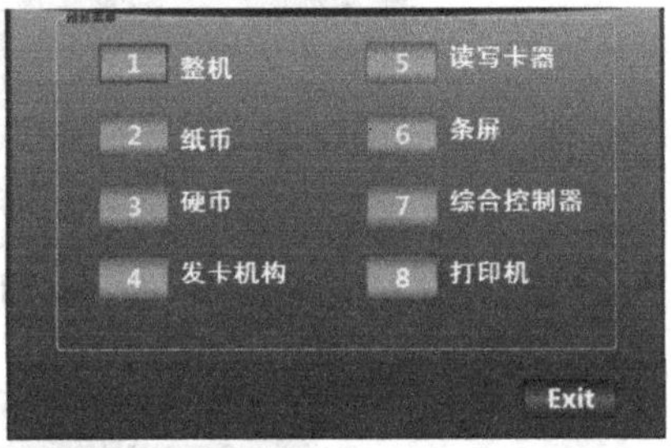

图 2-54　签退

步骤 7：关好维修门，完成纸币钱箱更换工作，将换出的纸币钱箱运回到 AFC 票务室进行清点。

【任务处理】

1. 案例分析

通过以上理论知识的学习，分析情景导入中“乘客在 TVM 购票时发生纠纷事件”的原因。

主要原因在于：工作人员违反自动售票机更换钱箱管理规定。在没有通知乘客自动售票机暂停服务的前提下，进行票箱的更换工作。

2. 解决措施

通过以上理论知识的学习，分析情景导入中“乘客在 TVM 购票时发生纠纷事件”的防范措施。

（1）若在运营时间更换钱箱，需设置“暂停服务”牌。

（2）更换完成后，须在确认自动售票机已恢复正常服务状态后，再撤除“暂停服务”牌，并立即将钱箱送返票务室。

实训任务

1. 依照自动售票机的内部结构图，认知自动售票机的内部结构。
2. 按照自动售票机购票、充值流程，熟练完成车票的购票和充值操作。
3. 按照自动售票机的操作程序，熟练地进行更换钱箱、补币、补票等操作。

任务3　半自动售票机的操作与日常维护

【情景导入】

<table>
<tr><td>案例名称</td><td colspan="3">乘客投诉事件（半自动售票机操作）</td></tr>
<tr><td>时间</td><td>××××年××月××日</td><td>地点</td><td>××车站</td></tr>
<tr><td colspan="4">事件概况：
2010年1月30日23：01，一名男乘客在付费区手持单程票到珠江新城五号线西端票亭，边打电话，边将单程票递给售票员A。A接过乘客的单程票后马上在BOM（Booking Office Machine，半自动售票机）上进行分析，并错误地将该单程票信息看为已出站的车票，随后A便告知乘客“该车票显示已出站，需开一张免费票给您出站”，该乘客表示自己未出站，想去广州火车站，并询问前往广州火车站方向如何乘坐地铁，A告知该乘客，五号线前往广州火车站方向的列车服务已停止。当A准备归还单程票给乘客时，票亭内电话铃响了（车控室打电话提醒A在空闲时到票亭外引导乘客），A就一边接电话，一边将单程票递还乘客（没有面向乘客），导致不小心将车票碰到平台而脱手掉下，随后无法找到。23：04，A打电话通知车控室确认免费出站票，同时继续寻找。此时男乘客再次表示自己需要到广州火车站，想到客村站换乘二号线，并继续在票亭外等候。
23：05，行车值班员B到场后，简单地向乘客进行解释，并马上进入票亭与A一起寻找单程票。23：11，A在BOM的打印机下面找到该单程票，经再次分析，确认该单程票为正常进站的车票，B、A立即向乘客道歉，但乘客对车站解释表示强烈不满，认为是车站工作人员害怕承担责任随意将责任推卸给乘客。23：13，B意识到事情严重性后，通知当班值班站长C到场处理。
23：16，C到达现场后再次向乘客道歉，并马上报特批退还乘客车费4元，陪同乘客出站并继续表示歉意。期间，该乘客表示自己是政协委员，同时理解车站人员工作的辛苦，但对车站人员推卸责任的做法表示不满。随后，广州电视台采访车将乘客接走。</td></tr>
</table>

【知识要点】

1. 半自动售票机的内部组成。

2. 半自动售票机的工作原理。

3. 半自动售票机的操作及常见故障处理方法。

【理论准备】

半自动售票机（Booking Office Machine，BOM），通常安装在售/补票房或车站服务中心内，采用人工方式完成票务处理、车票发售、充值、车票分析（验票）、退票及其他票务服务，因此，BOM 又称为人工售/补票机或票房售/补票机。

根据应用需求，可按功能分离设置成单独的半自动售票机或半自动补票机，也可设置成半自动售票和补票功能相结合的设备。

功能单一的半自动售票机应部署于非付费区，而半自动补票机则用于付费区内服务。功能结合的 BOM 可以同时为非付费区与付费区服务，兼顾售票及补票功能，使用同一车票处理设备，但需对两个区域分别设置单独的乘客显示器，以适应处理不同区域乘客票务的需要。

一、半自动售票机的功能

BOM 是在车站中以人工方式为乘客提供服务的售/补票设备，放置于车站售票和补票室内。BOM 的主要功能包括：售票、补票、充值、更新、替换、退票、车票挂失、车票分析、车票处理、车票查询、收益管理、设备操作等。

BOM 与车站自动售检票（AFC）控制系统相连，可以接收车站自动售检票（AFC）控制系统下达的各种参数及指令，同时向车站自动售检票（AFC）控制系统以及线路自动售检票（AFC）控制系统传送各类数据。

BOM 的运行模式由车站自动售检票（AFC）控制系统进行设定和更改，并通过系统参数数据下载到 BOM 上实现工作模式的自动切换。

同时，BOM 还具备离线/在线状态自动检测切换的能力。根据当前的线路状态，动态提供能够处理的功能。

在线状态下，能够实时从车站自动售检票（AFC）控制系统下载各种参数，接收车站自动售检票（AFC）控制系统的控制指令，能上传监控数据，根据预先设定的方式上传所处理的各种交易数据，与车站自动售检票（AFC）控制系统进行对账处理。

离线状态下，BOM 除了提供需要的功能外，还要保存本地运行数据的备份，在检测到网络恢复以后，进行数据的上传和续传，并进行数据账目的核对。

二、半自动售票机的结构

BOM 以主控单元为核心，由车票读写器、乘客显示器、打印机、电源等模块组成；还可以根据需要配置触摸屏、车票处理装置、钱箱等部件。主控单元一般选用高可靠性工业级计算机设备，也可以选用高档的商用计算机，需要具有丰富的外部接口以支持外部设备的连接，并需要保留部分接口以支持未来设备的扩展。

BOM 可以使用键盘、鼠标等通用输入设备，也可以配置触摸屏。半自动售票机还可以配置支持自动发售车票的车票处理装置，以完成车票自动发售功能。自动发售车票的车票处理装置与自动售票机中的车票处理装置类似，在接收到主控单元的命令后，可以自动完成供票、车票读写及出票功能。

半自动售票机的主要设备构成如表 2-4 所示。

表 2-4　半自动售票机的主要设备

序号	名称	说明
1	主控单元 MCU	BOM 专用主机，采用工业型计算机
2	电源模块	为 MCU、TIU 及 MCU 外围设备提供电源
3	IC 卡发售单元 TIU	发售单程 IC 卡地铁票
4	操作员显示器	触摸式液晶显示器，方便票务员操作
5	票据打印机	为购票、充值乘客打印收据
6	IC 卡读写器	读写 IC 票
7	乘客显示器	为乘客提供文字信息

1. 主机

主机由主控单元和电源模块组成。

主控单元 MCU 负责运行人工售/补票机的控制软件，完成车票处理、数据通信、状态监控及故障检测等功能。主控单元 MCU 采用模块化设计，以满足物理上和功能上的互换性要求，便于维护。

2. IC 票卡发售模块

（1）IC 票卡发售模块的构成

IC 票卡发售模块由对车票进行读写的票卡读写器和用于发售 IC 车票的车票处理模块构成。如图 2-55 所示。

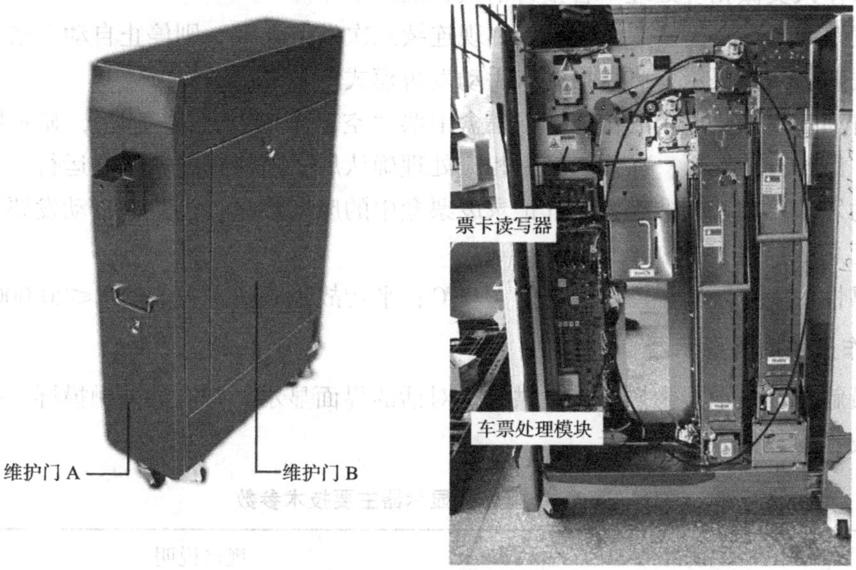

图 2-55　IC 票卡发售模块

车票发售模块可用来完成单程车票的自动发售工作，以提高人工发售车票的速度和效率。在以自动售票机自助式售票为主的车站，车票处理机构可以用来作为应急发售车票装置。车票处理机构内的主要部件有车票发卡装置、读写器、出票控制板等，这与自动售票机中的模块基本类似。处理机构与主控单元通过串口连接，接收主控单元发出的指令，对单程票进行各种处理，如读取车票内存信息，判断车票的有效性，对车票内储值清零、赋值、校验、出票和废票回收等。车票处理机构能一次发售多张同一票值的车票。

（2）车票处理机构的基本功能要求

①具有 BOM 分析和发售单程票的功能。

②一次可连续发售 100 张车票。

③装有废票回收盒，回收盒容量≥50 张。

④发票装置与 BOM 主机的通信连接采用通用的接口方式。

⑤发票装置有独立的电源、控制开关及电子器件的复位控制按钮。

⑥发票速度：连续发票速度（从票箱至出票口）≤1 张/秒。

⑦单次发票速度（确认后）≥30 张/分。

⑧具有独立的维修诊断程序，能对发票装置所有传输控制器件进行检测，方便故障的鉴别和诊断。如发票装置的通信。

⑨运行车票的输送电动机。

⑩车票路径和控制传感器。

⑪车票读写器。

⑫可预留发售测试票。

⑬在自动发售模式下，对发票过程具有显示、监控作用，实时将运行数据和机器状态信息通过显示屏向操作人员提供显示。

⑭当发票装置发生故障或报警时，在 BOM 显示屏有相应的信息提示出现，停止自动发票，等待操作人员做相应处理。若报警消失，继续工作。

⑮当发票装置在自动发票过程中，出现连续三次发票失败，则停止自动发票，显示屏上显示发票失败的信息提示，可切换进入手动发售模式。

⑯能自动检测票盒中票的位置，当票盒中票“空”或废票盒票“满”，显示屏出现提示警告信息，停止自动发票，操作人员做相应处理确认后，消除报警，恢复运行。

⑰自动发票要求计数准确，统计记录废票盒中的废票数量，可打印自动发票装置班次操作记录和汇总。

⑱可靠性，工作环境温度：-10℃ ~45℃；平均故障间隔次数 MCBF≤20 000。

3. 操作员触摸屏显示器

操作员触摸屏显示器为操作员提供人机对话的界面显示，带有红外触摸屏。操作员显示器的主要技术参数如表 2-5 所示。

表 2-5　操作员显示器主要技术参数

序号	项目	规格说明
1	面板尺寸	15. 1in
2	可视面积	304. 128 × 228. 096（mm^2）
3	可视角度	H：150°；V：140°

序号	项目	规格说明
4	最大分辨率	1 024×768
5	点距	0. 297mm
6	色彩	16. 7M 色
7	最大亮度	300cd/m^2
8	耗电量	<30W
9	接口类型	VGA/DVI
10	信号响应时间	12ms
11	最大对比度	400:1
12	电源	输入 AC110～240V　50～60Hz；输出 DC12V
13	重量	5. 0kg
14	外形尺寸	418×165×395（mm^3）

操作员触摸屏主要技术参数如表 2-6 所示。

表 2-6　操作员触摸屏主要技术参数

序号	项目	规格说明
1	触摸面板尺寸	15in
2	可视面积	304. 128×228. 096（mm^2）
3	表面硬度	3H
4	最大分辨率	4 096×4 096
5	透光率	90%
6	操作压力	100～1 000N
7	敲击寿命	>35 000 000 次
8	数据接口类型	RS232、USB
9	信号接口类型	VGA/DVI

4. 乘客显示器

每套半自动售票机配置 1～2 个乘客显示器，分别安放在付费区、非付费区靠近窗口、方便乘客阅读的地方；为乘客提供相关信息的显示（显示中文或英文信息，可以通过操作员选择来实现），并且带有一定的语音提示。

乘客显示器技术参数如表2-7所示。

表2-7 乘客显示器技术参数

序号	项目	规格说明
1	品牌型号	Partner CD5256
2	显示方式	VFD真空荧光灯管，256×32点阵图形显示
3	显示字数	32字（16字×2行）
4	显示颜色	蓝绿色
5	显示亮度	700cd/m^2
6	显示字型	96字符数字，中文简/繁体、韩文、日文
7	显示字体	16×16点矩阵
8	字体大小	8.8mm×8.8mm
9	传输界面	串列
10	输入电压	DC 12V±5%
11	功率需求	5W
12	使用寿命	25 000h
13	前后角度	8°~35°
14	旋转角度	270°（最大）
15	品质认证	FCC ClassB，CE

5. 桌面IC卡读写器

桌面IC卡读写器提供高级应用程序编程接口，支持对ISO14443 A/B标准卡片的读写操作。读写器设计了4个读卡器与安全认证模块SAM卡座，支持多密钥应用，提供读卡器与安全认证模块SAM之间的接口和数据传输。扩展读卡器与安全认证模块SAM不会造成读卡器性能的降低。针对不同的设备应用，相应的IC卡读写器执行充值和消费操作。读写器有效读写距离为10cm，交易速度在200~1 000ms。读卡器对票卡的操作满足一卡通对IC卡应用流程的标准要求，满足读卡器与安全认证模块SAM的安全保密处理要求和交易数据处理要求。

6. 票据打印机

票据打印机用于车票发售、充值单据的打印，也用于打印班次报表或其他有关信息。可以通过设定，选择每完成一次交易，打印机就打印一次，给出运行号、系列号、截止日期等。

半自动售票机一般采用小型针式打印机，也可采用小型热敏打印机。热敏打印机具有使用寿命长、故障率低的优点，但打印后的单据不能长期保留。目前，半自动售票机还是以使用针式打印机为主。打印机有自检功能，操作人员或技术人员使用前，必须启动自检。

票据打印机使用注意事项及说明如表2-8所示。

表 2-8　票据打印机使用注意事项及说明

序号	事　　项	说　　明
1	错误	打印机脱机时，灯点亮（卷纸到达终端，或者卷纸盖打开）；打印机正确作业时，指示灯熄灭；发生错误时，指示灯闪亮
2	缺纸	缺纸或者接近缺纸时，指示灯点亮
3	按键进纸	装入卷纸； 注意：当检测出没有卷纸的时候，此键不起作用

票据打印机技术参数如表 2-9 所示。

表 2-9　票据打印机技术参数

序号	项目	规格
1	品牌型号	EPSON　TM – U220
2	打印方式	串行针式点阵
3	打印速度	4. 7lps（a140columns，16cpi） 6. 0lps（a130columns，16cpi）
4	打印头针数	9
5	电源	DC　24V ±10%
6	分辨率	17. 8/16 cpi 或 14. 5/13. 3 cpi
7	供纸方式	滚动供纸
8	接口类型	RS – 232，Bi – directional， Parallel，USB，10Base – TI/F
9	数据缓存	4KB 或 40bytes
10	打印纸类型	卷纸
11	打印纸尺寸	（57. 5 ±0. 5）mm，（69. 5 ±0. 5）mm，（76. 0 ±0. 5）mm
12	打印纸厚度	0. 06 ~0. 085mm
13	色带	ERC – 38
14	质量	2. 5kg
15	MTBF	180 000h
16	MCBF	18 000 000 行
17	EMC 标准	VCCI class A，FCC class A，CE marking，AS/NZS 3548 class B
18	安全标准	UL/CS A/TOV（E N60950）

三、半自动售票机的操作与日常维护

通过操作半自动售票机可以对车票进行发售、充值、补票、异常卡处理、验卡、行政事务处理、退票等与乘客相关的票务业务。

1. 登录

双击位于桌面的BOM软件启动程序，启动BOM软件，系统将进入登录界面；在登录界面，输入用户名和密码，进入用户操作主界面，主界面默认为售单程票操作界面，如图2-56所示。

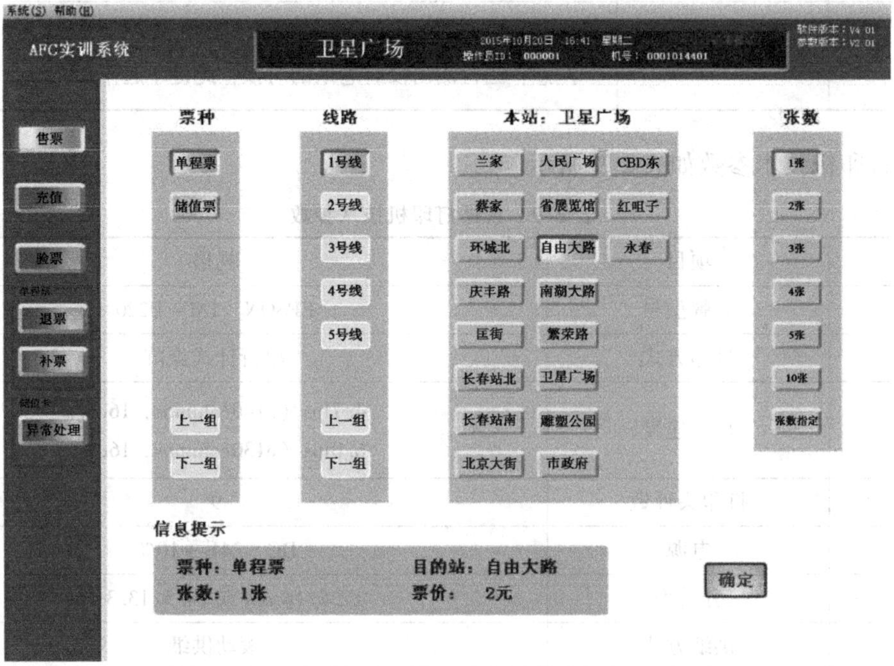

图2-56 BOM的主界面

登录完毕，用户可以通过界面左侧的功能－按钮来选择使用某项功能。

2. 售票

（1）出售单程票

①在主界面，用户依次按下“售票”→“单程票”按钮，则可以进行单程票的出售。

②用户在“站点”栏选择目的站点，在“张数”栏选择出售的张数，如图2-57（a）所示；也可以通过单击“张数指定”来手工输入购票张数，如图2-57（b）所示。

③确定了目的站点和购买的张数后，用户依次将票卡放在BOM的读写卡器上，在界面上单击右下角的“确定”按钮，即可开始进行售票。

（2）出售储值票

①用户依次按下“售票”→“储值票”按钮，则可以进行储值票的出售，如图2-58所示。

②和单程票的出售方式相同，用户也可以通过单击“张数指定”来手工输入购票张数。

③确定了目的站点和购买的张数后，用户将待售的储值卡放在BOM的读写卡器上，在界面上单击右下角的“确定”按钮，即可售票。

④储值票售票押金20元。

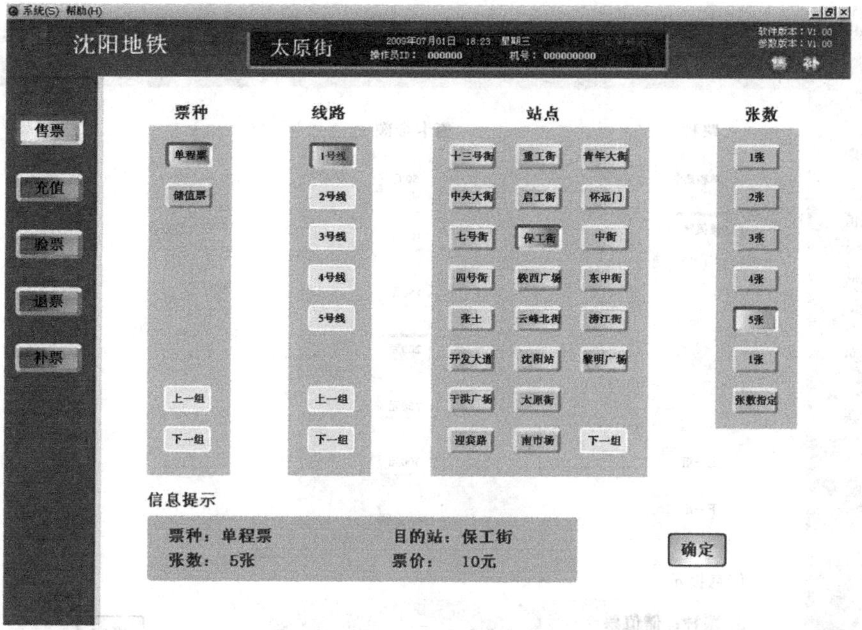

（a）单程票界面

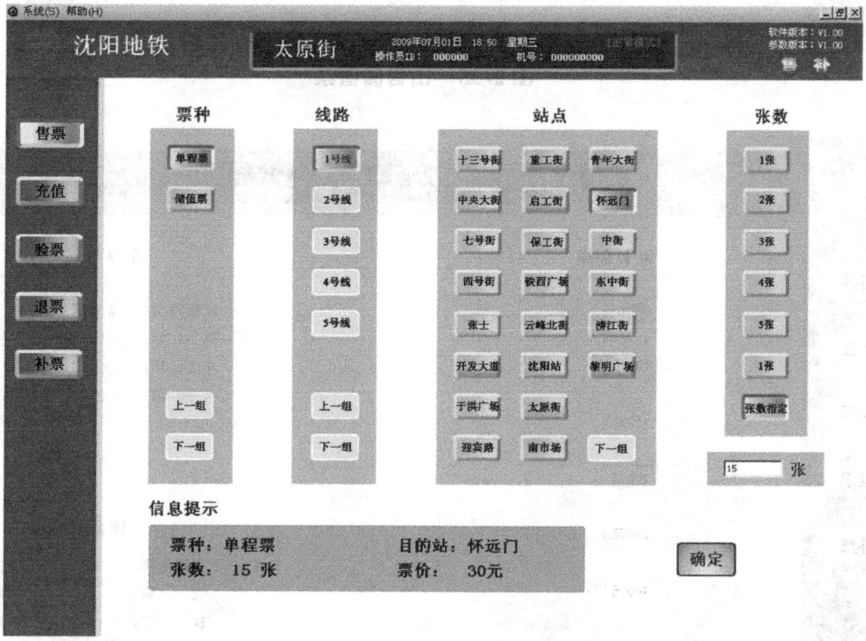

（b）手工输入张数

图 2-57　出售单程票

3. 充值

①用户将需要充值的储值卡放在 BOM 的读写卡器上，然后按下“充值”按钮，在票卡金额中选择所充金额，最后单击按钮来确定充值金额。如图 2-59 所示。

②在储值票充值界面下，用户也可以单击“指定金额”按钮，手工输入金额。

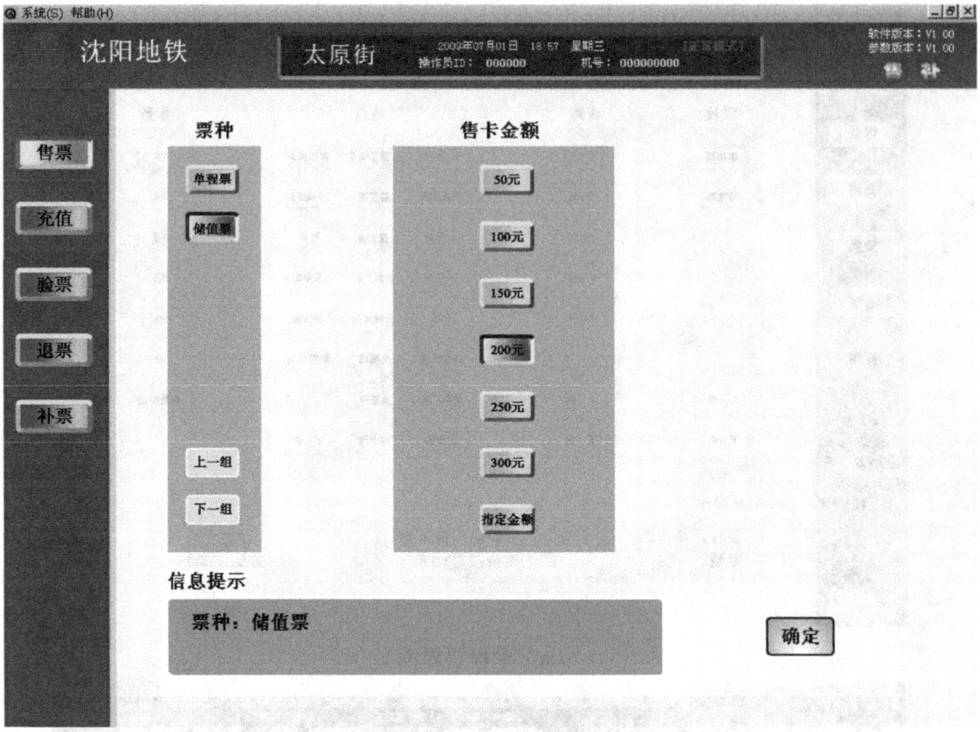

图 2-58　出售储值票

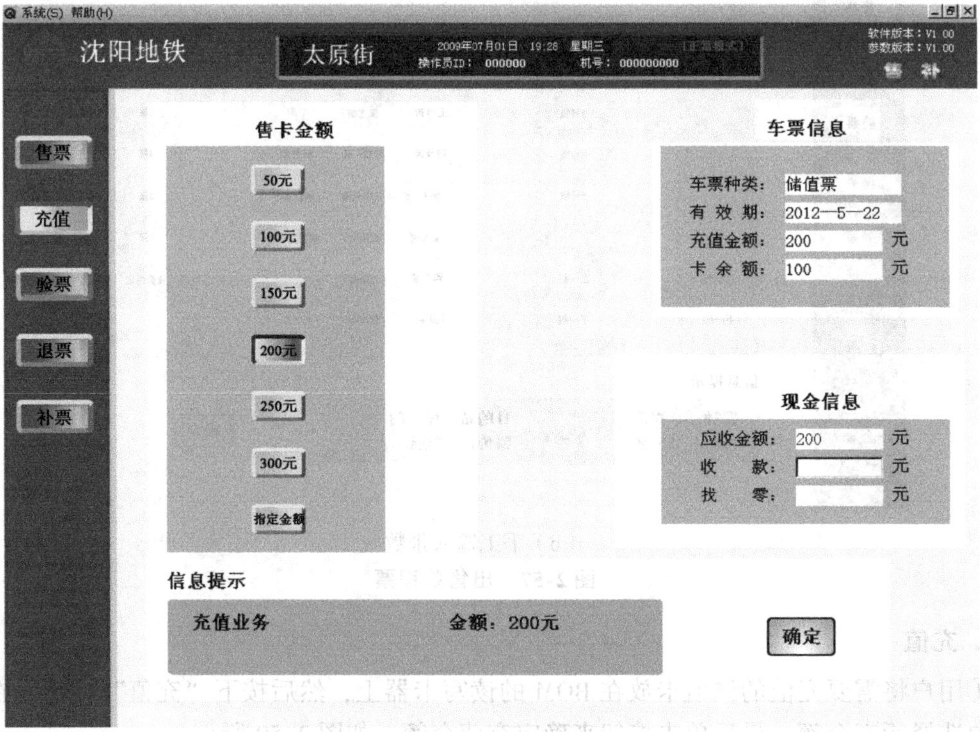

图 2-59　储值票充值

4. 验票

①用户按下“验票”按钮，即可进入验票界面，如图 2-60（a）所示。

②用户将需要验票的票卡放在 BOM 的读写卡器上，屏幕上即可显示票卡的相关信息，如图 2-60（b）所示为储值票的验票信息。

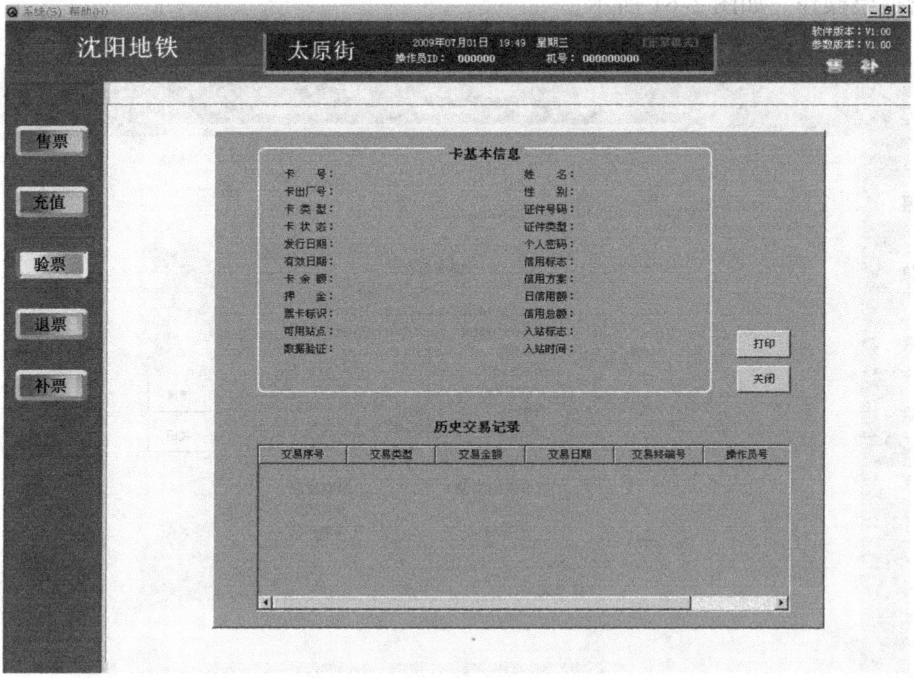

（a）验票界面

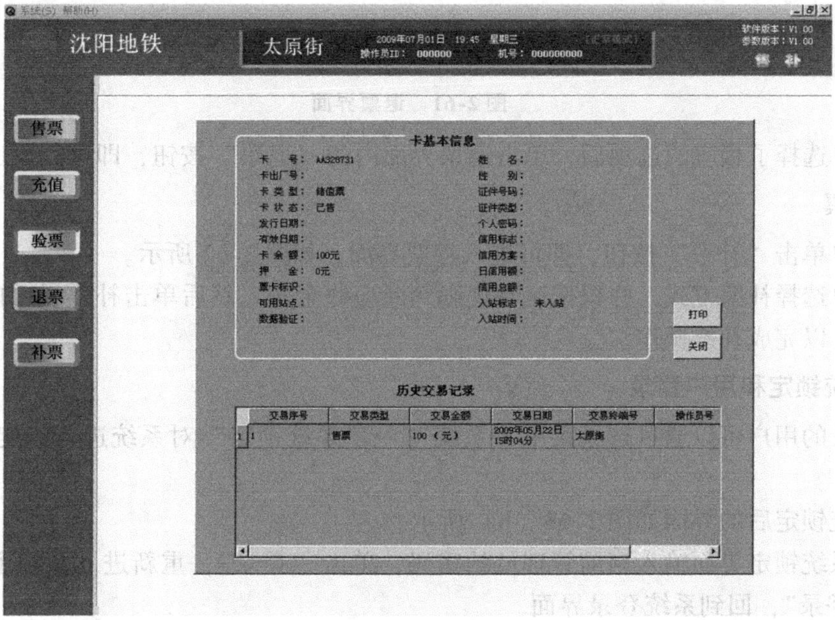

（b）储值票验票

图 2-60　验票

③在验票界面下，用户单击“打印”，即可打印验票信息；用户单击“关闭”，即可退出验票界面。

5. 退票

①用户将需要退票的票卡放在 BOM 读写卡器上，按下“退票”按钮，即可进入退票界面，进行退票操作。如图 2-61 所示。

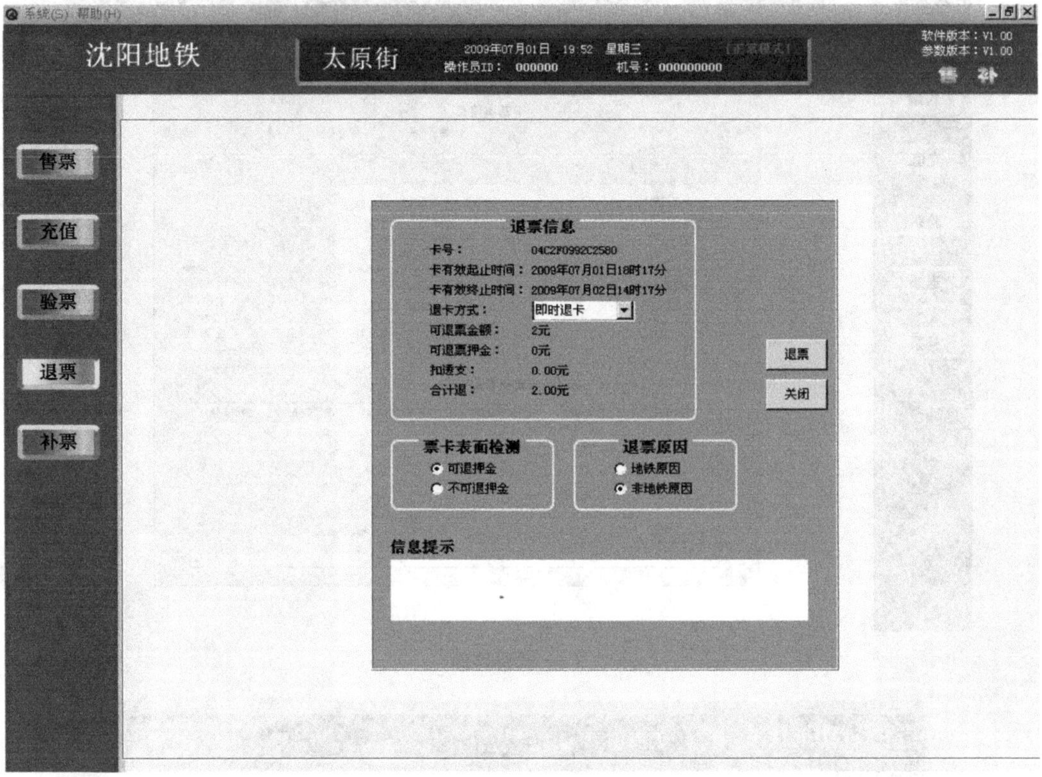

图 2-61　退票界面

②用户选择了相应的选项后，单击退票界面内的“退票”按钮，即可完成退票操作。

6. 补票

①用户单击“补票”按钮，即可进入补票界面，如图 2-62 所示。

②用户选择补票方式，并根据运营规则判断应收金额，然后单击补票界面内的“补票”按钮，就可以完成补票操作。

7. 系统锁定和用户登录

①登录的用户可以通过选择菜单“系统”→“系统锁定”对系统进行锁定，如图 2-63（a）所示。

②系统锁定后的界面如图 2-63（b）所示。

③在系统锁定界面输入当前管理员的密码，单击“登录”，重新进入系统主界面；也可以单击“登录”，回到系统登录界面。

8. 储值卡异常处理

（1）储值卡需要异常处理的场合

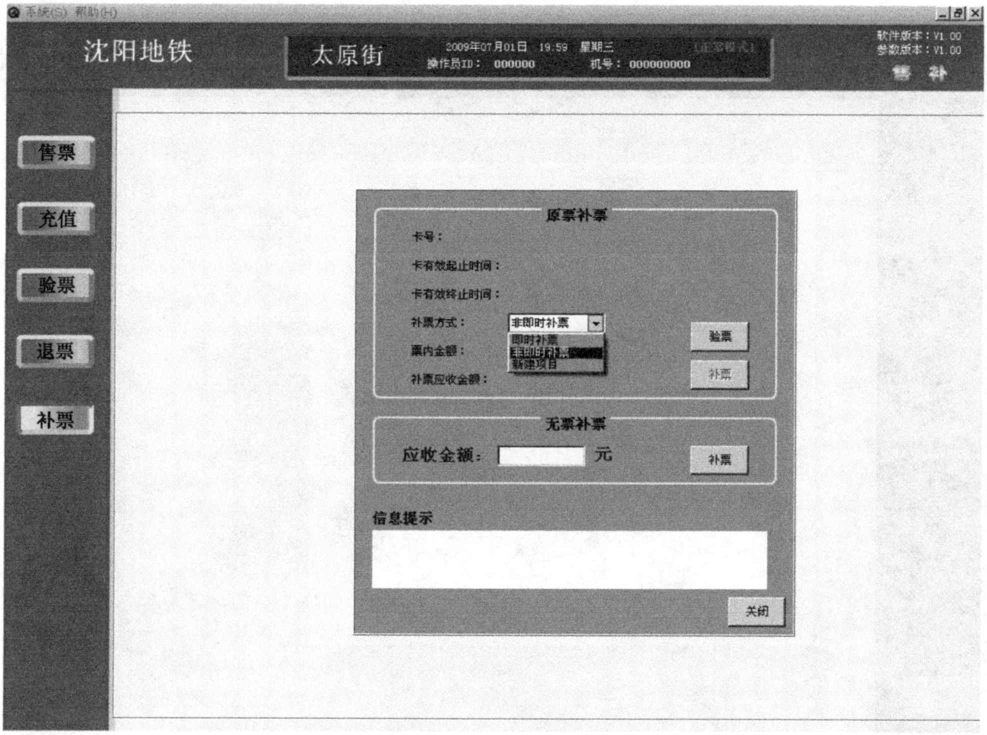

图 2-62　补票界面

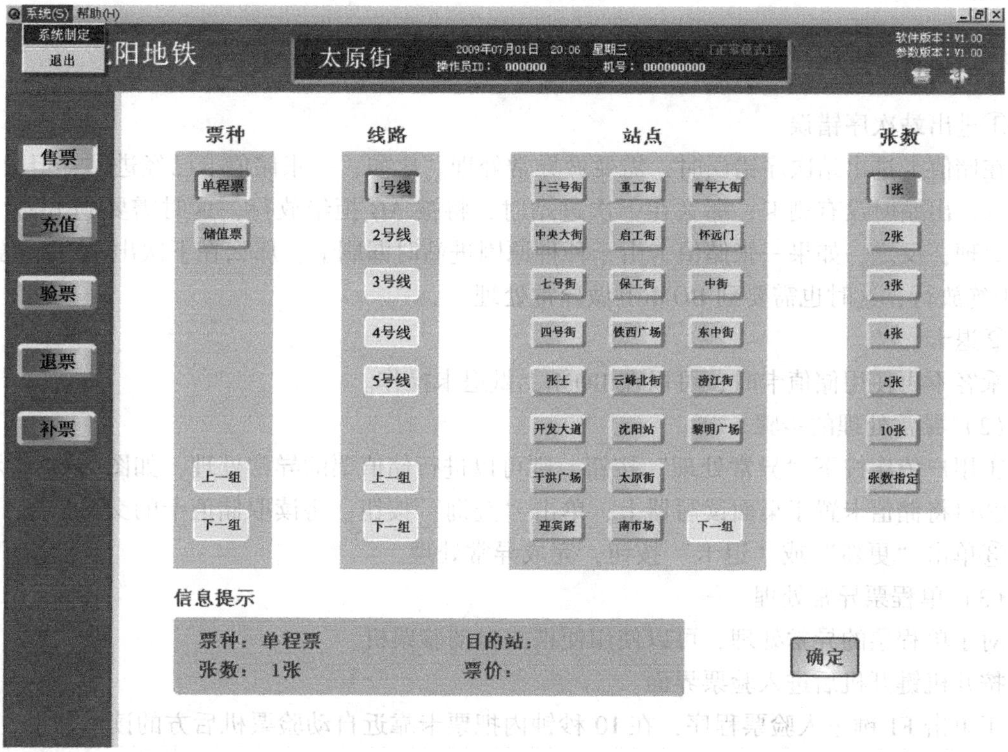

（a）选择系统锁定

图 2-63　系统锁定

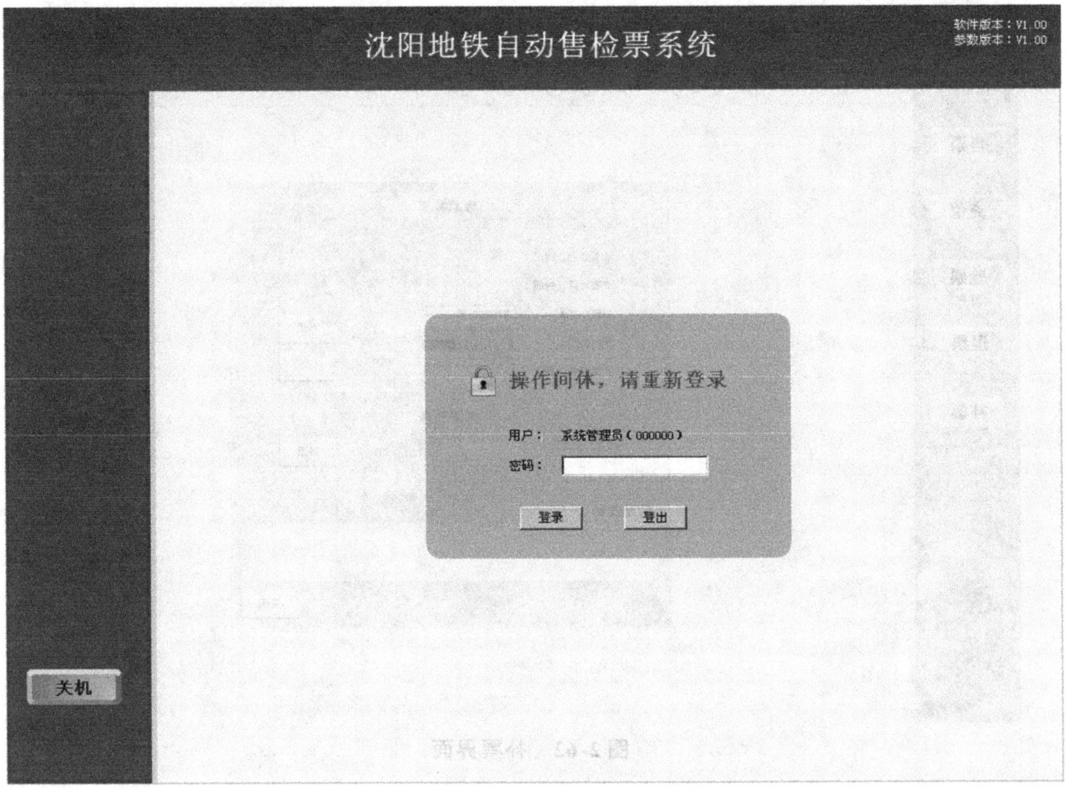

（b）系统锁定界面

图 2-63　系统锁定（续）

①进出站次序错误。

在储值卡进出站次序错误时，需要做异常处理。比如，一张储值卡已经进站，但由于种种原因，出站时没有刷卡，那么在下次进站时，将被 AG 拒绝放行，这时需要到 BOM 上做异常处理；反之，如果一张储值卡由于种种原因进站时漏刷卡，那么在下次出站时，也会被 AG 拒绝放行，这时也需要到 BOM 上做异常处理。

②退卡。

乘客不再使用储值卡时，可以在 BOM 上做退卡操作。

（2）异常处理的步骤

①用户依次按下“异常处理”按钮，则可以进行储值票的异常处理，如图 2-64 所示。

②再将储值卡置于桌面读写器上，单击“查询”按钮，将读取储值卡的交易信息。

③单击“更新”或“退卡”按钮，完成异常处理。

（3）单程票异常处理

对于单程票的异常处理，可以使用便携式自动验票机。

按开机键开机后进入验票界面。

①单击 F1 键进入验票程序，在 10 秒钟内把票卡靠近自动验票机后方的读卡器上，进行验票。

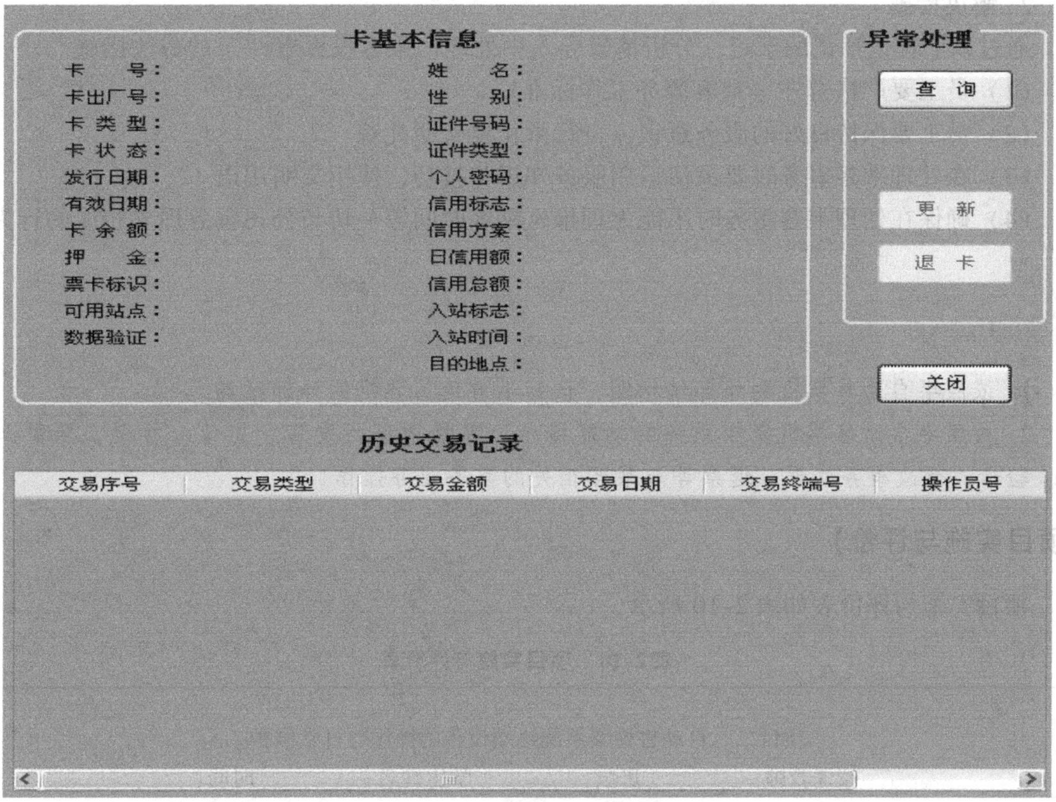

图 2-64　储值卡异常处理

②运用便携式自动验票机左侧滚轮，选择票卡进出站标识并单击滚轮键，确认更改完成。运用便携式自动验票机单击 F2 键更改日期，单击 F3 键更改时间。

9. 系统退出

每班次工作结束后，需要终止系统操作。单击“退出”按钮，进入系统主界面，完成退出操作，一个完整的班次结束。

站务员每次登录和退出半自动售票机时，系统将统计、生成班次班表，用于记录该班次的操作和收益情况。下一个班次的操作员可以选择重新登录，然后开始下一班次的操作。

【任务处理】

1. 案例分析

通过以上理论知识的学习，分析情景导入中“乘客投诉事件”的原因。

（1）售票员处理乘客票务事务时工作失误，票务业务技能水平差，在 BOM 分析车票后，未认真看清车票信息，误认为单程票为已出站车票，并准备为乘客发售免费出站票。

（2）售票员违反乘客服务工作标准，服务意识淡薄，服务技巧欠缺，在丢失乘客车票后，没有及时解决乘客的需求，在乘客多次表示自己未出站而是到广州火车站时，仍主观臆测乘客车票已出站，导致乘客认为车站是在推卸责任而产生强烈不满，售票员对此事件负有全责。

2. 解决措施

通过以上理论知识的学习，分析情景导入中处理“乘客投诉事件”的方法措施。

（1）员工要严格遵守《乘客服务工作标准》。

（2）员工要保持良好的服务意识，言行举止要文明礼貌。

（3）在处理乘客事务时要灵活运用服务知识与技巧，使用文明用语。

（4）确保在处理乘客事务时不能无理推延乘客时间等一切与公司服务理念相斥的行为。

实训任务

1. 依照半自动售票机的外部结构图，认知半自动售票机的外部结构。

2. 按照半自动售票机操作系统的功能提示，熟练地进行发售、充值、补票、异常卡处理、验卡、行政事务处理、退票等与乘客相关的票务业务操作。

【项目实施与评价】

项目实施与评价表如表 2-10 所示。

表 2-10　项目实施与评价表

项目二　自动售检票系统终端设备的操作与日常维护 授课教师：________班级：________学生姓名：________时间：
一、典型案例 某乘客在车站进行购票时，看到购票排队人数比较多，就到自动售票机进行操作，乘客投入 10 元，拿出车票后，未找零，该乘客就在自动售票机前反复操作，后面的乘客指导了几次，仍未能找零，该乘客由于气愤，就对自动售票机进行敲打。 二、原因分析   三、防范措施

四、成绩评价

1. 学生评价

评价等级	A—优	B—良	C—中	D—及格	E—不及格
学生自评					
组内互评					
他组互评					

2. 教师评价

评价等级	A—优	B—良	C—中	D—及格	E—不及格
专业能力					
方法能力					
社会能力					
评价结果					

3. 综合评定

评价等级	A—优	B—良	C—中	D—及格	E—不及格
评价结果					

4. 评价量化标准

评价等级	行为表现描述
A	能高效圆满地完成任务中的全部操作内容
B	能顺利完成任务中的全部操作内容
C	能完成实训任务的全部内容，但需要一些帮助和指导
D	只能完成实训任务的部分内容
E	不能完成实训任务中的全部内容

思考与练习

1. 简述自动检票机的外部结构和内部结构。
2. 简述自动检票机对多名乘客通行行为和乘客尾随行为的识别流程。
3. 简述自动检票机更换票箱的操作方法。
4. 简述自动售票机出现部分故障时的票务处理程序。
5. 简述自动售票机出现全部故障时的票务处理程序。
6. 简述半自动售票机出现部分故障时的票务处理程序。
7. 简述半自动售票机出现全部故障时的票务处理程序。
8. 简述半自动售票机的操作方法。
9. 简述半自动售票机的维修检修与处理方法
10. 简述半自动售票机常见故障处理方法。

项目三

车站票务工作

项目描述

票务工作是城市轨道交通客运组织中一项重要的经济工作，是企业管理工作的重要组成部分，票务工作涉及面广，既有服务方面的，又有管理方面的。企业的经济效益很大一部分来源于票款收入，因此，做好票务工作对于企业的平稳发展意义深远。

培养目标

1. 知识目标

(1) 掌握车站车票的交接规定。

(2) 掌握车站车票的管理规定。

(3) 掌握车站日常票务作业程序。

(4) 掌握车站票务报表管理规定。

(5) 掌握车站现金管理规定。

(6) 掌握车站票务备品管理规定。

2. 能力目标

(1) 能够按作业标准进行车票的交接。

(2) 能够对车票进行日常管理。

(3) 能够完成日常票务作业。

(4) 能够正确填写票务报表。

(5) 能够有效管理车站现金。

(6) 能够对车站票务备品进行有效管理。

3. 素质目标

(1) 树立“一切为了乘客服务”的思想意识和观念。

(2) 具有良好的职业道德认识。

(3) 具有“安全第一、预防为主”的思想意识和观念。

(4) 具有创新精神与实践能力。

任务1　车票使用

【情景导入】

案例名称	福利票换发事件		
时间	××××年××月××日	地点	××车站
事故概况： 某日，有乘客拨打服务热线，投诉某车站的工作人员业务不熟，称其持相关残疾人证件乘车时，工作人员表示该乘客不符合免费乘车条件，不予免费乘坐。经该乘客坚持，工作人员用对讲设备让车站当班值班站长处理此事，值班站长到场检查证件后，也表示乘客所持证件不能免费乘坐。该乘客非常气愤，认为车站员工非常不熟悉业务，要求对相关人员进行处理，否则，将向媒体反映或者通过法律途径解决。经过客服人员调查后证实，该乘客所持证件符合免费乘车条件，乘客投诉属于有责投诉。车站管理人员回复乘客，并为车站的错误行为道歉。			

在轨道交通售检票系统中，车票是乘客的乘车凭证。车票记载了乘客从购票开始完成一次完整出行所需要和产生的费用、时间、乘车区间等信息。它与收益、客流等信息的掌握密不可分，是整个票务系统运作的重要媒介。

【知识要点】

1. 车票的分类。
2. 车票的使用。
3. 一卡通在 AFC 系统的应用。
4. 车票状态。

【理论准备】

城市轨道交通逐渐成为大中城市居民出行的主要交通工具，随之而来的高客流量、高信息量，以及不断在快捷方便上的追求，使城市轨道交通车票也随着需求而变化。早期地铁一般都采用纸票作为车票，但随着计算机、网络通信、电子、智能卡等技术的不断发展，先后出现了磁卡和智能卡。

一、车票分类

1. 按存储介质和构造的不同分类

城市轨道交通常见的车票有纸质车票、磁卡和智能卡三种。

（1）纸质车票

纸质车票是事先在车票上印刷相关的车票信息，有人工方式或自动方式售票，通过识读或扫描仪确认票面信息。

常见的纸质车票有普通纸票和条形码纸票。

①普通纸票如图 3-1 所示。

普通纸票将车票的相关信息印制在票面（纸质）上，由票务人员视读确认。票面上的基本信息包括车票编号、出票站点、乘车日期、乘车车次、乘车区间、票款金额、时间限制以及换乘等信息，既对购票人有明示作用，也便于票务人员检查核对。普通纸票的信息是只读信息，因此不能作为储值票，只能作为单程票或特殊用途的车票。

普通纸票由存根、主券、进站副券和出站副券构成。

（a）

（b）

图 3-1　普通纸票

在正常情况下，普通纸票的操作程序为：在购票过程中，票务人员撕下存根；进站检票时撕下副券 1；出站检票时撕下副券 2；留给乘客的只有主券。

北京地铁纸票发展过程：

1971 年，单程票价一角。

1987 年，单程票价二角。

1991 年，单程票价五角。

1996 年 1 月 1 日，北京地铁开始调整地铁票价，从 0.5 元调至 2 元。

1999 年 12 月 10 日，北京地铁调整地铁票价为 3 元，如图 3-2 所示。

2008 年 6 月 9 日，北京地铁全部实行自动售检票。纸质车票退出历史舞台。

图 3-2　北京地铁叁元纸质车票

普通纸票由于所有信息印制在票面上，故其保密性不好，容易伪造，需要增加一些防伪措施，可在票面上印刷加密图形等安全信息，但同时也会给视读带来较大的困难。车票的有效性只能靠票面上的加密图案来保证。设计纸票时，可根据应用环境来确定票面相关信息，加密图形可以以节日、大型活动或者商业广告为题材。

②条形码纸票。

条形码（如图 3-3 所示）是将宽度不等的多个黑条和空白，按照一定的编码规则排列，用以表达一组信息的图形标识符。这些条和空组成的数据编码可以供机器识读，而且很容易译成二进制数和十进制数。条形码系统是由条码符号设计、制作及扫描阅读组成的自动识别系统。在条形码车票中，车票的信息是通过条形码编码实现的。

（a）

（b）

图 3-3　一维和二维条形码

（2）磁卡

磁卡是一种磁记录介质卡片。它由高强度、耐高温的塑料或纸质涂覆塑料制成，能防潮、耐磨，且有一定的柔韧性，携带方便，使用较为稳定可靠。通常，磁卡的一面印刷着说明提示性信息，如插卡方向；另一面则有磁层或磁条，具有 2 ~3 个磁道，以记录有关信息数据。

如图3-4 所示，常见的磁条上有 3 个磁道，称 TK1、TK2、TK3。磁道1 与磁道2 是只读磁道，在使用时磁道上记录的信息只能读出而不允许写或修改。磁道 3 为读写磁道，在使用时可以读出，也可以写入。

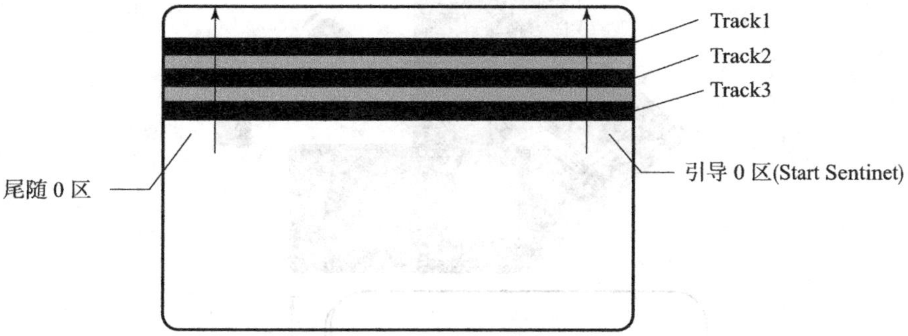

图 3-4　磁卡车票结构示意图

磁道 1 可记录数字（0 ~9）、字母（A ~Z）和其他一些符号（如括号、分隔符等），最多可记录 79 个数字或字母。

磁道 2 和磁道 3 所记录的字符只能是数字（0 ~9）。磁道 2 最多可记录 40 个字符，磁道 3 最多可记录 107 个字符。

磁卡上的磁涂层（磁条）是一层薄薄的由排列定向的铁性氧化粒子组成的材料。用树脂黏合剂严密地黏合在一起，并黏合在诸如纸或塑料这样的非磁基片媒介上，因此形成了纸质磁性票卡或塑制磁性票卡。

①磁卡车票的优点：

a. 可以进行机读，提高了自动化程度。

b. 可以方便地进行票卡生产。

②磁卡车票的缺点：

a. 票卡成本相对较高，虽然可以采用回收重复使用的模式，但其带来的对车票进行消毒处理、提供报销凭证、车票回收后各站对其清空与分配的问题，给运营单位增加了负担。

b. 自动售检票系统要频繁地对磁卡票进行接触式读写，不可避免地要投入大量的人力和物力，完成对磁头进行消磁和除尘清洗等工作。

c. 磁卡票的自动售检票系统设备由于需要较精密的传输机构，机械结构复杂，精密度要求高，因而设备造价较高，对维护人员素质要求也较高。机构动作频繁，造成机械磨损后的维护成本较大。

d. 磁条读写次数有限制，当磁卡使用到一定次数以后，就会对磁条的读写产生影响。

e. 磁卡在使用中容易受强磁场干扰而改变存储内容。

f. 由于其密钥是随票携带的，容易被拷贝伪造，特别是现有的安全技术已难以满足越来越多的对安全性要求较高的应用需求。

（3）智能票卡

智能票卡根据卡与外界数据交换的界面不同，划分为接触式 IC 卡和非接触式 IC 卡。

①接触式 IC 卡。

接触式 IC 票卡是指将智能卡的绝大部分电气部件进行封装，而将外部连接线路做成触点外露，按一定的规则排列接触点极。在进行读写操作时，卡片必须插入读卡器的卡座中，通过触点与读卡设备交换信息。一般由基片、接触面及集成电路芯片构成。如图 3-5 所示。

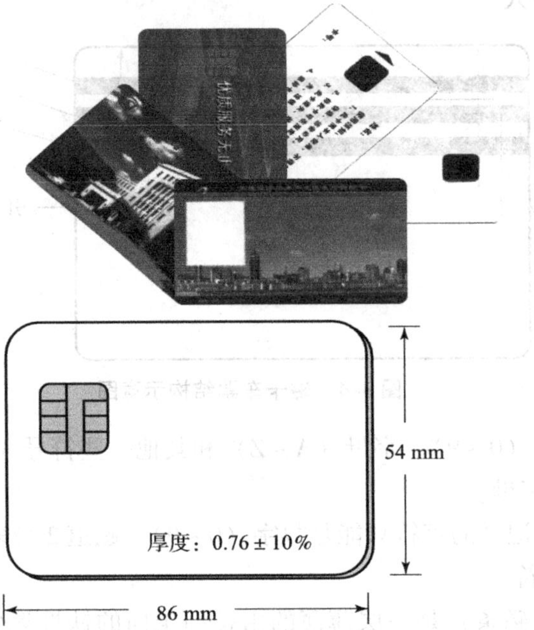

图 3-5　接触式 IC 卡

②非接触式 IC 卡。

非接触 IC 卡又称射频卡，由 IC 芯片，感应天线组成，如图 3-6 所示，并完全密封在一个标准塑制卡片中，无外露部分，其读写过程通常由非接触式 IC 卡与读写器之间通过无线电波来完成读写操作。

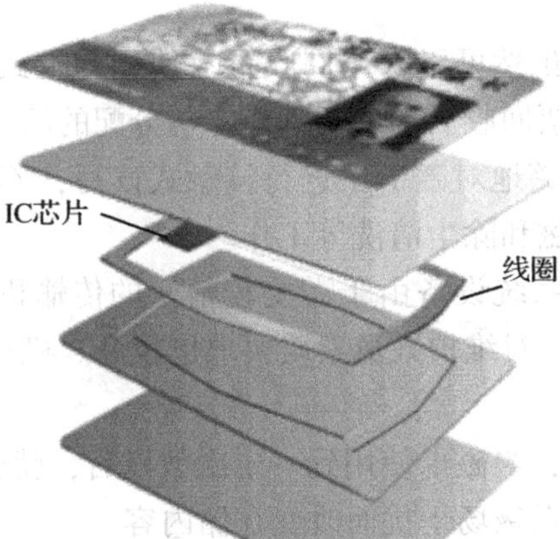

图 3-6　非接触式 IC 卡

非接触式 IC 卡按需要可封装为方卡型、筹码型或者其他形状，如图 3-7 和图 3-8 所示。

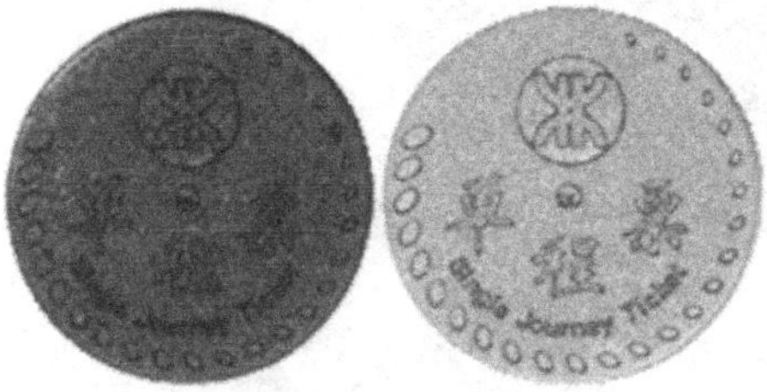

图 3-7　筹码型车票

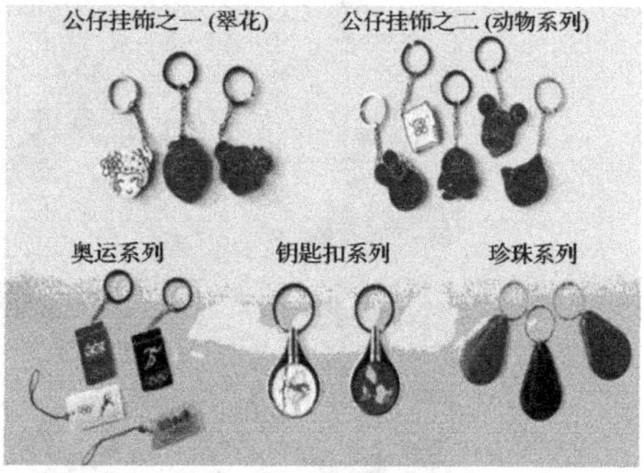

图 3-8　异性票

2. 按使用性质的不同分类

轨道交通企业提供多种类型的 IC 卡车票，票卡按其使用性质不同分类，一般分为单程票、储值票、许可票（或特种票）三大类。

（1）单程票

单程票是指乘客以一定金额购得一次服务旅行承诺，只可进行一次进站和一次出站行为的车票。单程票可通过自动售票机和半自动售票机出售。单程票在出售时写入金额，在乘客出站时单程票被出站检票机回收，并被写上回收信息。单程票在发售当天、当站进站有效，当实际使用金额小于购票金额时，不返还车票余额；当实际使用金额大于购票金额时，乘客应补票，才能出站。

单程票一般分为以下几种：

①普通单程票。

乘客购票时完成对票卡的复制，当日当站、限时限距、出站回收。

②应急票。

预先对一定数量的车票进行预赋值，由工作人员人工发售，此类应急票的使用方法和普通单程票相同。

③优惠票。

根据条件给予一定的折扣和优惠的车票，如批量购买、参加某项活动等。

④出站票。

出站时补票使用，发售当日、当站有效，出站回收。

（2）储值票

储值票是指车票内预存有一定资金，在金额足够的情况下可多次使用的车票，每次使用时根据费率扣除乘车费用，出站不回收。

①储值票一般分为记名储值票和不记名储值票。

记名储值票，即卡内保存有持卡人的个人信息，如持卡人姓名、性别、身份证号码等，可以挂失，可以享受信用消费和信用增值及其他特殊服务，如图 3-9 所示。

不记名储值票，其票面上没有持卡人的信息，通常使用后如果无污损，可以将车票退还给发卡公司，以便其重新发行使用。不记名储值票不能挂失，也不能享受信用消费和信用增值等服务。

图 3-9　记名储值票

②储值票也可分为普通储值票、优惠票、纪念票。

a. 普通储值票。

它是储值票种中使用最多最广泛的一种车票，可以反复充值使用，每次根据费率表扣费。

b. 优惠票。

优惠票是根据条件给予一定的折扣和优惠的车票。如老人票、学生票等。

c. 纪念票。

纪念票是为某种题材专门制作的纪念性票卡，可供收藏，按定价发行，在有效期内使用，不计程，出站不回收。纪念票一经售出，概不退换。

（3）许可票（或特种票）

许可票是一种不同于单程票和储值票的特殊票种，由运营方根据某种特殊需要，针对某些群体的特殊要求，以吸引或方便他们来乘坐地铁为目的而发行的，赋予特定的使用许可的一种车票，在限定的条件下具有一定的优惠。如车站工作票、测试票。

①车站工作票。

供轨道交通相关从业人员工作使用的车票。

②测试票。

这是一种对自动售检票系统设备进行维护诊断用的特殊车票，只能在设备属于维护模式下由维修人员测试设备时使用。

二、车票的使用

1. 单程票的使用规定

单程票只能在售出站进站使用一次，且当天有效。单程票包括普通单程票、预制单程票。若预测某日会出现大客流，车站 TVM 售卖能力不足，车站可在大客流当日客流较少的时间段中通过 BOM 预发售预制单程票。

2. 纸质车票的使用规定

纸质车票的使用一般包括两种情况：一是用作行李票；当乘客进站所带行李超过地铁规定的质量、长度、体积时，需要购买行李票。行李票为两元应急纸票。二是车站 AFC 系统设备发生故障，需要发售应急纸票。

3. 地铁储值类车票的使用规定

使用该车票可在规定的有效期内在任何地铁车站乘车，出闸时扣除一个乘次，不计站数或者扣除卡内相应金额。出闸时车票不回收。

现行各类车票的使用方法和使用规定如表 3-1 所示。

表 3-1　车票使用方法和规定

票种	定义	使用方法	车票使用规定
单程票	当日一次乘车使用，限在购票车站进站，按乘车里程计费	进站刷卡、出站回收	乘客本站当日一次乘车有效
福利票	用于持可免票证件的乘客在半自动售/补票设备换取的车票，使用方式同单程票		符合免费乘车条件的乘客一人一次乘车有效
出站票	由半自动售/补票设备发售，仅限发售出站票的当日出站时使用	出站回收	只能用于一名乘客出站一次
定值纪念票	在有效期内使用，每次乘车按里程计费	进站刷卡、出站经回收口扣费后原处退还给乘客	根据 ACC 业务规则，在发行时限定使用次数且每次一人使用有效
车站工作票	由车站工作人员持有，仅限指定车站使用，不检查进出站次序	进、出站均刷卡	只在本站有效，不计进出站次序
储值卡	车票内预存有一定资金，在金额足够的情况下可多次使用的车票，每次使用时根据费率扣除乘车费用	进、出站均刷卡	1. 可反复储值适用，每次一人使用有效 2. 与异形卡的使用方法相同，以一卡通公司提供的样式为准
员工卡	内部员工记名使用的计次票		只限系统内部员工使用，每次扣除次数一次
应急纸票	预先对一定数量的车票进行预赋值	进站经人工检票、出站无须验票	满足启动条件时使用

三、一卡通在 AFC 系统的应用

一卡通是指乘客在整个轨道交通路网内使用的一种介质。使用一卡通从一条线路到另一条线路无须二次检票，可自由换乘，而且乘客在换乘站不需要先出站进入非付费区，后再进站到另一条线路的付费区，直接在换乘站的付费区换乘到另一条线路。一卡通是轨道交通自动售检票系统中的车票介质，按照统一规则、统一卡片类型及统一管理模式在轨道交通各线路中使用。国内一些大城市，如北京、上海、香港、广州、深圳、南京等地都已广泛应用。

1. 上海公共交通卡（如图 3-10 所示）

上海公共交通卡股份有限公司于 1999 年就投入试运行一卡通“Sptcc”，2002 年已经累计发行 475.9 万张，经过多年来的建设和完善，上海市的一卡通系统已通过验收，并进入正式运营阶段。

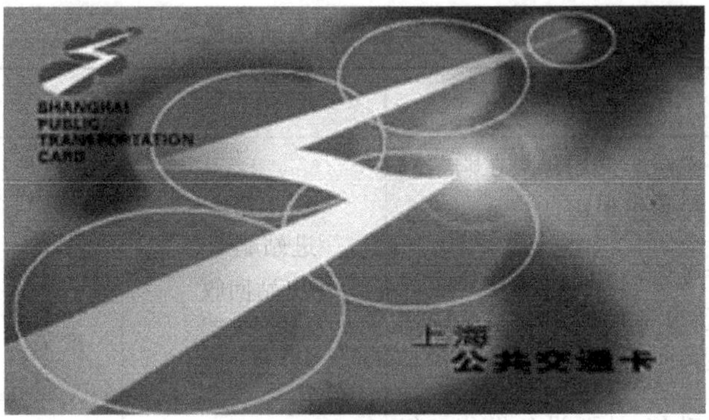

图 3-10　上海公共交通卡

2. 香港“八达通”（如图 3-11 所示）

“八达通”在 1997 年 9 月 1 日开始使用，最初只是应用在巴士、铁路等公共交通工具上，后来陆续扩展至商店、餐饮、停车场等场所，也用作学校、办公室和住所的通行卡。

图 3-11　香港“八达通”

3. 广州“羊城通”（如图 3-12 所示）

广州也是全国最早投入一卡通建设的地区之一。尤其是广州的“羊城通”，自 2001 年 12 月正式投入使用以来，经过多年的发展，现已初具规模。

4. 北京市政交通一卡通（如图 3-13 所示）

从 2006 年 4 月 1 日起，北京市政交通一卡通开始预售，2006 年 5 月 10 日，一卡通全面正式启用，限乘次数，每月每卡限乘 140 次。

5. 深圳“深圳通”（如图 3-14 所示）

深圳最初推出的“深圳通”是为了让市民方便地乘坐公共小巴而发行的，它只可以用来乘坐公交车。2004 年 12 月 28 日，深圳地铁公司发行了一种可以用来乘坐地铁的“深圳通”。

图 3-12　广州“羊城通”

图 3-13　北京市政交通一卡通

图 3-14　深圳“深圳通”

6. 南京“金陵通”(如图 3-15 所示)

2001 年 1 月，南京“金陵通”在公交领域正式开通运行。

图 3-15　南京“金陵通”

7. 长春轨道交通“一卡通”（如图 3-16 所示）

2015 年 6 月 29 日长春轨道交通“一卡通”开始发行。

（a）

（b）

图 3-16　长春轨道交通“一卡通”

四、车票状态

1. 已售

这是指车票由自动售票机或票务处理机售出后，未经出站闸机回收前所处的状态。

2. 未售

这是指车票经初始化后配发至车站且未经车站发售前所处的状态。

3. 回收

这是指车票由出站闸机回收后所处的状态，可供车站循环发售。

4. 未入站

这是指车票经初始化后未使用或乘客持票正常入站，到目的站经出站闸机刷卡后所处的状态。

五、福利票（卡）

1. 福利票（卡）的作用

福利票（卡）是城市轨道交通企业免费给持有有效证件的相关人员发放的免费乘车的

票卡，如北京、广州、上海等城市的城市轨道交通运营公司都有各种福利票（卡），极大地方便了相关人员，如老人、残疾人等的交通出行。

2. 福利票（卡）的换发方法

需要申领福利票（卡）的乘客，可持有效证件在车站售票处免费领取福利票（卡）一张。福利票（卡）仅限当日在换领站本人、单次进站使用，但需要申请人本人亲自领取，不得代领。使用福利票卡的乘客应当配合地铁工作人员对证卡核对检查。

乘客进站时使用福利票（卡）轻触进站闸机读卡区，闸机发出“嘀”声，黄色灯亮，提示刷卡成功，闸门开启，乘客可进站。

此外，持有“残疾人证”的视力残疾的盲人乘客可以有一名陪同人员免票乘车。

相关人员可以凭以下证件换发福利票（卡）：

（1）“中华人民共和国老干部离休荣誉证”（如图 3-17 所示）

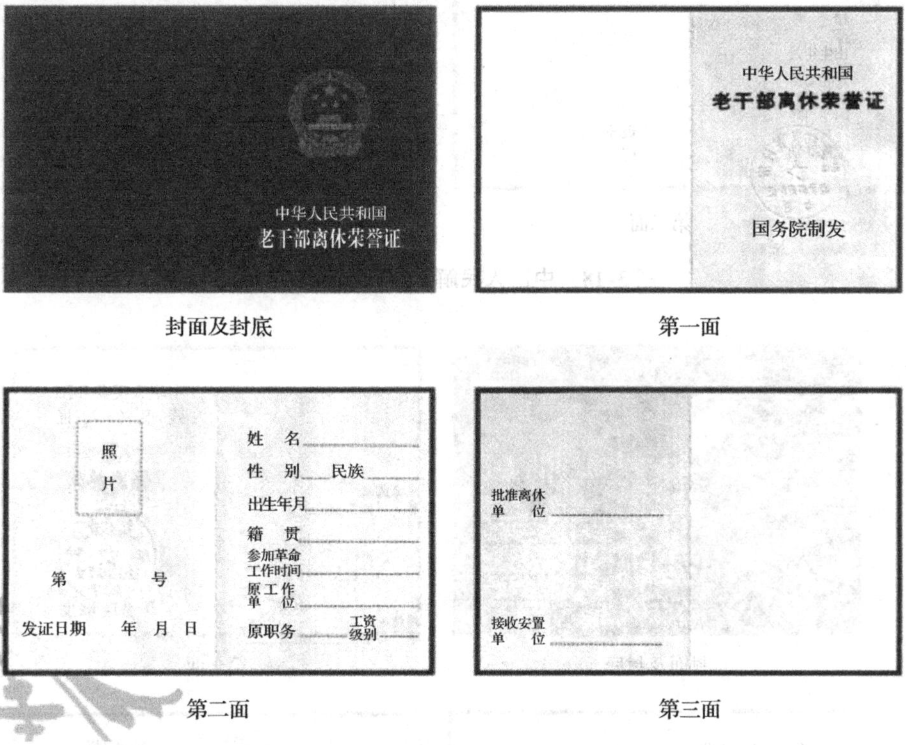

图 3-17　中华人民共和国老干部离休荣誉证

（2）中国人民解放军干部离休荣誉证（如图 3-18 所示）

（3）中华人民共和国残疾军人证（如图 3-19 所示）

（4）中华人民共和国伤残人民警察证（如图 3-20 所示）

（5）中国人民解放军士兵证（如图 3-21 所示）

（6）中国人民武装警察部队士兵证（如图 3-22 所示）

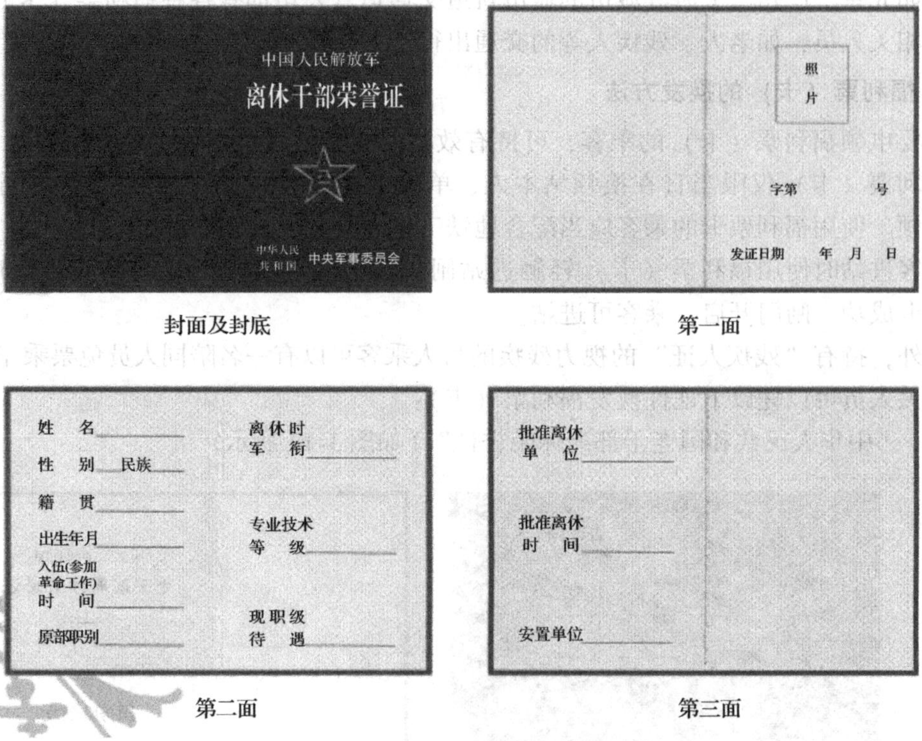

图 3-18 中国人民解放军干部离休荣誉证

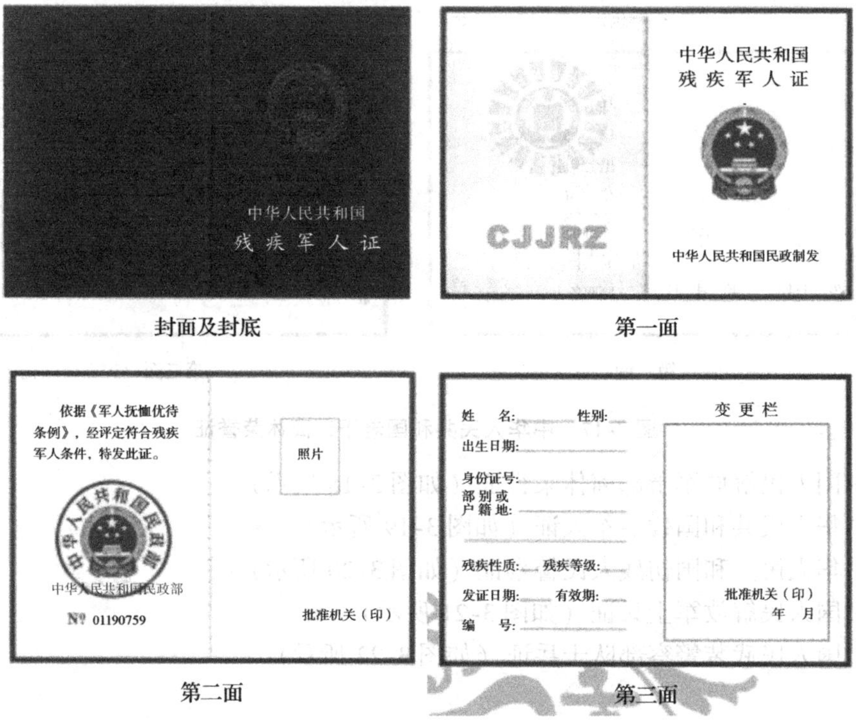

图 3-19 中华人民共和国残疾军人证

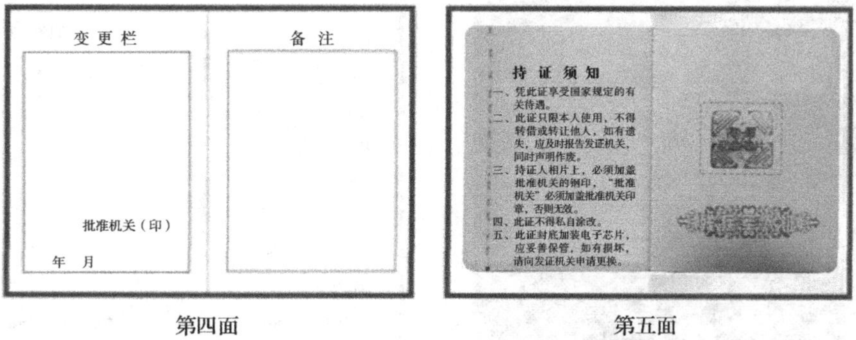

图 3-19　中华人民共和国残疾军人证（续）

图 3-20　中华人民共和国伤残人民警察证

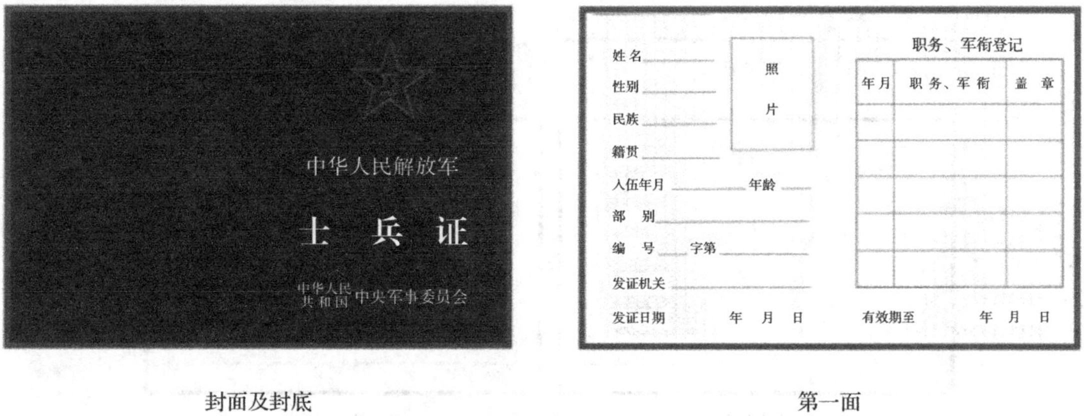

图 3-21　中国人民解放军士兵证

封面及封底

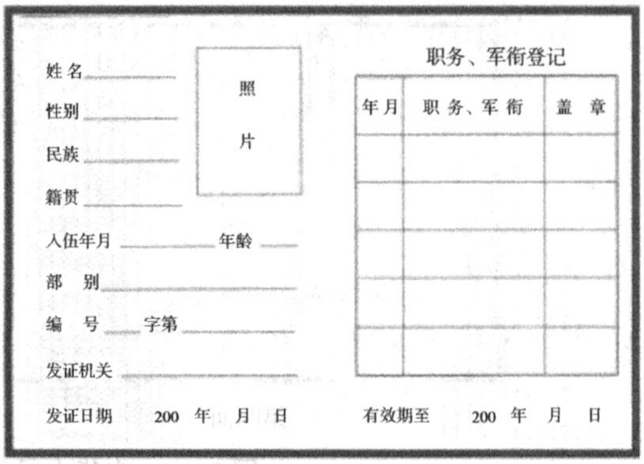

第一面

图 3-22　中国人民武装警察部队士兵证

（7）中华人民共和国残疾人证（如图 3-23 所示）

封面及封底

第一面

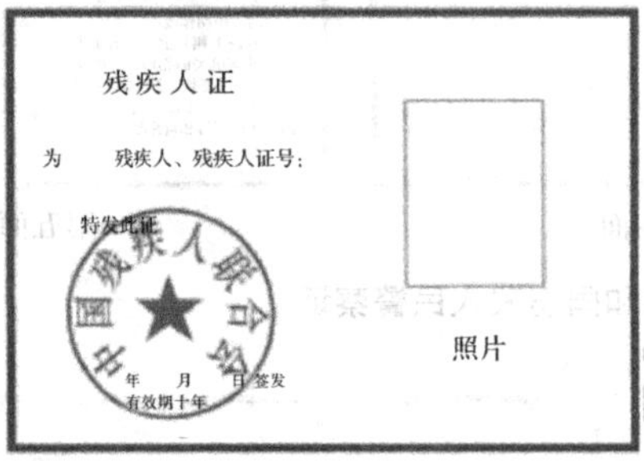

第二面

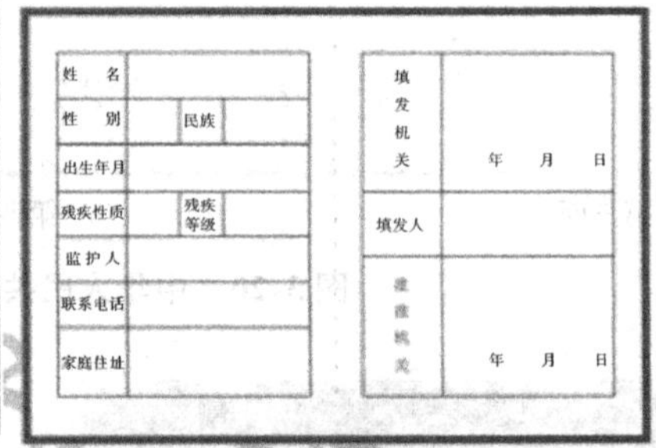

第三面

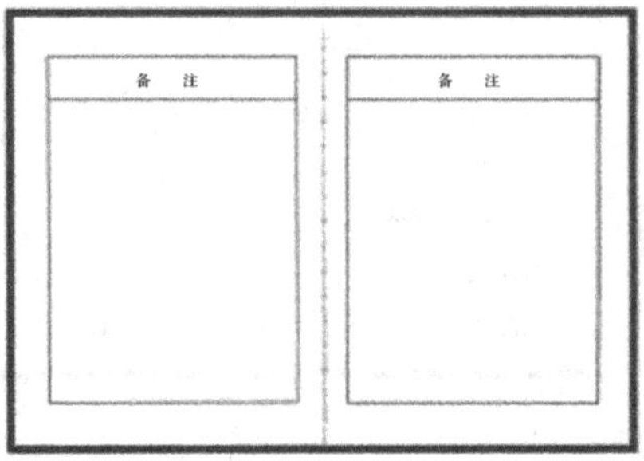

第四面

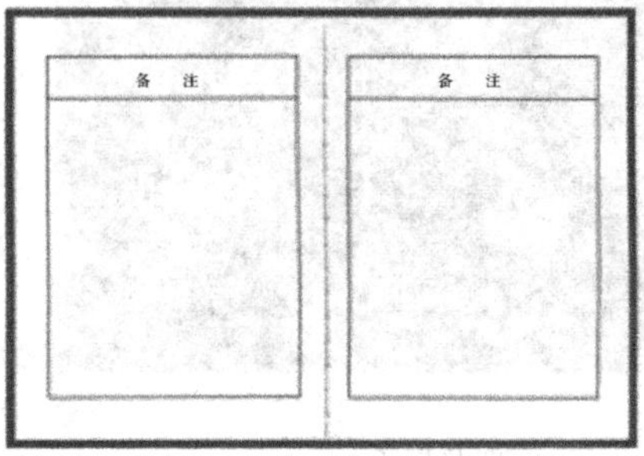

第五面

图 3-23　中华人民共和国残疾人证

【任务处理】

1. **案例分析**

（1）站内工作人员对免费乘车政策不熟悉，不会识别免费乘车证件。

（2）值班站长受理后未与乘客进行有效沟通，对免费乘车政策掌握不清，未能及时纠正错误，导致投诉。

2. **解决措施**

（1）车站工作人员要熟悉相关的票务优惠政策。

（2）车站值班站长和乘客的沟通要及时、有效。

实训任务

以小组为单位选择任一城市地铁，上网查阅以下资料：

1. 某一城市轨道交通地铁车票的使用情况；
2. 某一城市轨道交通的票价政策；
3. 某一城市轨道交通地铁线路规划与建设情况。

要求最终以PPT的形式展示，应图文并茂，具有说服力。

任务2　票务室车票管理

【情景导入】

案例名称	配送途中丢失车票事件		
时间	××××年×月×日	地点	××车站
事故概况： 西安地铁票务室给某车站配送车票，在配送途中，丢失两张储值票，票号为2000012001，2000015002。车票配收员直接从票务室拿出两张储值票配送到车站。			

地铁车票管理包括票库车票管理、车站票务管理以及线路车票管理。本任务主要从票库、车站、线路三个层面讲述地铁车票采购、生产、配送、回收、保管等相关规定。

【知识要点】

1. 车票管理业务相关定义。
2. 车票管理相关岗位职责。
3. 车票作业流程。

【理论准备】

一、车票管理业务相关定义

车票是记录乘客乘车信息的媒介和载体，能记录车票的系统编号、安全信息、车票种类、个人信息、进出站信息、金额、有效期、历史交易记录等信息，与车站现场设备共同完成自动售票、检票功能。

1. 车票标准名称

这是指被票务部门规范化的、运营单位统一采用的车票名称。

2. 车票要素

这是指车票名称、票面设计、发行方式、发行数量、车票售价、销售时间、销售有效期等要素。

3. 新票

新票是指未经编码分拣机进行初始化编码的空白车票。

4. 票样

票样是指厂家送来作外观、尺寸鉴定的空白 IC 卡车票的样本。

5. 样票

样票是指地铁在发行各种新版 IC 卡车票时，厂家送来用于大批量生产前作外观检测、性能测试的车票。

6. 设备废票

设备废票是指编码分拣机（即 E/S）编码不成功的车票、BOM 或 TVM 发售不成功并掉入废票箱的车票、闸机回收单程票时掉入废票盒的车票。

编码分拣机

编码分拣机：用于对车票进行批量的编码和分拣处理。

分拣是指将一批车票按照某个或某几个特征值将其分开，分别存放到不同的票箱中，在车票分拣操作中一般不改变车票内的数据内容。

编码是指对车票进行某种功能的批量处理，如初始化、预赋值、注销、更新等操作。

7. 过期票

过期票是指超过规定的使用有效期的车票。

8. 车票注销

这是指对于生命周期即将到限的车票，通过编码分拣机在 AFC 系统中经操作来结束其生命周期。注销后的车票不能再次在 AFC 系统中使用。

9. 车票销毁

这是指在使用过程中产生的不可再循环使用的车票需集中进行物理销毁。

二、车票管理相关岗位职责

1. 编码员岗位职责

①按照生产计划完成车票的领用、生产、入库，并填写相关台账，确保各类车票数量、金额等信息准确无误。

②负责对车票初始化、预赋值、重编码、注销等工作中涉及的各种票务报表、台账提出合理化建议，确保车票制作各项统计数据的完整、准确。

③负责编码室日常安全监督、检查，负责进出编码室人员的监管。

④负责编码室各项设备的保管，发现问题及时上报。

⑤负责车票生产方面月报表的整理和填写。

2. 配收员岗位职责

①按照“配收计划单”的要求，及时、准确地完成车票的配送、回收工作。

②负责按照规定做好各类票据、报表、台账及相关备品的日常回收工作。

③负责对回收报表、台账进行分类、整理，并及时上交相关审核人员。

④负责及时完整、准确地填写本岗位的各类报表、台账，并对其进行保管。

3. 处理员岗位职责

①协助车票管理主办完成样票、新票的外观、性能检测。

②新票到货时，负责清点数量，办理入库手续。

③负责各种情况下的车票入库、出库及库内保管工作，对票库的车票进行分区统计。

④负责月末与相关人员对票库的车票进行清查、盘点。

⑤负责与车票处理员共同确认需销毁车票的数量，做好车票销毁出库工作。

⑥及时、准确、完整地填写本岗位的各类报表、台账，并对其进行保管。

⑦保管票库钥匙，对票库安全负责，因故离岗需经票务室主任同意后与票库管理员做好票库钥匙及相关物品的移交工作。

4. 票库管理员岗位职责

①协助车票管理主办完成样票、新票的外观、性能检测，并填写相应报表、台账。

②根据出入库实际情况，填写相关单据，并按照出入库单据做好相关台账的登记工作。

③负责与车票处理员共同完成出入库车票的清点工作，确保账实相符。

④负责月末与相关人员对票库的车票进行清查、盘点，并填写相应报表、台账。

⑤负责与车票处理员共同确认需销毁车票的数量，并根据要求按时上报车票销毁计划，填写相应单据，做好车票销毁前的各项准备工作及车票销毁出库工作。

⑥负责本岗位各类报表、台账的填写、保管。

⑦经票务室主任同意，做好票库钥匙及相关物品的移交工作。

三、车票作业流程

票务部（室）主要负责线路车票的日常监控，在及时进行站间调票的同时，根据全线车票总量、票库备用车票数量及全线客流情况及时制订采购计划，进行票卡采购申请、验收、生产、配送、回收，确保车票在票库与线路间、线路车站之间的适时流动。

车票管理流程包括制订车票采购计划、车票采购、车票检验、车票制作、车票配送、车票回收、车票调配、车票报废和销毁等。如图 3-24 所示。

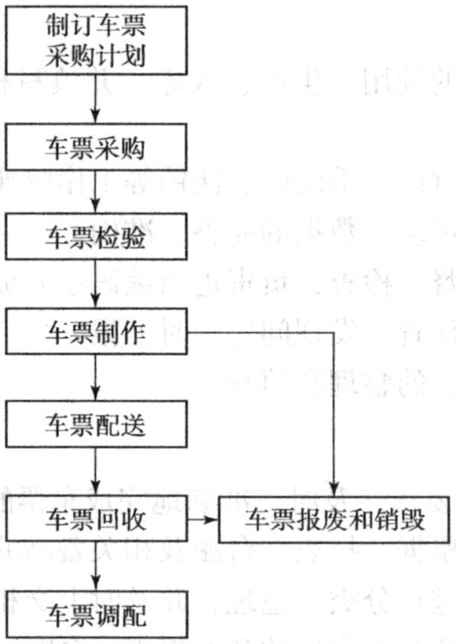

图 3-24　车票管理流程

1. 制订车票采购计划

票务部每年年末提报下一年度单程票采购计划，提报数量依据为本年度地铁进出站客流量、单程票售卖量、循环使用率以及单程票流失量，同时需要考虑票库单程票备用量，确保全线单程票保有量和票库单程票备用量充足。

2. 车票采购

①首先确定供货厂家。

②签订合同后，供货商按照合同规定的时间提供票样，票务部对票样进行测试，测试内容主要为票卡的外观，包括长、宽、厚等，如果合格，则提供样票。

③供货商按照合同规定的时间提供样票，票务部对样票进行测试，测试内容包括外观测试和性能测试。性能测试包括初始化编码、进出站刷卡、进出站错误等乘客事务处理的实际情况。如果测试合格，则通知供货商进行批量供货。

④车票批量到货后，票务部进行抽检，具体内容与样票测试一致。如果抽检合格率在合同规定的范围内，则票卡入库，否则，全部返回供货商，并按照合同规定进行赔偿处理。

具体采购流程如图 3-25 所示。

3. 车票检验

（1）外观测试

票务部用游标卡尺（如图 3-26 所示）或千分尺（如图 3-27 所示）对车票外观进行检测。

测试内容包括：

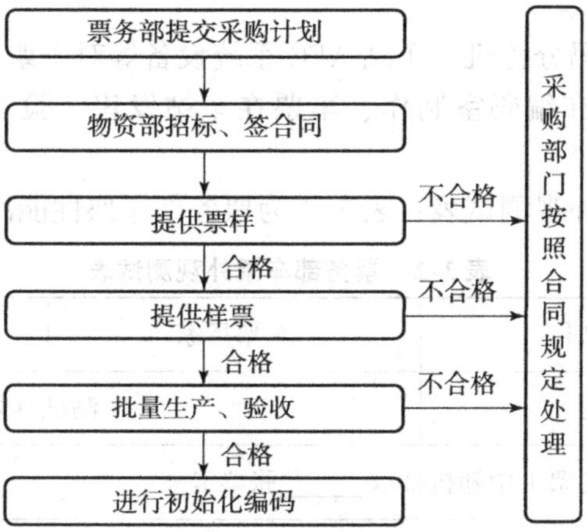

图 3-25　车票采购过程

①表面光洁度。目检单程票表面，没有明显的划痕、斑点、凹坑、凸起等，表面印刷图案工整且不易磨损。

②版面。目检与采购方确认的样卡或彩稿保持一致。

③划伤。目检不允许出现露卡基白色的深度划痕，反光条件下才可见的轻划伤是允许的；非反光条件下可视的划痕长度不大于 3cm，数量不超过 2 条。

④物理尺寸。用游标卡尺测量车票的长、宽、厚是否符合该批车票的技术指标要求。

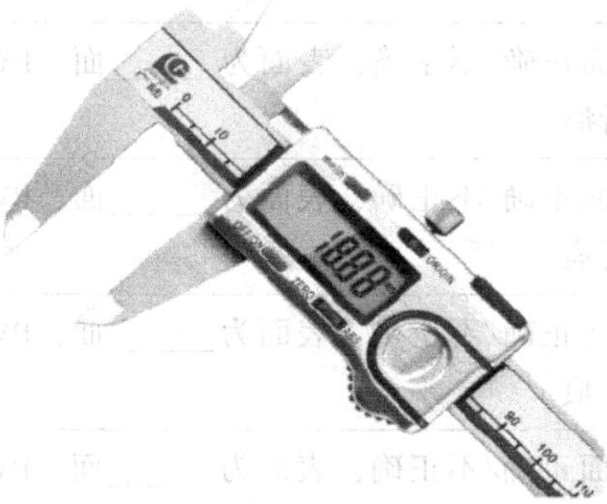

图 3-26　游标卡尺

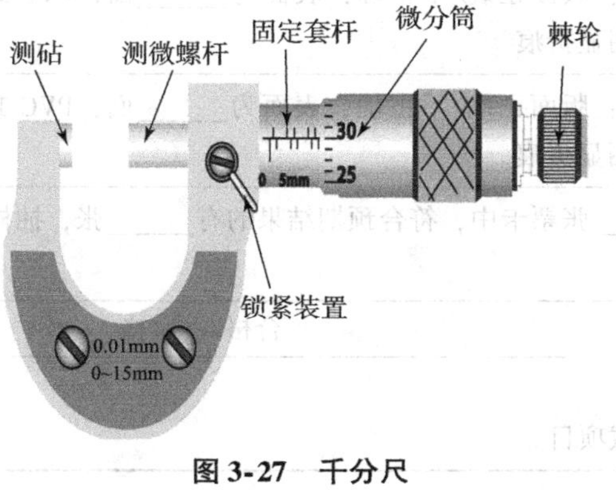

图 3-27　千分尺

（2）性能测试

票务部利用票务室编码分拣机、车站 AFC 系统设备等对车票性能进行测试。

测试内容包括：车票在编码室制作、车票在车站发售、验票、进出站、补票、SC/CC 交易数据是否与实际相符等。

表 3-2 为票务部车票外观测试表；表 3-3 为票务部车票性能测试表。

表 3-2　票务部车票外观测试表

<table>
<tr><td>测试对象</td><td>单程票</td><td>车票厂家</td><td></td></tr>
<tr><td>测试项目</td><td>外观</td><td colspan="2">测试具体时间</td></tr>
<tr><td>测试前提</td><td colspan="3">在批量到货的票卡中随机抽取______张票卡</td></tr>
<tr><td>测试步骤</td><td colspan="3">肉眼观察票卡外观，并将相应结果记录在“实测结果”中</td></tr>
<tr><td rowspan="4">预期结果</td><td colspan="3">版面：与采购方确认的样卡或彩稿保持一致</td></tr>
<tr><td colspan="3">表面：车票表面为哑光面/油面/磨砂面……PVC 封装，无明显瑕疵</td></tr>
<tr><td colspan="3">划伤：不允许出现露卡基白色的深度划痕，反光条件下才可见的轻划伤是允许的；非反光条件下可视的划痕长度不大于 3cm，数量不超过 2 条</td></tr>
<tr><td colspan="3">卡号______：版面正确/不正确，表面为______面，PVC 封装，有/无明显瑕疵和划伤，经测试有/无明显折痕</td></tr>
<tr><td rowspan="7">实测结果</td><td colspan="3">卡号______：版面正确/不正确，表面为______面，PVC 封装，有/无明显瑕疵和划伤，经测试有/无明显折痕</td></tr>
<tr><td colspan="3">卡号______：版面正确/不正确，表面为______面，PVC 封装，有/无明显瑕疵和划伤，经测试有/无明显折痕</td></tr>
<tr><td colspan="3">卡号______：版面正确/不正确，表面为______面，PVC 封装，有/无明显瑕疵和划伤，经测试有/无明显折痕</td></tr>
<tr><td colspan="3">卡号______：版面正确/不正确，表面为______面，PVC 封装，有/无明显瑕疵和划伤，经测试有/无明显折痕</td></tr>
<tr><td colspan="3">卡号______：版面正确/不正确，表面为______面，PVC 封装，有/无明显瑕疵和划伤，经测试有/无明显折痕</td></tr>
<tr><td colspan="3">卡号______：版面正确/不正确，表面为______面，PVC 封装，有/无明显瑕疵和划伤，经测试有/无明显折痕</td></tr>
<tr><td colspan="3">抽取的______张票卡中，符合预期结果的有______张，抽样合格率为______
测试人：</td></tr>
<tr><td>测试结论</td><td colspan="3">合格/不合格</td></tr>
<tr><td colspan="4">备注：
由制票室员工独立完成测试项目。</td></tr>
</table>

表 3-3　票务部车票性能测试表

<table>
<tr><td>测试对象</td><td>单程票</td><td colspan="2">车票厂家</td></tr>
<tr><td>测试项目</td><td>车票读写距离</td><td>测试具体时间</td><td></td></tr>
<tr><td>测试前提</td><td colspan="3">在批量到货的票卡中随机抽取______张票卡</td></tr>
<tr><td>测试步骤</td><td colspan="3">使用测试工具在 AFC 系统培训室 AGM 上对车票进行读测试，验证车票最大读写距离，并记录在“实测结果”中</td></tr>
<tr><td></td><td colspan="3">卡号______：读写距离最大为______ mm</td></tr>
<tr><td rowspan="3">实测结果</td><td colspan="3">卡号______：读写距离最大为______ mm</td></tr>
<tr><td colspan="3">卡号______：读写距离最大为______ mm</td></tr>
<tr><td colspan="3">抽取的______张票卡中，符合预期结果的有______张，抽样合格率为______
测试人：</td></tr>
<tr><td>测试结论</td><td colspan="3">合格/不合格</td></tr>
<tr><td colspan="4">备注：
由制票室主测，AFC 系统提供测试工具和技术支持。
请根据测试对象对该表格进行调整，删除多余项。</td></tr>
</table>

4. 车票制作

新采购的票卡，在使用之前，首先必须对票卡进行初始化。票卡初始化是由编码/分拣机（Encode/Sorter）来完成的。车票使用一段时间后，必然会出现不同程度的损坏，这就需要进行定期的收缴和更换。注销超出有效期的车票或者由于折损而不能继续使用的车票。这些也由编码/分拣机来完成。除此以外，编码/分拣机还可用来编制应急票、按类型分拣票卡、分离有效票和无效票等操作。

（1）车票制作过程

①票务部下达车票生产计划单，包括纸质的和系统内的生产计划单，确保双单内容一致。纸质生产计划单如表 3-4 所示。

表 3-4　生产计划单

<table>
<tr><td>序号</td><td>工作类型</td><td>申请单号</td><td>票种</td><td>票价/次数</td><td>车票有效期</td><td>张数</td><td>起号/止号</td><td>完成时间</td></tr>
<tr><td></td><td></td><td></td><td></td><td></td><td></td><td></td><td></td><td></td></tr>
<tr><td></td><td></td><td></td><td></td><td></td><td></td><td></td><td></td><td></td></tr>
<tr><td></td><td></td><td></td><td></td><td></td><td></td><td></td><td></td><td></td></tr>
<tr><td></td><td></td><td></td><td></td><td></td><td></td><td></td><td></td><td></td></tr>
<tr><td colspan="5">车票管理主办：</td><td colspan="4">车票编码员：</td></tr>
</table>

②车票编码员根据纸质生产计划单办理出库手续，车票管理员填写车票出库单，如表 3-5 所示。

表 3-5 车票出库单

业务类型	票种	票价/次数	张数	起号/止号	车票有效期	存放区域	备注
车票处理员 1：			车票处理员 2：			领票人：	

③车票编码员在编码/分拣机工作站系统中选择相应系统生产计划单，并对计划制作的工票进行编码或赋值等操作。

④车票制作完成后，车票编码员填写车票生产日志，如表 3-6 所示，记录车票制作情况，并将制作后的车票清点、加封、入库。

表 3-6 车票生产日志

业务类型	票种	票价/次数	车票有效期	张数	有效票张数	无效票张数	备注
设备运营情况：							

填表人：××× (车票编码员)　　　　审核人：××× (车票管理主办)

车票具体制作过程如图 3-28 所示。

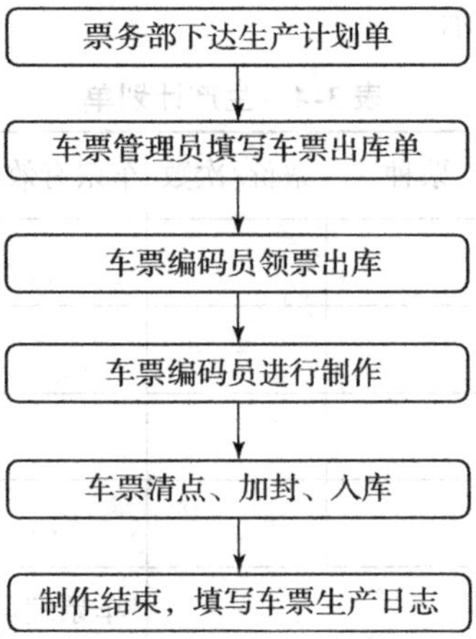

图 3-28 车票制作过程

(2) 车票制作要求

①车票制作、清点、加封、入库，必须双人进行。

②编码员必须使用自己的账号、密码登录系统。

③在车票制作过程中如出现设备故障，应及时上报并做好相应记录。

④车票出库、制作、入库的数量必须与生产计划单上的数量保持一致。

(3) 车票出入库

①出库类型：生产出库、配送出库、领用出库、借票出库、销毁出库、库内流动等。

②入库类型：生产入库、回收入库、归还入库、上交入库、库内流动等。

车票在出入库前需出示的资料如表 3-7 所示。

表 3-7 车票在出入库前需出示的资料

出库		入库	
出库类型	相关资料	入库类型	相关资料
生产出库	生产计划单	生产入库	生产计划单 车票生产日志
配送出库	配收计划单	回收入库	配收计划单
领用出库	领用申请	归还入库	车票借用/归还单
借票出库	车票借用审批表	上交入库	车票上交单
销毁出库	车票销毁单	库内流动	库内流动申请表
库内流动	库内流动申请表		

5. 车票配送

(1) 日常车票的配送流程

①票务部（室）车票监控人员通过车站车票库存日报表（如表 3－8 所示）发现车站单程票数量低于车站单程票最低保有量时，通知车票管理主办。车票管理主办确认信息后下发配收计划单，如表 3-9 所示，注明配送车站、票种、数量、完成时间等信息。车票配收员按照配收计划单的内容填写配送明细单，并持配收计划单到车票处理员 1、2 处领取车票。车票处理员 2 核查配收计划单，并按照配收计划单的要求与车票处理员 1 共同将车票交给车票配收员。车票处理员 1、2 及车票配收员共同在车票交接室监控系统下清点车票，清点无误后，将车票配送至相应车站。

②当车票数量低于车站车票最低保有量时，车站向票务室打电话申请。票务室根据全线车票库存数量检查其他车站是否有与之相匹配的多余车票。若有，则电话通知两个车站进行站间车票调配；若无，则票务室于次日将车票配送到车站。

具体配送过程如图 3-29 所示。

表 3-8　车站车票库存日报表

票种		上日结存	调入本站	配入车站	AGM回收	票房售出	TVM售出	BOM废票	TVM废票	AGM废票	废票小计	调出本站	上交车票	人工回收	本日结存
单程票															
储值票															
计次票															
预制票															
应急纸票															
一卡通															
备注															
值班员员工号									值班站长员工号						

单号：　　　　　　　　　　年　　月　　日　　　　　　　　　　　　　　　　　　统一编号：

车票管理主办：××　　　　　　　　　　　　　　　　　　　　　　　　　　车票配收员：××

第一联——车票管理主办　　　　　　　　　　　　　　　　　　　　　　　第二联——车票配收员

表 3-9　配收计划单

序号	业务类型	票种	存放区域	票价/次数	张数	起号/止号	车票有效期	车站	完成时间

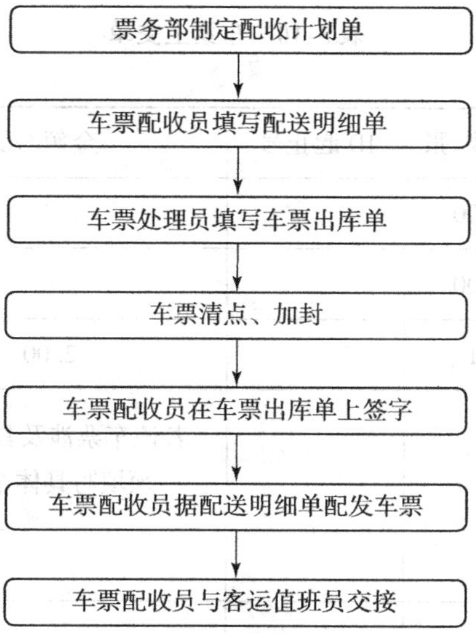

图 3-29　车票配送过程

（2）大客流情况下的车票配送

遇节假日出现大客流时，车站根据预测的进站客流情况，上报需要预制单程票的数量，票务室提前做好预制单程票并提前两天将车票配送到各车站，保证车站有充足车票。

6. 车票回收

（1）随次日报表上交的车票

①单程票坏票。

包括在乘客事务处理过程中回收的人为损坏的单程票，以及进行替换操作的非人为损坏单程票。

②特殊情况下的退票。

指在列车发生晚点、运营故障需清客等特殊情况下，受影响的乘客在规定日期内在地铁车站办理的单程票退票。

③计次票坏票。

计次票坏票是指在发售过程中发售失败的计次票及按照规定可以给乘客退款的计次票。

单程票坏票、特殊情况下的退票、计次票坏票由售票员分类别用信封加封；回收箱中储值票、执法过程中弃置的储值票及票务运作过程中已折损或变形的单程票由客运值班员用信封加封，次日由车站早班客运值班员连同票务报表一起上交票务室。

（2）票务室定期回收的车票

①车站设备废票。

车站设备废票是指车站自动售检票终端设备废票箱中的废票，包括 TVM 废票、BOM 废票和 AGM 废票。

②待清洗单程票。

票务室定期对车站单程票进行回收清洗。

车站提前对定期回收的车票进行回收清点，分类别用信封或布袋加封，并填写车票上交单，如表3-10所示，票务室在规定的时间进行回收。

表3-10　车票上交单

NO：00000000站　　　　　　　　　　　　　　　　　　　　年　　月　　日

车票类型	张数/张	ID起止号	金额/元	附注
单程票	100			
设备废票	200			
预制票	1		2.00	
（根据票务中心车票回收计划中回收的车票类型进行填写）			（若该车票涉及具体金额，须填写具体金额）	
合计	301		2.00	

备注					
制表人	（车站值班员填写）	员工号		制表日期	
核收人	（票务中心核实签收人填写）	员工号		核收日期	

（3）票务室不定期回收的车票

票务室不定期回收的车票是指票务室根据车站客流情况及库存情况及时制订回收计划，安排回收车票，主要包括溢出车票和预制单程票。

①溢出车票。

指车站拥有的单程票数量高于票务室规定的最高保有量。票务室根据整个线路的车站车票库存日报表的情况制订车票回收计划，并电话通知需上交溢出车票的车站。

②预制单程票。

指票务室根据预制单程票的有效日期制订回收计划，并电话通知需回收预制单程票的车站。

溢出车票、预制单程票的回收由票务室提前通知车站，车站进行清点，分类别用信封或布袋加封，填写车票上交单。票务室在 3 个工作日内到车站回收车票。

7. 车票调配

经过一段时间的持续运营，由于客流的不均匀性，可能会造成票卡在各线路、各站点上的分布不均匀。有些线路、站点滞留大量的票卡，而有些线路、站点票卡则短缺，各站单程票的数量主要分为三种情况。

（1）车票流入车站

车站出站客流大于入站客流，每日回收的单程票数量多于发售的单程票数量。

（2）车票流出车站

车站出站客流小于入站客流，每日回收的单程票数量少于发售的单程票数量。

（3）车票平衡车站

车站出站客流、入站客流基本持平，每日回收的单程票数量约等于发售的单程票数量。

因此，每隔一定时间，就需要在各车站之间进行车票的调配，由车票主管部门负责从流入车站将多余的车票调出、调入流出车站。对于调出车站而言，相当于车票上交；对于调入车站而言，相当于车票接收。

例如：某流入车站需调出单程票 6 000 张，车票主管部门工作人员持车票调配表（一式三联）到车票调出站，车站当班客运值班员根据调配表标明的调出票种、调出数量上交车票。车票主管部门工作人员检查调出车票包装及封条是否完好，是否与单据数量一致，确认无误后，双方在车票调配表上签字确认，单据第二联交车站客运值班员保存。车票主管部门工作人员将单程票和车票调配表第三联送到车票调入站，车站调入站当班客运值班员负责接收，双方当面交接，依据车票调配表检查单程票包装机封条是否完好，与调配表核对无误后，在单据上签名。车票存入票柜，在车站票柜车票存/取台账（如表 3-11 所示）上做好记录，输入票务管理终端。

表 3-11　车站票柜车票存/取台账

填表单位：　　站　　　　　　　　　　　　　　　　　　　　　　年　　月　　日

序号	日期	票种	类型	入库数量	出库数量	结存数量	经手人
1	5/13	单程票	普通	6 000	0	6 500	×××
2							
3							
4							

8. 票库管理规定

（1）票库出入规定

①所有进入票库的人员，须由车票处理员 1 陪同。

②非票务室人员进入票库，须经票务室主任批准，并在票库出入库登记表上进行登记。

③在票库中存放或取出车票，必须由车票处理员1、2配合完成。

④未经票务室主任许可，任何人不得携带车票进出票库（生产、配送、回收等除外）。

⑤进出票库后必须及时锁上票库门。

⑥车票处理员1、2上下班前，要检查门锁、钥匙柜门是否处于正常状态。若发现异常情况，在保护票库安全的情况下，及时报车票管理主办，并做好异常记录。

（2）车票保管要求

①票务室须每月对车票库存情况进行盘点，做到账实相符。

②票库车票保管，要求做到存放分区、堆放整齐、标志清晰，注意防止折曲、刻划、腐蚀、水浸、重压和高温。

③每周定期对票库进行清尘、防尘工作，以确保票库的整洁状态。

④易燃易爆、化学有毒物品及与票务无关的物品不得进入票库，且票库需配备手提式干粉灭火器。根据车票在生产、流通过程中的不同状态，每一类车票划分有不同的分区。

（3）票库分区

①新票区：存放采购回来、未经编码/分拣机初始化编码的车票；

②已编码区：存放经过编码/分拣机初始化编码的车票；

③已赋值区：存放经过编码/分拣机预赋值的车票；

④待注销区：存放到期单程票、不能再使用需销毁的车票、过期预制单程票等车票；

⑤待编码区：存放单程票坏票及设备废票（TVM废票、BOM废票、AGM废票）中需进行再次编码才能使用的车票；

⑥循环区：存放从车站回收上来的可循环配发给车站的车票；

⑦测试区：存放用于测试车票性能或AFC系统设备功能的各类车票；

⑧待清洗区：存放从车站回收上来需清洗的车票；

⑨已清洗区：存放完成清洗工作的车票；

⑩待销毁区：存放已损坏、无法注销或无法再编码需进行销毁的车票。

（4）票库月末库存盘点

①每月应进行一次票库车票数量情况检查，确保账物相符。

②盘点主要由车票管理主办、车票管理助理、车票处理员1和车票处理员2共同进行清点。

③车票处理员1根据库存管理台账整理形成月车票盘点表，清点人员根据月车票盘点表上的账面数，按票种、票区共同进行盘点，将实际盘点数量分别记录在盘点表的“实点张数”和“差异张数”栏。

④电子类车票盘点时，对于整箱加封的车票，清点人员确认加封正确完好后，按加封数量记录；对零散的电子类车票，清点人员须共同清点电子类车票数量，按实际清点的数量记录。

⑤纸质车票盘点时，对于整包加封的纸质车票，清点人员确认加封正确完好后，凭加封数量记录；对零散的纸票，清点人员须共同清点纸质车票数量以及编号，按实际清点的数量记录。

⑥库存数量与清点数量产生的差异，由车票管理主办安排进行自查，需填写车票库存差额调整审批表，由票务室主任、票务部分管领导签字确认，票务室方可修改库存数量。

表 3-12 为西安地铁的车票盘点表。

表 3-12　西安地铁的车票盘点表

票种	分区	账面数量	实点数量	差异数量
单程票	新票区			
	已编码区			
	已赋值区			
	待注销区			
	再编码区			
	循环区			
	测试区			
	待清洗区			
	已清洗区			
	待销毁区			
纪念票	新票区			
	已赋值区			
	待注销区			
	测试区			
计次票	新票区			
	已赋值区			
	待注销区			
	测试区			
	待销毁区			
“长安通”卡	新票区			
	测试区			
行李票	新票区			
	待销毁区			

续表

票种	分区	账面数量	实点数量	差异数量
团体票	新票区			
	待销毁区			
应急纸票	新票区			
	待销毁区			
公务票	新票区			
	已赋值区			
	待注销区			
	测试区			
	待销毁区			

【任务处理】

1. 案例分析

车票配收员未按规定处理车票丢失事件，私自从票务室重新拿出车票作为弥补。

2. 解决措施

配送途中丢失车票后，车票配收员应立即写下事情经过，经车票管理主办审核后，将票卡纳入黑名单设置申请，经票务室同意后，纳入黑名单。

实训任务

假设西安地铁票库2月15日出库前单程票已编码区单程票数量为50 000张，2月15日配收员按照配收计划单的要求，到票库领取已经初始化的单程票10 000张，并配送到钟楼站。

1. 以小组为单位演练票库领票流程；
2. 以小组为单位演练配收员与车站客运值班员交接车票的过程。

任务3　车站车票管理

【情景导入】

案例名称	车票丢失事件		
时间	××××年××月××日	地点	××车站
事故概况： 某日晚高峰，乘客使用一卡通票卡无法出站，售票员分析票卡信息为前两日在机场线的进站状态，票务员将车站工作票递给乘客，让其刷卡出站，后有其他乘客来充值，票务员忘记收回车站工作票，造成票卡丢失。			

车票安全管理是站务人员日常工作的重要内容，本任务主要介绍车票安全管理的内容以及车票交接的规定。

【知识要点】

1. 车站车票流通管理。
2. 车站车票管理规定。
3. 车站车票借用规定。
4. 单程票流失量控制。

【理论准备】

一、车站车票流通管理

当车票从票务室（部）配送到车站后，车站根据需要将一定数量的单程票补充进自动售检票机和半自动售票机的票箱中，以供乘客购买。乘客持单程票刷卡进站乘车，出站时投入闸机投票口，由闸机回收至票箱，供车站循环使用。当车票出现异常问题或因特殊原因需要退票时，由车站票务中心处理。车票流通过程如图3-30所示。

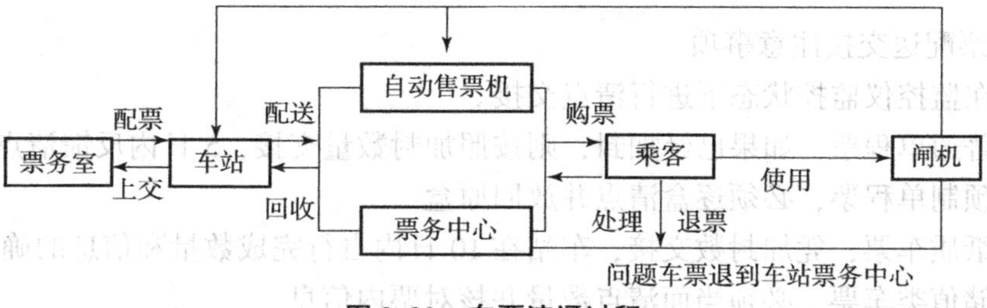

图3-30　车票流通过程

二、车站车票管理规定

1. 车票保管要求

单程票以及储值类车票，除了车票自身有制作成本，加上卡内所含金额或乘次，车票可以视为一种有价证券，其安全管理直接影响到企业的收益安全。

车票保管要求如表3-13所示。

表3-13 车票保管要求

<table>
<tr><th rowspan="2">车票存放区域</th><th colspan="2">保管要求</th></tr>
<tr><th>共性要求</th><th>个性要求</th></tr>
<tr><td>车站票务管理室</td><td rowspan="3">1. 原则上，车票只能存放于车站票务管理室、车站票务中心、TVM、BOM、AGM、车票回收箱
2. 保管车票时，注意防折曲、刻划、腐蚀、防水、重压和高温</td><td>对有值车票，均应根据票种，归类存放于上锁的专用票柜或保险柜中；其他车票应按车票类型（闸机回收票、废票等）归类存放于固定的票柜</td></tr>
<tr><td>车站票务中心</td><td>售票员在车站票务中心处理车票时，应将车票放在乘客接触不到的地方。存放于车站临时票务中心的车票，须做好防盗工作</td></tr>
<tr><td>运送途中</td><td>在运送途中一律放于上锁的售票盒、票箱或上锁手推车中。储值票和预制单程票需由两名车站站务员工负责运送，以保证其安全</td></tr>
</table>

2. 车票交接规定

一般情况下，车票交接包括三方面内容：一是票务室工作人员之间的交接；二是票务室与车站之间的交接；三是车站内部的交接，如图3-31所示。

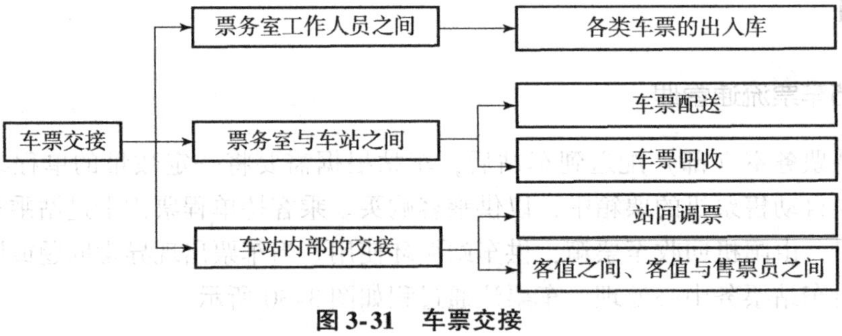

图3-31 车票交接

（1）车票配送交接注意事项

①必须在监控仪监控状态下进行清点交接。

②对于普通单程票，如果已经加封，则按照加封数量交接，5日内反馈清点结果。

③对于预制单程票，必须逐盒清点并放回原盒。

④对于纸质车票，凭加封数交接，车站在10日内自行完成数量和信息的确认。

⑤对于储值类车票，必须当面清点数量并核对票内信息。

（2）车票回收交接注意事项

①必须在监控仪监控状态下进行清点交接。

②以票务室清点数据为准，车站如果有异议，可以查看监控资料核实。

③票务室清点数据如果与车站清点数据有差异，则车站多退少补；如果其间夹杂其他物品影响车票数量，则由车站修改报表。

（3）车票交接数量、票内信息不符的处理

①票务室给车站配票过程中出现数量、票内信息不符：车站以实际数量接收，票务室进行核查。

②站间调票数量、票内信息不符：对于普通单程票，配入站以实点数数量入账；对于预制单程票和储值类车票，按照与实际查验的票内信息相符的车票数量入账，并在站间调票单上做好备注。

③客运值班员之间交接出现数量、票内信息不符：以接班客运值班员实际清点和查验信息相符的车票数量为准进行交接，并将信息及时报值班站长；值班站长须到车站票务管理室确认，按实际数量进行签收。由接班客运值班员在客运值班员交接班本和车站车票库存日报表上记录相关情况，交班客运值班员、接班客运值班员和值班站长三方签章确认，并将情况立即上报客运部，及时组织调查，并在5个工作日内将调查情况报票务部。

④客运值班员向售票员配票时出现数量、票内信息不符：以售票员实际接收车票数量为准，客运值班员进行认真核账。若查无原因，按照客值[①]之间交接出现数量、票内信息不符处理流程进行。

表3-14为西安地铁车票交接要求。

表3-14　西安地铁车票交接

交接双方	交接类型	交接票种	交接要求
车站与票务室之间的交接	配送	普通单程票	对已加封的单程票交接时，接收人确认加封正确完好后，凭数量交接
		预制单程票	客运值班员与车票配收员负责将预制单程票按售出期限、票价分开摆放后，在监控仪下用点票机逐盒进行清点交接。每开封清点完一盒并及时加封后，方可清点下一盒车票
		储值类车票	必须在监控仪下当面清点车票种类、数量，无误后签收交接。若发现车票种类、数量有问题，则及时报票务部票务室
		纸质车票	凭加封数交接，车站在10日内自行完成数量和信息确认。确认过程中，若发现数量和信息有误，应立即通知票务部票务室

① 客值：地铁里为客户服务的值班人员。

续表

交接双方	交接类型	交接票种	交接要求
车站与票务室之间的交接	回收	票务室到车站回收的车票	由票务部票务室通知车站需回收车票的种类、数量，客运值班员按要求提前准备好车票，并填写车票上交单。车票配收员到站后根据车票上交单清点各车票的加封数量，确认无误后签收。设备废票的回收需要车站按照规定时间清点加封。配收员到车站回收后在票务室交接室监控仪下清点，并将清点情况在车票上交单上备注后将单据返还车站
		随次日报表上交车票	①当日需上交的回收箱中的储值票、执法过程中的弃置储值票、车站在票务运作中发现已折损或变形的单程票等，由客运值班员与相关人员（已折损或变形的单程票由客运值班员一人加封即可）按规定加封后归整放入废票钱袋 ②当日需上交的乘客事务车票、特殊情况下的单程票退票、发售不成功的储值票等，由售票员与客运值班员按规定加封后归整放入退款钱袋。处理与乘客事务处理表对应的乘客事务的车票、凭证，尽量用小信封加封，并用订书机订在一起后，放入退款钱袋
线路车站之间	站间调票	普通单程票	站间调票单记录数量与实际数量相符
		预制单程票	站间调票单记录数量与实际数量相符，同时按照一定比例抽检票内金额，要求金额必须相符，否则需要逐张检验
		储值类车票	站间调票单记录数量与实际数量相符，同时必须100%查验票内信息是否与实际相符
车站内部客值之间交接	交接班	普通单程票	票务管理室内整箱由值班站长及以上人员加封的，不需要清点，其他必须当面清点数量，同时核对当日的车票上交单、车票配送单，确认无误后交接
		预制单程票	同普通单程票，对于其他预制单程票，则需要当面清点数量并抽检票内金额，要求完全无误
		储值类车票	同普通单程票，对于其他储值类车票，要查验票内信息
		纸质车票	同预制单程票

续表

交接双方	交接类型	交接票种	交接要求
客值与售票员之间交接	配票	预制单程票	分金额逐张检验并清点车票数量
		储值类车票	同预制单程票
		纸质车票	同预制单程票

3. 车票加封规定

为了避免车票零散存放而导致遗失、混淆和重复劳动等问题，车票在经相关工作人员共同确认数量、信息后，可按照规定进行加封保管，以保证车票保管的安全、准确。

票务室车票在流通过程中的加封，至少需要两名清点人员进行；车站车票至少需要客运值班员及以上人员一名、站务员及以上人员一名进行清点并加封。

车票加封可用票盒、钱袋、信封、砂纸加封，加封后必须保证一经破封无法复原。加封处需注明车票类型、票种、数量、金额、加封人、加封单位、加封日期并盖章确认，预制单程票尚需注明售出期限等信息。

（1）加封的原则

①对车票实施加封时应由两人一起加封，其中一人须为当班客运值班员，加封后必须保证一经破封无法复原。

②不同性质的车票应分开加封。

③车票加封后，应在加封好的封条骑缝处加盖加封人名章，封条上必须注明加封车票的种类、数量、加封车站、加封人和加封日期。

（2）加封的方法

①票盒加封时，用封条在票盒中间部位“一”字形上缠绕后加封。

②票袋加封时，应将票袋口用绳子缠绕扎紧后，再用封条缠绕加封。

③使用票务专用信封加封时，应采用“工”字加封法，放入车票后将信封口封住，再用封条将信封背面的接缝处封住，最后在信封背面封条骑缝处及封面上盖章，如图 3-32 所示。

④使用封条直接对车票进行加封时，应采用“十”字加封法，将车票整理整齐后，用封条进行直接加封，如图 3-33 所示。

4. 车票的开封、清点和盘点

（1）车票的开封、清点原则

①车站所有车票的开封、清点须由当班客运值班员与车站人员双人在车站票务室的监控范围内共同完成。

②对开封后非即时配出的车票，开封人员需及时对清点过的车票按规定双人加封。

③开封后，发现车票数量或信息有误，开封人员需及时报站长或当班值班站长到票务室确认，并在相关台账或交接本上做好记录，车票和封条封存，待站长或值班站长核查清楚后方可使用，同时车站应立即将情况上报车务中心，车务中心要及时组织调查，并在 5 个工作日内将调查情况书面报安全部和公司票务主管部门。车站需要用票时，可开另一包封口完好的车票。

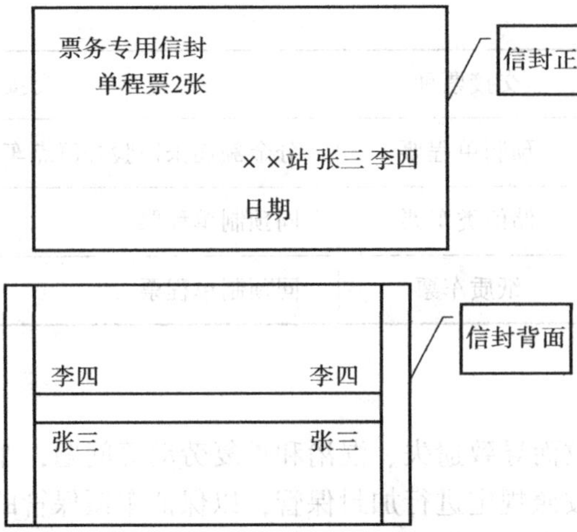

图3-32 “工”字加封示意图

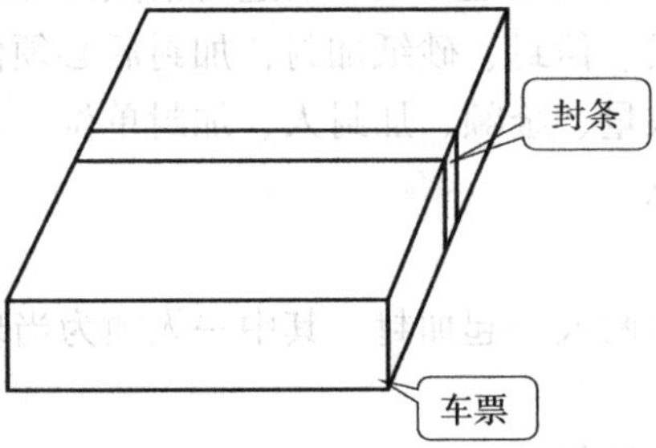

图3-33 “十”字加封示意图

(2) 车票的盘点规定

①盘点工作由客运值班员和值班站长双人进行。

②每月最后一天运营结束后，对站存各票种车票（含票据）分票种、票价进行全面盘点。

5. 内部车票遗失处理规定

(1) 遗失单程票处理规定

单程票包括未赋值单程票和预制单程票。遗失未赋值单程票，按照车票成本补款，遗失已赋值单程票即预制单程票，则按照车票成本和该票在系统中产生的交易金额进行补款。具体流程如图3-34所示。

(2) 遗失储值票处理规定

遗失地铁发行的储值票与遗失单程票处理办法相似，具体如图3-35所示。

(3) 遗失车票的补款流程

①车站人员遗失车票补款流程。

客运部调查遗失原因，并报票务部签署意见，票务部将调查结果以书面形式知会财务部，相关人员在调查结果出来后5个工作日内依据该书面文件到财务部补款。

②车票保管部门遗失车票补款流程。

票务部组织调查车票遗失原因，将调查结果以书面形式知会财务部，相关部门在调查结果出来后3个工作日内依据该书面文件到财务部补款。

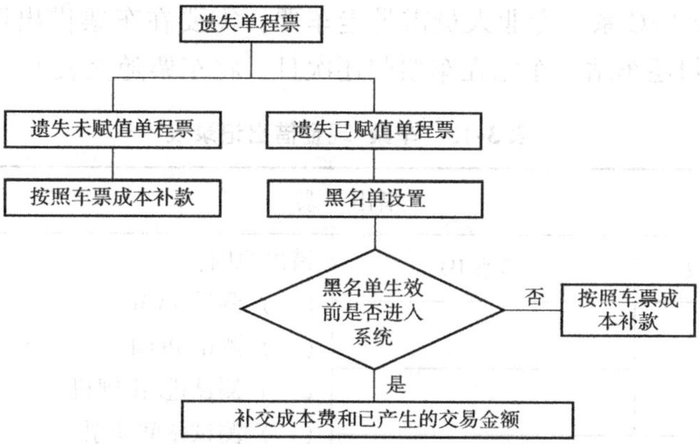

图 3-34　单程票遗失处理流程

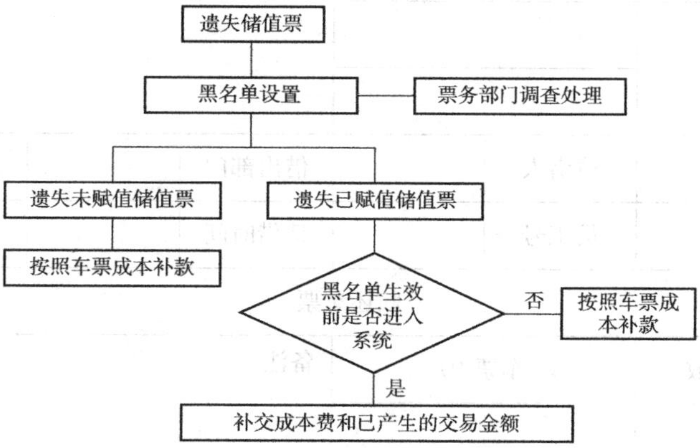

图 3-35　储值票遗失处理流程

③车票借用部门遗失车票补款流程。

借用部门调查车票遗失原因，并报借出部门签署意见（核实车票借出票种、数量、金额）；借出部门将本部门对车票借用部门签署的书面处理意见抄送财务部，借用部门在接到借出部门签署意见的书面文件后 3 个工作日内到财务部补款；车票借用部门持财务部开具的补款收据到借出部门办理归还手续。

三、车票借用

1. 车票借用原则

①车站借票仅限 AFC 系统设备发生临时故障时测试使用。

②车站 AFC 系统设备发生临时故障需借票测试时只能借用闸机回收票。

2. 车票借用流程

①测试借票需填写车票借出记录表作为借票记录。表 3-15 为某一地铁的车票/现金借出记录表。

②借票人员应在当天将车票交还车站。已被出闸机回收的车票除外，但需在车票借出记录表上注明原因。

③归还有值车票时，借票人员需与客运值班员一同将车票用信封加封，连同车票借出记录表随当日报表上交票务部票务室。

④测试完毕，若 AFC 系统专业人员需带走车票，需要在车票借出记录表上注明。车票应在 10 个工作日内归还车站。车站在车票归还次日，将车票随报表上交票务部票务室。

表 3-15　车票/现金借出记录表

<table>
<tr><td colspan="8">借出车票</td></tr>
<tr><td>车票类型</td><td>张数</td><td colspan="2">车票 ID</td><td colspan="4" rowspan="6">借出原因：
(　　) 测试 TVM
(　　) 测试 BOM
(　　) 测试进/出闸机
(　　) 测试站间调票</td></tr>
<tr><td></td><td></td><td colspan="2"></td></tr>
<tr><td></td><td></td><td colspan="2"></td></tr>
<tr><td></td><td></td><td colspan="2"></td></tr>
<tr><td></td><td></td><td colspan="2"></td></tr>
<tr><td></td><td></td><td colspan="2"></td></tr>
<tr><td>发放人</td><td></td><td>请借人</td><td></td><td>借出部门</td><td></td><td>请借部门</td><td></td></tr>
<tr><td>员工号</td><td></td><td>员工号</td><td></td><td>请借时间</td><td></td><td></td><td></td></tr>
<tr><td colspan="8">归还车票</td></tr>
<tr><td>车票类型</td><td>张数</td><td colspan="2">车票 ID</td><td colspan="4" rowspan="4">备注：</td></tr>
<tr><td></td><td></td><td colspan="2"></td></tr>
<tr><td></td><td></td><td colspan="2"></td></tr>
<tr><td></td><td></td><td colspan="2"></td></tr>
<tr><td>归还人</td><td></td><td>签收人</td><td></td><td>归还部门</td><td></td><td>接收部门</td><td></td></tr>
<tr><td>员工号</td><td></td><td>员工号</td><td></td><td>归还时间</td><td></td><td></td><td></td></tr>
<tr><td>借出现金金额</td><td colspan="2"></td><td colspan="5">借出现金原因：</td></tr>
<tr><td>发放人</td><td></td><td>请借人</td><td></td><td>借出部门</td><td></td><td>请借部门</td><td></td></tr>
<tr><td>员工号</td><td></td><td>员工号</td><td></td><td>请借时间</td><td></td><td></td><td></td></tr>
<tr><td>归还现金金额</td><td colspan="2"></td><td colspan="5">备注：</td></tr>
<tr><td>归还人</td><td></td><td>签收人</td><td></td><td>归还部门</td><td></td><td>接收部门</td><td></td></tr>
<tr><td>员工号</td><td></td><td>员工号</td><td></td><td>归还时间</td><td></td><td></td><td></td></tr>
</table>

注：①第一联——票务分部（黄色）
②第二联——票务分部（白色）
③第三联——请借部门（红色）
④第四联——请借部门（蓝色）

四、单程票流失量控制

单程票的循环使用及站间流通性决定了单程票的流失问题无法避免。如何减少单程票流失量，从而间接减少地铁成本投入量？这是每一个地铁运营公司都必须解决且非常关心的问题。

1. 乘客使用单程票的流程

（1）购票

乘客购买单程票，其基本途径包括自动售票机出售、人工在 BOM 上出售、人工在临时票厅出售等。

（2）刷卡进站

乘客持单程票在进站闸机上刷卡进入付费区，持票乘车。

（3）投卡出站

离开付费区时，将单程票投入出站闸机的投票口，由出站闸机回收单程票。

乘客持票超程或超时出站，需按规定在票务中心补票出站。单程票的使用在 AFC 系统中是一个循环、密闭的过程。

2. 国内各地铁单程票流失的现状

①上海地铁单程票日均流失 7 000 多张，含损坏 2 000 多张。

②北京地铁全路网每天单程票流失近 7 000 张。

③南京地铁 1 号线上的 16 个地铁站点曾出现过一日丢失 20 多万张地铁单程票的情况，地铁运营公司直接经济损失就达 60 万元。

④广州地铁开通初期，每日单程票流失率占持单程票的客流量 1.5%，约为 1 500 张/日。

3. 地铁单程票流失的主要原因

每一家地铁单程票流失量都不是一成不变的，不同阶段所体现的流失量是不同的。一般情况下，开通初期，尤其是开通前 3 个月，单程票流失量最大，之后会逐步减少，经过 1 年时间左右，开通运营进入平稳期后，单程票流失数量将保持基本平稳。

地铁运营阶段单程票流失原因主要包括两项：一是乘客带走；二是内部管理不当。具体流失原因、内容及所占比重如表 3-16 所示。

表 3-16　单程票流失原因

流失原因	具体内容	所占比重
乘客带走（直接原因）	发售出的车票未进站乘车而流失	占车票流失量的 20%
	售出的车票进站后未经出闸机回收而流失	占车票流失量的 80%
管理不当（间接原因）	因管理不善导致乘客逃票、超程逃票或售票员忘记将补的票放到闸机里	该原因直接影响单程票流失量的控制和管理
	票卡流程环节多、经手人员杂	
	自动化程度低、人工交接无法在短时间内清点票卡确切数量，正常误差为 1‰ ~ 5‰	

①初期大批乘客有观光心理，人人想先乘为快，这些乘客基本上是购买单程票搭乘地铁且对于单程票有收藏的心理。

②乘客对 AFC 系统的使用知识较缺乏，对 IC 卡车票的认识不够全面，导致乘客进出站时不能正确使用单程票。

③AFC 系统设备过去未经过大客流的考验，开通初期，设备处于磨合期，故障率较高。

④车票保管不当，导致车票易于损坏，随之增加了分析和处理无效车票的工作量，并增加了车票的流失量。

⑤运营初期，整个运营系统“重行车”、“轻票务”，对单程票流失关注度不高。

4. 地铁单程票流失量控制措施

①尽可能简化票务管理部门与车站的接口。由于地铁公司下属的车站数量较多，且将不断扩大，公司管理层与车站的接口应尽可能简化，做到职能明确、条例分明。

②明确车站管理的职能定位。对票卡进行统一销售与管理，对于票卡回收清洗的流程进行严格规定，在车票清洗环节中加强监控并提高自动化程度。

③加大地铁知识的宣传力度。通过各种媒体如电视、报纸等进行宣传，在中小学开展如“我爱地铁”征文活动，让广大市民充分认识地铁，了解车票的正确使用方法。

④增加票种。可推出计次票、日票、周票等票种。此类票种可针对旅游和短期乘坐地铁的乘客，可以有效缓解购买单程票的排队情况与单程票的流失现象，在一定程度上减轻车站运作的压力，满足短期高频乘客搭乘地铁的票种要求。

⑤做好车站指引工作。开通初期，车站应增加人手，在 TVM 处进行乘客使用的专人指导，在出站闸机处监控乘客出站时投入单程票。在车站可设立形象大使，对单程票的购买和使用进行宣传，从而减少因为误操作导致的单程票流失。

5. 各地铁单程票流失量的计算

（1）上海地铁单程票流失量统计计算公式

车站单程票流转数 = 上日结存数 − 本日结存数 − 本日废票数

线网单程票流失数 = A 站单程票流转数 + B 站单程票流转数 + …（线网所有车站流转数之和）

（2）南京地铁单程票流失量统计

本期单程票清点数量与上一期单程票清点数量之差为单程票流失量。南京地铁单程票清点包括票务中心票库清点和车站单程票清点两部分。

①票库清点：票务中心需在规定时间前将车站所有废票箱废票和车站点钞室废票进行回收，清点票库中存放的车票数量。

②车票数量计算公式为：期末数量 = 期初数量 + 入库数量 − 出库数量。

③车站清点：清点车站票务室所有库存单程票数量。

④单程票流失量计算：清点完毕后，车站需填写车站单程票清点报表，票务中心需填写票务中心票库清点报表、票务中心单程票清点汇总统计报表，通过与前一时期报表数据的对比分析，得出此阶段内的单程票流失量。

【任务处理】

1. **案例分析**

此票务员未按规章制度处理乘客无法出站事件。

2. **解决措施**

(1) 对于乘客票卡无上次出站记录及本日进站记录的票卡，按最新下发的《北京轨道交通路网 AFC 系统业务操作规范（试行版）》中的规定执行，其规定是："补上次出站记录，扣除上次乘车费用后，询问乘客本次进站车站，根据票价表为乘客发售一张付费出站票，请乘客持出站票出站。"

(2) 车站工作票是车站工作人员使用的内部管理用卡，仅限对当站职工、保安、志愿者等与运营相关的人员使用，严禁违规使用。

(3) 使用车站工作票时应妥善保管，不得丢失，在该案例中，票务员将车站工作票交给乘客使用且未严格监管，造成票卡丢失，应按绩效考核及票卡成本进行双项考核处理。

实训任务

分别按照票袋、信封、封条加封车票的方法和步骤，准确完成对车站各类车票的加封，并保证符合车票的加封原则。

任务4　车站票务报表管理

【情景导入】

案例名称	售票员违规操作事件		
时间	2012 年 11 月 26 日	地点	岗厦站

事故概况：

23：10 分左右，岗厦站一名女乘客因未乘坐到机场东方向的末班车，到客服中心办理退票，售票员贾子兮当时正在处理另一位乘客的充值业务，于是告知客值有退票业务后，验票先将备用金退给该女乘客，此乘客的单程票未及时处理，待对其他充值乘客服务完后，再在 BOM 上操作单程票的退票处理。由于在退备用金时已经询问过女乘客的姓名，售票员贾子兮操作完退票后，在打印出的电脑小票上代乘客签了乘客的名字。

车站站务人员在日常票务工作中，依照各轨道交通公司制定的票务报表填写规定，正确填写票务报表，以记录车站现金交接、收益汇总、车票交接。同时，严格按管理规定完成对票务报表的交接、保管工作，避免因报表填写不规范和保管不当对车站票务收益安全造成影响。

【知识要点】

1. 票务报表种类。
2. 票务报表要求。
3. 票务报表的填写方法。

【理论准备】

一、票务报表种类

车站票务报表的种类较多，通常是根据车站现金、车票管理需要及收益结算需要来确定报表种类的，由于各个城市轨道交通公司的管理模式和要求不同，票务报表的类型、名称也有所不同。一般情况下，票务报表包括以下几种：

①售票员结算单。
②乘客事务处理单。
③钱箱清点报告。
④车站营收入日报。
⑤车站售/存票日报。
⑥车票/现金借出记录表。
⑦车票上交单。

二、票务报表要求

1. 报表填写原则

报表填写应遵守相关票务规章制度，必须真实、准确、完整、及时，报表填写应细致严谨，填制人员必须签名或加盖私章。

（1）真实

报表必须由相关人员填写且如实反映票务情况，不得捏造事实，弄虚作假。

（2）准确

填写报表前要认真核对实际情况，以正确无误的数据填写，并要仔细复核。

（3）完整

必须按报表所列事项填写，不得遗漏。

（4）及时

报表必须在规定期限内填制完毕，并按规定时间上交票务中心，不得故意延迟时间。

2. 报表填写要求

（1）过底报表的处理

属于过底的报表，一定要写透，不要上面清楚，下面模糊。报表的各项指标必须按要求填写，不应随便空格不报，若因客观原因不产生数字的空格，用“—”符号表示。

（2）文字填写要求

报表填写的文字必须用蓝色或黑色笔填写，字迹必须清晰、工整，不得潦草。属于过底的报表用圆珠笔填写，属于非过底的报表用钢笔或签字笔填写。填写人员必须签章确认。

（3）数字填写要求

报表填写的数字必须一个一个填写，不得连笔书写。对金额一项，小数点后无数时，应写“00”或用“—”表示。

（4）报表改错规定

报表填写发生错误时，不得刮擦、挖补、涂抹或用化学药水更改字迹。更改数字必须用“划线更正法”。运用“划线更正法”更正时，在报表中的错误文字或数字上划一红线，以示注销，要求划去整个错误数字，然后在该处盖上更改人员名字修正章以示负责。

若更改次数过多导致报表不清时，应另填写一份，该报表作废。报表在写坏作废时，应当加盖“作废”戳记，全部保存，不得撕毁，并随当日报表于次日上交票务中心。

3. 报表管理规定

（1）报表的保管

报表应分类归整，检查报表是否齐全，报表均应按月装订成册。装订时要加具专用封面、封底，封面注明加封车站、加封报表名称、加封时间及装订人姓名等内容。

车站所有报表的保管年限为1~2年。不足半年的报表，必须放在票务室内保管，期限满半年的报表，按月份打包加封后存放于车站备品库。报表保管期满，由车站按年份打包，并列出清单，同时由票务中心统一回收，经客运中心、安全监察部等相关部门会签后，可以进行注销、销毁。严禁私自对票务报表进行注销、销毁。

（2）报表遗失处理

如车站将需要上交的报表遗失，应上报值班站长，重新填写一张报表，需要乘客签名处空出，填写完成的报表需要客运值班员、值班站长签名备注。

（3）作废报表处理

报表在作废时，各联应加盖“作废”戳记，由车站留存保管。

三、票务报表的填写方法

票务报表根据岗位不同需要填写的报表也不同。其中，站务员填写的报表主要有售票员结算单和乘客事务处理单。值班员填写的报表主要有钱箱清点报告、车站营收入日报、车站售/存票日报、车票/现金借出记录表、车票上交单。因为各个城市轨道交通公司的管理模式和票务设备系统的操作要求不同，故票务报表的格式和填写方法也有一定区别，并且随着票务设备系统的不断改进或设备、票务规章的变化，各轨道交通公司的票务报表格式和填写方法也会有相应改变。下面介绍部分轨道交通公司票务报表（手工报表）的填写规定。

1. 售票员结算单

售票员结算单如表3-17所示，是售票员结算过程中最常见的报表。该报表在值班员给售票员配车票、票据、备用金及中途追加车票、备用金时，售票员向值班员预交款和结账等情况下填写，用于记录售票员实收总金额与所配备用金总额的情况，从而核算售票员的实际票款收入。

表 3-17　售票员结算单

No：

A 站　　　　　　　　　　　　　　　　　　　　　　　　年　　月　　日

<table>
<tr><td colspan="2">时间</td><td colspan="3">从 12：00 至 22：00 点</td><td colspan="2">配备备用金金额（元）</td><td>5 000</td><td colspan="2">中途可追加</td><td colspan="4"></td></tr>
<tr><td colspan="2">BOM 编号</td><td colspan="3">01</td><td colspan="2">值班员签名</td><td colspan="7"></td></tr>
<tr><td colspan="2" rowspan="2">项目
票种</td><td rowspan="2">配出张数</td><td rowspan="2">回收张数</td><td colspan="4">出售</td><td colspan="2" rowspan="2">项目
票种</td><td rowspan="2">配出张数</td><td rowspan="2">回收张数</td><td colspan="2">出售</td></tr>
<tr><td>张数</td><td>遗失</td><td>押金</td><td>金额</td><td>张数</td><td>金额（元）</td></tr>
<tr><td rowspan="6">IC 卡储值票</td><td>普通储值票</td><td>50</td><td>40</td><td>10</td><td>0</td><td>200</td><td>1 500</td><td rowspan="6">单程票</td><td>普通单程票</td><td></td><td></td><td></td><td></td></tr>
<tr><td>学生储值票</td><td>10</td><td>8</td><td>2</td><td>0</td><td>40</td><td>100</td><td>单程福利票</td><td></td><td></td><td></td><td></td></tr>
<tr><td>老人储值票</td><td>5</td><td>4</td><td>1</td><td>0</td><td>20</td><td>50</td><td></td><td></td><td></td><td></td><td></td></tr>
<tr><td>储值福利票</td><td></td><td></td><td>配出与回收差</td><td></td><td></td><td></td><td></td><td></td><td></td><td></td><td></td></tr>
<tr><td></td><td></td><td></td><td></td><td></td><td></td><td></td><td></td><td></td><td></td><td></td><td></td></tr>
<tr><td colspan="5">小计金额（元）</td><td>260</td><td>1 650</td><td colspan="3">小计金额（元）</td><td></td><td></td></tr>
<tr><td>实收总金额</td><td colspan="13">（根据站务员回点钞室后清点所有的现金所谓金额减去所配备的备用金金额后填写）</td></tr>
<tr><td>备注</td><td colspan="13">（售票过程中出现的一些异常情况可此进行备注说明）</td></tr>
<tr><td colspan="3">售票员</td><td colspan="4"></td><td colspan="3">值班员</td><td colspan="4"></td></tr>
<tr><td colspan="3">售票员员工号</td><td colspan="4"></td><td colspan="3">值班员员工号</td><td colspan="4"></td></tr>
</table>

（第一联——票务分部　第二联——车站）

售票员结算单一般包括售票员和值班员班次、自动售票机设备号、配备备用金金额，以及各类车票（普通单程票、预制单程票、储值票、城市一卡通票、纸票等）开窗张数、关窗张数、出售张数、实收总金额等组成要素。其中，车票出售张数根据开窗张数与关窗张数的差额计算填写，实收总金额根据结账时的实点现金总额减去所配备用金总额后填写，作为站务员实际收益结算的依据。

2. 乘客事务处理单

乘客事务处理单如表 3-18 所示，一般用于车站发生 TVM 少找零、卡币、卡票、发售无效票、扇门被误用、车票无效不能进出闸机、乘客无票乘车等特殊情况，需要在半自动售票机上办理相关乘客事务处理时填写，记录售票员进行的有关乘客事务处理结果，与售票员结算单一起构成售票员收益结算的依据。因为办理乘客事务时涉及系统对票款收益的统计和防止人为造成票款收益的损失，所以，在办理乘客事务、填写乘客事务处理单时，均要求车站值班员及以上人员到场处理情况并签名确认。

表 3-18　乘客事务处理单

NO：00000000

站

年　　月　　日

<table>
<tr><td rowspan="5">现
金
事
务</td><td colspan="7">事件详情</td><td colspan="6"></td></tr>
<tr><td colspan="7">①TVM 少找零；②TVM 卡币；③TVM 卡票；④TVM发售无效票；⑤TVM 充值异常；⑥其他</td><td colspan="2">处理结果</td><td colspan="2">涉及金额
+/－（元）</td><td>乘客签名</td><td>确认人</td></tr>
<tr><td colspan="7"></td><td colspan="2"></td><td colspan="2"></td><td></td><td></td></tr>
<tr><td colspan="7"></td><td colspan="2"></td><td colspan="2"></td><td></td><td></td></tr>
<tr><td colspan="7"></td><td colspan="2"></td><td colspan="2"></td><td></td><td></td></tr>
<tr><td colspan="10">合计</td><td colspan="2"></td><td colspan="2"></td></tr>
<tr><td rowspan="5">非
现
金
事
务</td><td colspan="3">免费出站票
事件详情</td><td rowspan="2">发售一张</td><td rowspan="2">乘客签名</td><td rowspan="2">确认人</td><td rowspan="5">退
款
记
录</td><td colspan="2">普通单程票、预制票、纸票</td><td>金额（－）</td><td>办理时间</td><td>乘客签名</td><td>确认人</td></tr>
<tr><td>闸门被误用</td><td>车票无效、不能出闸</td><td>其他</td><td>票种</td><td>车票ID</td><td></td><td></td><td></td><td></td></tr>
<tr><td></td><td></td><td></td><td></td><td></td><td></td><td></td><td></td><td></td><td></td><td></td><td></td></tr>
<tr><td></td><td></td><td></td><td></td><td></td><td></td><td></td><td></td><td></td><td></td><td></td><td></td></tr>
<tr><td></td><td></td><td></td><td></td><td></td><td></td><td></td><td></td><td></td><td></td><td></td><td></td></tr>
<tr><td colspan="2">合计</td><td colspan="5">发售免费出站票______张</td><td colspan="3">合计金额</td><td colspan="2"></td><td></td><td></td></tr>
<tr><td colspan="2">售票员</td><td colspan="2"></td><td colspan="2">员工号</td><td></td><td colspan="2">值班员</td><td colspan="2"></td><td>员工号</td><td colspan="2"></td></tr>
</table>

乘客事务处理单主要由售票员班次、具体事件详情\处理结果、涉及金额、乘客资料、办理人签名、确认人签名等要素组成，分为现金事务处理和非现金事务处理，现金事务处理主要是发生 TVM 少找零、卡币、卡票、发售无效票等乘客事务时，售票员需在 BOM 上进行涉及现金的操作时在对应栏填写。如售票员在办理“TVM 收取了乘客现金，但发售无效票的乘客事务”时，不收取乘客现金，但在 BOM 上为乘客发售一定面额的车票或退还一定金额的现金时在对应栏填写。非现金事务处理则主要是发生扇门被误用、车票无效不能进出闸、乘客无票乘车等乘客事务时，涉及发售免费或付费出站票时的操作，需在对应栏填写。

3. 钱箱清点报告

钱箱清点报告如表 3-19 所示，由车站值班员在每次更换完 TVM 钱箱进行钱箱清点时填写，用于记录 TVM 的钱箱收益，每天所有 TVM 钱箱实点金额扣除车站补币金额就是车站 TVM 票款收入。

表 3-19　钱箱清点报告

清点硬币					清点硬币				
TVM号码	钱箱号码	实点金额	实点金额	差额（－－）	TVM号码	钱箱号码	机器金额	实点金额	差额（－－）
01	001	1 000	998	－2					
合计		1 000	999	－2	合计				
钱箱总数		1	清点时间	22：00	钱箱总数				
清点人员	签章		员工号		备注：（清点钱箱过程中发现假币等异常情况时，可在此处进行备注说明。）				
值班员									
清点人员									

钱箱清点报告一般由自动售票机号、钱箱号码、机器金额、实点金额、差额、清点人员等要素组成。值班员每清点一次 TVM 钱箱，就逐项填写一张钱箱清点报告，且纸币钱箱和硬币钱箱要分栏填写。

4. 车站营收入日报

车站营收入日报由每班值班员根据钱箱清点报告、售票员结算单、TVM 打印的补币单等记录填写本班的运营收入情况，再由每日晚班值班员计算车站当日的运营收入后完成该报表的填写，用于体现车站每日的运营收入情况。值班员需逐项填写钱箱票款、钱箱差额、补币金额、BOM 票款（售票员售卖各类车票所得的票款）等来计算 TVM 收入和售票员收入，再加上其他收入（如售卖纸票、团体票等票款），形成车站营收入总金额，并记录票款解行情况。

5. 车站售/存票日报

车站售/存票日报由值班员根据本日的售票员结算单、SC 报表、车票上交单、配票明细单等报表填写，体现车站每日各类车票的发售数量、站存数量，主要由上日结存、增加栏、减少栏、本日结存四大部分组成。增加栏主要指配票部门配发、闸机回收等增加的车票数量；减少栏主要指 TVM 和 BOM 发售、上交配票部门等减少的车票数量；本日结存 = 上日结存 + 增加合计 – 减少合计。

6. 车票/现金借出记录表

车票/现金借出记录表是车站在发生车票或现金的借出、归还业务时填写的。本表由借出部门填写（车站需由当班值班员填写），并由借入部门签章确认，作为借出和借入部门双方交接车票或现金的凭证，主要由借出车票、归还车票、借出现金金额、借出现金原因、归还现金金额栏等要素组成，各栏下的相关项目需详细填写清楚，关键项目若有更改，必须由发放人和请借人双方签章确认。

7. 车票上交单

车票上交单在车站上交车票时由当班值班员填写，记录车站上交车票的票种、数量、上交原因等，作为双方交接的凭证。上交的车票要求按不同的票种分类填写，且填写清楚上交原因。

【任务处理】

1. 案例分析

（1）售票员违反《车站票务运作手册》中“备用金的借用仅限于规定情况下的退票处理及乘客事务处理，发生金额必须在 BOM 上操作，由乘客、经手售票员、当班客运值班员或值班站长审核签名确认”的规定。

（2）当事售票员工作责任心不强，未意识到票务报表填写的严肃性，对乘客没有签名的单据，便在 BOM 打印单据上代替乘客进行签名。

2. 解决措施

通过以上理论知识的学习，分析情景导入中“售票员违规操作事件”的防范措施。

（1）加强票务规章培训，严格执行各项规章制度。备用金的使用必须征得当班客运值班员或值班站长的同意后，方能在 BOM 上操作后再退与乘客。

（2）各岗位员工需认识到票务工作的严肃性，要严格按照票务规章规定进行操作。对于需要乘客签认的单据，更应严肃认真对待，务必要请乘客配合签认，如遇不愿签名的乘客事务，操作售票员必须备注，坚决杜绝售票员私自代签或在未要求乘客签认的情况下就擅自备注。

实训任务

2011年10月15日，A站客运值班员（工号：010121）给早班（上岗时间：7：00—15：00，操作BOM01）售票员（工号：010332）配票。

配票情况如下：计次票（50元/30次）20张；纪念票（50元）10张；日票（20元）5张；预制单程票2元100张；预制单程票3元200张；2元行李票10张；2元应急纸票50张；3元应急纸票50张；"长安通"20张（押金18元）；配备用金1875元。

按要求在售票员结算单中做好数据登记。

任务5 车站现金管理

【情景导入】

案例名称	票款未按规定位置存放事件		
时间	××××年×月×日	地点	××车站
事故概况： 售票员在客服中心帮乘客增值时，收到两张较残旧的50元纸币。售票员想直接找给乘客，以免下班结算时不好过机，因此将这两张50元纸币放在键盘下面。后因客服中心业务量增多，售票员完全忘记键盘下面压着的两张50元纸币。运营结束后，售票员结算发生票款差异100元整。这时，售票员才想起压在键盘下面的两张50元残旧纸币。			

城市轨道交通企业的现金安全管理直接影响到企业现金收益的安全，所以，城市轨道交通车站对现金的使用与管理工作是车站日常办理的重要的票务工作之一。本任务主要介绍车站现金的安全管理，以及现金的加封、交接等内容。

【知识要点】

1. 现金的来源。
2. 现金的日常管理。
3. 现金的加封。
4. 车站现金的交接。
5. 票款收益。
6. 备用金管理。
7. 假钞的处理。

【理论准备】

一、现金的来源

城市轨道交通车站现金来源主要有两类，即备用金和票款。要严格执行财务管理的规定，严禁坐支票款、挪用备用金和弄虚作假。票款和备用金要分区管理，避免备用金发生误解行的情况。如图 3-36 所示。

（a）

（b）

图 3-36　车站现金

1. 票款

票款是指车站通过自动售票机、半自动售票机或临时票亭向乘客发售车票及办理票卡充值、更新等售/补票业务过程中所产生的现金收益。

2. 备用金

备用金是指上级部门配发给车站，专用于给乘客兑零、找零、自动售票机补币、与银行兑零等用途的周转资金，及乘客受伤等事项发生时的应急基金启用款项，所以，车站备用金分为两类：一类为日常备用金；另一类为应急备用金。

二、现金的日常管理

1. 现金的管理流程

备用金配发到车站后，主要供车站流通和乘客伤害事件应急使用。自动售票机和客服中心的票款经车站清点后需及时存入企业在银行的专用账户，车站现金管理流程如图 3-37 所示。

2. 现金的安全管理规定

车站备用金和票款收入作为城市轨道交通企业现金收益的重要部分，其安全管理直接影响到企业收益的安全。车站在具体负责现金的日常安全时，应对现金的使用和保管设立安全区域，对票务管理室（票务室）、客服中心和现金运送途中易产生安全隐患的地方制定相关的安全管理规定，以保证现金在车站的安全。

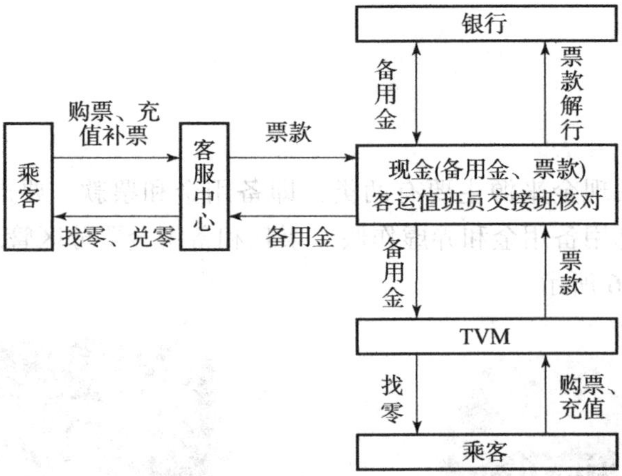

图 3-37　车站现金管理流程

（1）现金安全区域

以保证现金安全为目的，原则上车站现金只能存放在专门的现金安全区域，主要包括票务管理室、客服中心、临时票亭、自动售票机。

车站现金安全区域在操作时必须做好安全保护，在非操作时必须处于安全锁闭状态。

（2）票务管理室的安全管理

①票务管理室应随时保持锁闭状态（票务管理室门和防盗门需同时锁闭），门钥匙由专人保管及使用。

②票务管理室内处理完毕的现金，应立即锁入保险柜、钱箱中存放，并且处于监控摄像区域内。

③票务管理室内应配置闭路电视监控设备，必须 24 小时开启，要能对所有现金操作环节进行实时监视和实时录像，录影资料未经批准不得删剪。票款的清点、交接必须在监控范围内进行，不得随意挪动摄像头的位置。

④每月定期对车站票务管理室内备用金的库存情况进行盘点，做到账实相符。

（3）客服中心的安全管理

①客服中心应随时保持锁闭状态，门钥匙由专人保管及使用。车站需随时监控临时票亭的安全情况，做好防盗工作。

②客服中心营业时，应将现金存放于专门的现金抽屉或器皿中，不得将现金放在乘客可触及的地方。

③为降低车站票务中心现金保管的风险，客运值班员应根据售票员的票款收入情况向售票员预收票款。

（4）人员进出票务管理室、客服中心实行登记制度

①除当班票务工作人员、站长及以上级别人员外，其他人员必须得到当班值班站长或以上级别人员的许可，并由当班客运值班员陪同，方可进入票务管理室和客服中心。车站需设立台账，记录进入人员、进入原因、进入时间及离开时间。

②当班客运值班员离开票务管理室或站务员离开客服中心时，票务管理室内、客服中心内所有人员必须随同离开，不得逗留。

③在非运营时间，除当班客运值班员、值班站长及站务员需要进行票务的相关工作外，

其他任何人员不得进入票务管理室；特殊情况时需由当班值班站长及以上职务人员同意并陪同进入。

3. 运送途中

现金从一个安全区域转移到另一个安全区域的运送途中，必须放入锁闭的钱箱、票盒或上锁的手推车中，由两名车站站务员工负责运送。

三、现金的加封

为保证车站现金管理的安全、有序，车站现金应加封进行保管，现金可用钱袋、信封、砂纸的方式进行加封。

1. 加封的原则

①对现金实施加封时，应由两人负责一起加封，加封后必须保证一经破封无法复原。

②现金加封前，在封条或票务信封的正面要注明加封金额、加封车站、加封人和加封日期。加封后应在加封好的封条骑缝处加盖加封人名章。

2. 加封的方法

（1）钱袋加封

加封时，将钱袋口用绳子缠绕扎紧后再用封条缠绕加封。钱袋加封适用于对硬币的加封，纸币需用钱袋加封时，应先用砂纸加封或信封加封后再放入钱袋内加封。

（2）信封加封

使用票务专用信封采用“工”字加封法加封时，先放入现金后将信口封住，再用封条将信封背面的接缝处封住，最后在信封背面封条骑缝处及封面上盖章，如图 3-38 所示。信封加封仅限于对同一面额不足 100 张零散纸币的加封，按面额大小归整后放入信封内进行加封。

图 3-38 信封加封

（3）砂纸加封

采用“一”字加封法加封时，应用封条（或扎把带）缠绕归整后的纸币中部，加封方法如图 3-39 所示。砂纸加封只适用于纸币加封，各面额纸币清点满 100 张时加封一次。

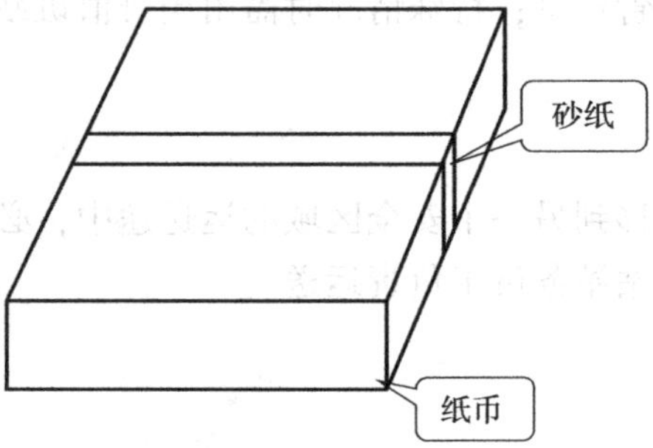

图 3-39　砂纸加封

四、车站现金的交接

在实际运营中，现金交接过程中账实是否相符，直接反映车站备用金、票款收益的安全情况及差额补交情况。车站交接双方在进行现金交接时，需遵循以下交接原则完成交接。

1. 现金交接原则

①车站进行现金交接时，需建立交接凭证和统计台账，交接人员依据交接凭证办理交接手续并做好书面交接记录。

②交接纸币时，应在票务管理室监控范围内，双方当面清点金额后签认交接。

③交接硬币时，应在票务管理室监控范围内，对已加封的硬币交接时，确认加封正确完好后可凭加封金额签认交接；对零散硬币按实点数签认交接。

④交接时若发现实点金额与交接凭证有误，交接双方需及时核查更正。对于不能及时查明原因的，应立即报站长或当班值班站长到票务管理室确认，按实点金额进行签收，短款由交班人补足，长款随当天票款上交。同时在交接记录本上记录相关情况，并立即将情况报告上级组织调查。

⑤严禁交接未经清点或未加封的现金。

2. 现金交接过程

车站的现金交接主要有车站内部各岗位间的现金交接、车站与银行之间的票款交接和兑零。

（1）车站内部各岗位间的现金交接

①客运值班员与售票员间的现金交接。

a. 开窗前的备用金交接。

客运值班员与售票员交接备用金时，双方应当面清点确认后在售票员结算单上注明备用金金额，双方盖章确认，然后在票务管理子系统“售票员配票款”模块中录入交接数据。

b. 开窗中的现金交接。

增配备用金的交接：客运值班员向售票员增配备用金时，双方应当面清点确认后在售票员结算单上注明备用金金额，客运值班员盖章确认，并在票务系统中录入增配金额。

预收票款的交接：客运值班员向售票员收取预收票款时，双方应当面清点和交接所预收的款项后，由客运值班员在售票员结算单上签收。

c. 结账时的票款交接。

售票员每班工作结束后，应将所有现金锁入售票盒，到票务管理室与客运值班员共同清点。客运值班员与售票员在监控范围内当面清点所收款项后，以实点数填写售票员结算单，双方签章确认，现金交由客运值班员保管，完成后在票务管理子系统“售票员上交票款”模块中录入交接数据。

②客运值班员间的现金交接。

车站客运值班员间的现金交接主要是指各班客运值班员在交接班过程中对车站备用金、票款的交接。

交接前，交班客运值班员需根据相关原始报表记录核算交接时的票款收入金额及备用金额，并记录在客运值班员交接班簿和车站营收日报上，作为交接凭证。

交接时，接班客运值班员应依据客运值班员交接班簿和车站营收日报上的记录，在监控范围内与交班客运值班员当面清点票务管理室内所有现金，并核对封包数量及金额等，经确认无误后在客运值班员交接班簿上签收，并在票务管理子系统“客值交接模块”中插入新记录，录入现金交接情况。

交接后，发现现金金额与客运值班员交接班簿的金额、车站票务管理系统的“客值交接班”账面金额不一致时，需立即通知当班值班站长到现场，共同对车站所有的票款、备用金进行清点确认。若实点金额比账面金额小，则由交班人员补缴相应差额，交接双方在客运值班员交接班簿和车站票务管理系统“客值交接模块”说明；若实点金额比报表金额大，则将多出金额记入车站票务管理系统“客值交接模块”，交接双方在交接台账和车站票务管理系统“异常票款变动登记”上做好记录。车站对账实不一致的情况应立即上报财务部，站务部及时组织调查并在5个工作日内将调查情况报票务中心收益部。

客运值班员间的现金交接流程如图3-40所示。

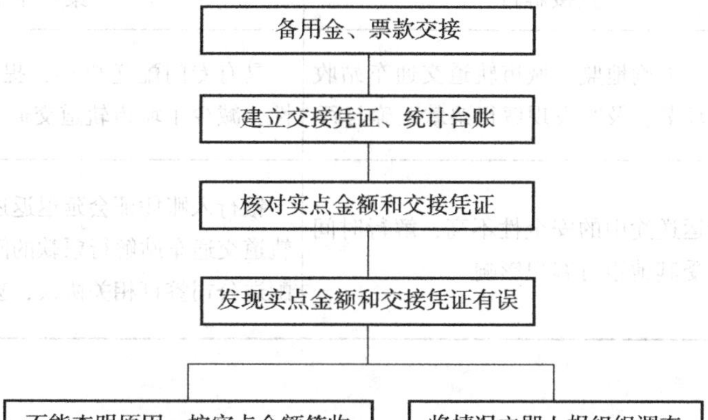

图3-40　客运值班员间的现金交接流程

（2）车站与银行之间的票款交接

车站与银行之间的票款交接（也称为票款解行）主要是指车站将票款收益存入企业在银行专用账户的过程。票款收入一般要求每日按时解行，解行方式由各个轨道交通企业视情况而定。

①解行方式。

根据各轨道交通企业的实际情况不同，所采用的票款解行方式也不尽相同，目前轨道交通企业的票款解行方式主要有直接解行和集中站收款两种。

（a）直接解行是指由车站清点票款，并由车站人员送到银行，银行工作人员与交款人员当面清点票款并当即返还现金送款单（如表3-20所示）的解款方式，这种方式适用于有驻站银行的车站。

表3-20　现金送款单的样板及填写模板

币别　　　　　　　　　　　　　　　　年　　月　　日　　　　　　　　　　　流水号：

填写单位	收缴单位	××地铁公司	交款人	一号线×××站
	账号	1234567890	款项来源	张三缴××月××日票款
	（大写）叁万零捌佰玖拾陆元整			
银行确认栏	现金回单（无银行打印记录及银行签章此单有效）			

复核　　　　　　　　　　　　　　　　录入　　　　　　　　　　　　　　　出纳

（b）集中站收款是指由银行或者专门的押运公司到车站收取票款，运送到银行，银行工作人员按规定清点票款后于次日返还现金送款单，最终确认解行金额的解款方式。这种方式适用于距离银行地理位置较远的车站。

两种解行方式的优缺点如表3-21所示。

表3-21　直接解行和集中站收款的优缺点

解行方式	直接解行	集中站解行
优点	及时、准确地监控城市轨道交通车站收益票款环节，及时发现解行票款正确与否	具有专门配送机构，提高了运送途中的安全性，减少了城市轨道交通车站解行时间
缺点	票款运送途中的安全性不高，解行时间可能会受其他银行客户影响	银行入账凭证会延迟返还，不能及时发现城市轨道交通车站解行票款的问题，应与银行或专门配送公司签订相关协议，甚至应交付一定费用

②解行时间。

城市轨道交通企业应根据车站特点及银行服务的时间确定解行时间，以保证车站能将票款尽可能多地存入银行，尽量减少存在车站过夜的票款，降低车站收益保管的风险。

③解行操作程序。

a. 封装。

车站当日需要解行的票款由客运值班员一人在监控状态下清点，清点完毕由车站值班站长复核并确认金额后，由客运值班员填写交款单，注明交款金额、企业交款账户等信息，与加封好的票款一起装入专用封包袋中，装袋完成后，客运值班员及值班站长在监控下使用银行提供的专用锁条顺序，穿过专用封包袋锁孔后拉紧锁条完成封袋。

b. 解行。

车站客运值班员在解行时将封包交予银行上门收款人员，银行上门收款人员抵达后，需核实其身份，双方共同核对解行封包数量、编号及加封状况，无误后与银行上门服务人员办理交接手续。由银行上门收款人员将票款收益送达银行，银行在清点完收到的票款并确认无误后存入指定账户。

银行在清点车站解行票款的过程中，发现长款、短款或假钞（假钞不计入实际清点金额，发现假钞时按短款处理）时，按实际清点金额入账，并将差错情况反馈给相关车站，再由车站相关人员组织调查处理。车站票款的解行流程如图 3-41 所示。

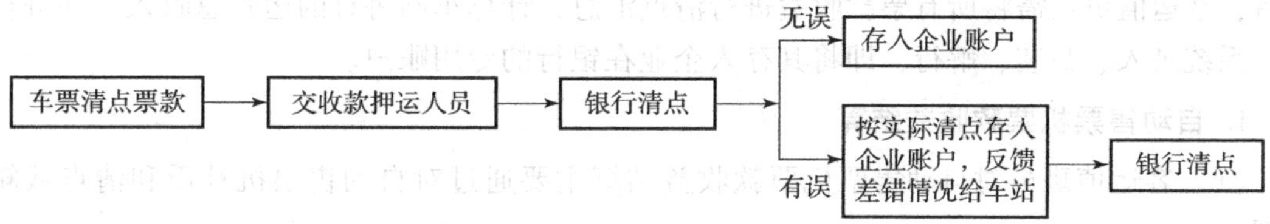

图 3-41　车站票款的解行流程

（3）车站与银行之间的兑零

①制订计划。

车站需兑换用于给乘客兑零、找零的零钞时，应使用车站备用金兑零，并根据车站客流情况、硬币流通情况制订与银行的兑零计划（如遇节假日大客流等特殊情况，原则上票务中心需提前一周汇总各车站兑零计划，明确零钞需求总量后按银行要求通知银行，以便银行备钞），按照计划及先付后收的原则与银行进行兑零，保证每天有足够的零钞库存量用于周转。

②兑零过程。

a. 车站客运值班员负责车站的日常兑零工作，各车站根据实际兑零需求确定兑换现金，在车站票务管理室内监视仪的监控下进行清点，清点完毕由值班站长复核，确认金额后由客运值班员填写“零钞兑换单”，在兑换单上注明兑零金额、日期等，并由客运值班员、值班站长签章和加盖车站公章。将兑换现金和兑换单装入袋内，加封一次性锁扣进行封包。

b. 车站客运值班员将兑换零钞封包袋在票款解行时一并交予银行上门收款人员。银行收取兑换零钞封包袋后，在银行监控下开包清点车站上交的兑零纸币，若发现纸币金额与“零钞兑换单”的兑零金额不符时，长款由银行次日交对应车站收回，短款由银行按实际金额兑付。

c. 车站收到银行返还的兑付零钞时，应先检查封包上的封签是否完好，再按封签或封捆硬币的砂纸条上的累加金额在双方交接登记本上兑换金额处签名确认，办理交接。若交接时发现封签破损，车站应当场清点硬币数量，如清点无误，填写“零钞兑换单”，与当日兑零纸币一起装包。如发现短款，车站应同时将短款的原封箱单、整捆原封签、每把（卷）原腰条（包装纸）交还银行工作人员。

d. 车站须当日由客运值班员和站务员双人在监控下完成返还的兑付零钞清点工作，清点时若发现差额（长款、短款或假币等情况），应保留该批钱币袋上的封签或封捆硬币的砂纸条（有名章部分），同时将封签或封捆硬币的砂纸条（有名章部分）用信封加封后返还银行。如为长款，将长款加封后返还银行，如为短款（即出现游戏机币、假币、外币、少币等情况），由银行补还车站。

五、票款收益

车站票款收益主要来源于两个方面：一是自动售票机票款收益，即由自动售票机出售车票及对储值票充值所得的收益；二是客服中心（含临时票亭）票款收益，即由售票员在客服中心操作半自动售票机发售、充值和处理车票，以及临时票亭发售车票所得的收益。

车站每日票款收益结算需由当班客运值班员负责对自动售票机补币和清点钱箱，负责对售票员配票和结账，清点、结算本班的自动售票机票款收益和售票员票款收益。每天运营结束后，客运值班员需将所有票款收益进行清点汇总，计算车站每日的运营总收入，并进行登记、系统录入、封装、解行，即将其存入企业在银行的专用账户。

1. 自动售票机票款收益结算

（1）客运值班员对自动售票机票款收益结算主要通过对自动售票机补币和清点钱箱来实现。

（2）客运值班员每次在完成对自动售票机补币前，需将一定金额的找零硬币和纸币进行清点，补充到自动售票机找零钱箱中用于给乘客找零。完成补币操作后，每台自动售票机补币金额数需加总，作为给自动售票机配的备用金记录在相应台账中。而在每次更换自动售票机内纸币、硬币钱箱（用于存放乘客购票、充值时投入的硬币或纸币）后，需进行钱箱清点，并将钱箱票款收益记录在钱箱清点报告中。

（3）客运值班员清点、汇总所有钱箱票款金额，并扣除为自动售票机补币的所有金额，就是该班自动售票机的票款收益，如下式：

自动售票机票款收益 = 清点所有钱箱票款金额 − 为自动售票机补币的金额

为保证自动售票机票款收益统计的准确性，车站对补入自动售票机的找零硬币、纸币及钱箱票款的清点必须按规范要求进行，以确保准确无误，即清点工作需由双人在票务管理室监控仪的监视状态下共同完成。

在清点用于补币的找零硬币、纸币时，每台自动售票机的补币清点数量必须在监控下进行读数并加封。用于补币的钱币清点完至补币前，须存放在票务管理室的监视区域内。清点钱箱时，相应的钱箱、钱袋、点币机必须放在安全区域内。在整个清点过程中任何人不得遮挡监视仪，若监视系统发生故障而造成车站无法按程序清点钱箱时，须由值班站长或以上职务人员和车站值班员两人一起清点钱箱，必须逐一清点，每个钱箱的清点数量必须在监控下进行读数，并将实点数量及时记入钱箱清点报告对应的实点金额栏，每清点完一个钱箱，须确保钱箱已倒空，并无现金遗留在钱箱内。在清点钱箱的过程中，非紧急情况，不得离开票务管理室。在清点过程中，若发现假币、机币等异常情况，需要在钱箱清点报告备注栏中注明。假币、机币用票务专用信封加封后随报表上交车务中心相关部门。

2. 客服中心票款收益结算

当班客运值班员对客服中心（含临时票亭）票款收益结算主要通过对售票员配票和结账过程中配备用金和票款收入结账来实现。

（1）配票

配票是指客运值班员为售票员配备各种车票、备用金的过程。

配票程序为：客运值班员需在售票员到岗前配置一定数量的车票、备用金，填写售票员结算单，待售票员到票务管理室后，监控售票员进行清点，确认所配各类车票和备用金数量与售票员结算单上记录的开窗张数、备用金数量一致后，签字确认。在当班期间，若车票、备用金不够，还需增配一定数量的车票和备用金。

（2）结账

结账是指客运值班员在售票员售票结束后，在票务管理室监视系统下对售票员在客服中心售票等相关工作中实际收取乘客的现金票款（包括提前收走的预收款）、回收的车票进行清点并记录在相关报表、台账中的过程。

结账程序为：售票员售票结束后，须将本班所有现金、车票放在上锁的售票盒中，回票务管理室，在监控区域内，先由售票员清点所有实点现金，再加上预收款，扣除所有备用金，就是该售票员的票款收益（即实收总金额）。再将确认的实收总金额交由客运值班员进行清点，双方确认后，填写在售票员结算单的实收总金额栏，如下式：

实收总金额 = 实点金额 + 预收款（若班中未提前收取预收款，则预收款为零） – 备用金

然后，双方共同清点确认回收的各类车票数量，并填写售票员结算单的关窗张数栏，完成结账。在结账过程中，因实收总金额栏记录直接影响售票员结算，所以，原则上不得更改，当需更改实收总金额栏时，当事售票员、客运值班员需报值班站长，由当班值班站长调查核实后才能更改，并由当事售票员、客运值班员、值班站长三方共同盖章确认。最后，当班客运值班员清点、汇总所得的本班所有售票员的票款收益，就是该班客服中心的票款收益。

（3）售票员长短款的处理流程

车站收到线路票务管理部门下发的售票员短款确认通知书后，对于有疑义的短款，当事人可在规定时间内到票务部线路管理部门进行核查；否则，线路票务管理部门将下发售票员短款通知书，当事人须在客运部收到通知书后的规定时间内将短款解行。如图 3-42 所示。

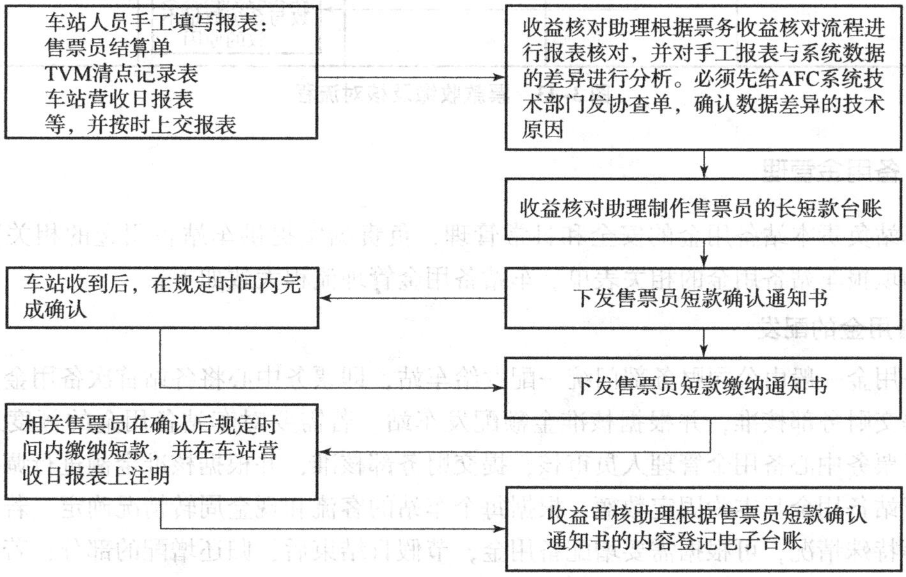

图 3-42　长短款的处理流程

3. 每日运营总收入结算

客运值班员在每天运营结束后，需根据钱箱清点报告、售票员结算单等报表、台账，将各班所有自动售票机票款收益和客服中心票款收益进行清点、汇总，计算每日运营总收入，填写车站营收日报，记录车站每日运营收入情况，并按车站营收日报的数据将所有票款封装，存入企业在银行的专用账户。

车站要按规定执行预缴款及封包交接制度，进款要做到收缴正确，账款相符，交接清楚，手续完整。票款收缴及核对流程如图 3-43 所示。

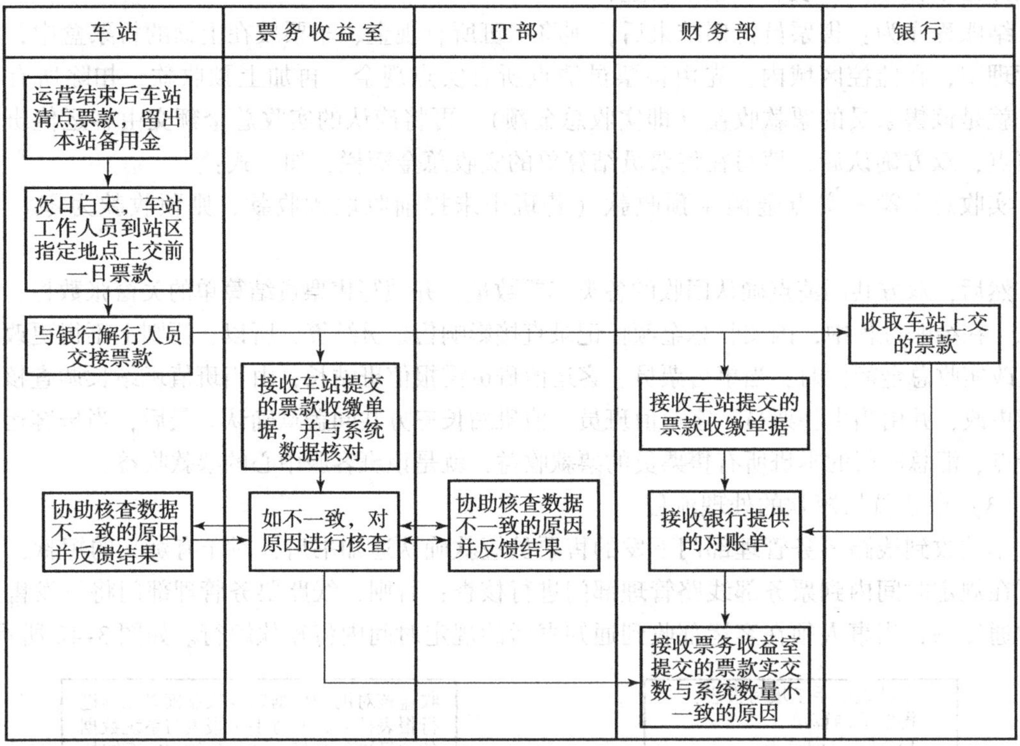

图 3-43　票款收缴及核对流程

六、备用金管理

各车站负责本站备用金的安全和日常管理，负责据实提供车站备用金的相关数据，及时、准确填报车站备用金的相关表单。车站备用金管理流程大致如下：

1. 备用金的配发

①备用金一般由公司财务部门统一配发给车站，即票务中心将各站首次备用金金额申请汇总，提交财务部核准，并根据核准金额配发车站。若需要对车站备用金的额度进行调整时，须经票务中心备用金管理人员审核，提交财务部核准，并根据核准金额进行调整。

②车站备用金基本为固定数额，根据每个车站的客流和现金周转情况确定。若遇节假日大客流等特殊情况，可根据需要增配备用金，节假日结束后，归还增配的部分；若车站出现突发客流等预料之外的情况，导致车站备用金临时短缺，因时间紧迫而无法及时从财务部借支备用金时，可根据实际运营情况进行站间备用金调配。突发情况结束后，归还原车站。备

用金的配发和归还方式由财务部门规定。

2. 备用金的使用

(1) 日常备用金的使用

①配备给售票员，满足当班兑零或找零需要。

②补充找零硬币到 TVM，满足 TVM 的找零需要。

③预交给银行，作为与银行兑换硬币的现金。

(2) 应急备用金的使用

在紧急情况下，如有乘客在车站受伤，车站需启用应急程序，可从车站备用金的应急备用金中借支应急使用。

3. 备用金的补还

①车站与银行兑零时发生差错，由银行负责多退少补，可由财务部门与银行协商采取按次或按月（季）结算、补还。

②原则上，车站在运作过程中不会造成备用金的差额，若特殊情况产生备用金差额时，通过报告形式申请财务补还。

4. 备用金的日常管理

(1) 备用金的日常管理规定

①备用金的使用范围应严格控制，必须专款专用，严禁挪作他用。

②车站备用金要指定专人负责保管，使用和借出要有登记备案。

③每班都要进行备用金交接，交接时必须完整填写备用金交接记录表。

④每天运营结束后，备用金管理人员必须及时清点车站备用金，做到账实相符。

(2) 备用金的管理流程

车站客服中心备用金的使用应严格执行财务制度，遵循专款专用的原则。若车站需要对客服备用金数额调整时，须先向站务经理提出申请，批准后转交票务收益室汇总，提交财务部审核，并根据核准金额进行调整。

①备用硬币兑换计划。

由于各地硬币及零钞的使用及流通情况不同，备用金的获得途径也不一样。如上海、香港的硬币使用流通情况较好，市民广泛使用硬币，但北京、广州等地的硬币在市面上流通较少，市民习惯于使用纸币。当前情况下，各城市备用金使用最多的为备用硬币。票务收益室负责各车站备用硬币数量的测算和兑换工作的协调，车站负责备用硬币的管理。车站须在每周二 18：00 前以邮件形式向票务收益室提交下周的备用硬币兑换计划。

②备用硬币兑换计划审核。

收益管理员接收到车站上传的车站备用硬币兑换申请及配发计划单后，填写备用硬币兑换申请及配发计划汇总表，将车站硬币使用申请通知财务部；如发现申请数量不合理，需与车站协商调整。收益管理员根据财务部确定的硬币实配数量，完成车站硬币兑换申请及配发计划单的填写，于每周五 17：00 前以邮件形式通知车站。车站硬币兑换申请及配发计划单左半部分由申请车站负责填写，右半部分由票务收益室负责填写。在车站硬币兑换计划确定后，票务收益室将本表单打印存档。

③备用硬币库存要求。

车站硬币库存的安全范围为：车站库存基数＜车站硬币库存＜车站库存基数×80%。

车站库存基数是指车站维持运营的基本硬币保有量，为本站单日最高硬币用量的3倍。

车站发现备用硬币数量接近或低于阀值时，应及时向票务收益室申请兑换。票务收益室定期组织车站进行备用硬币盘点。当发现硬币数量损失并在误差允许范围内时，车站应及时向票务收益室申请补足。当发现硬币损失量超出误差允许范围时，公司成立由站务室、财务部、票务收益室等相关部门组成的联合调查组，对硬币损失情况进行专项调查，并最终得出调查报告，提出整改意见。

车站硬币兑换管理流程如图3-44所示。

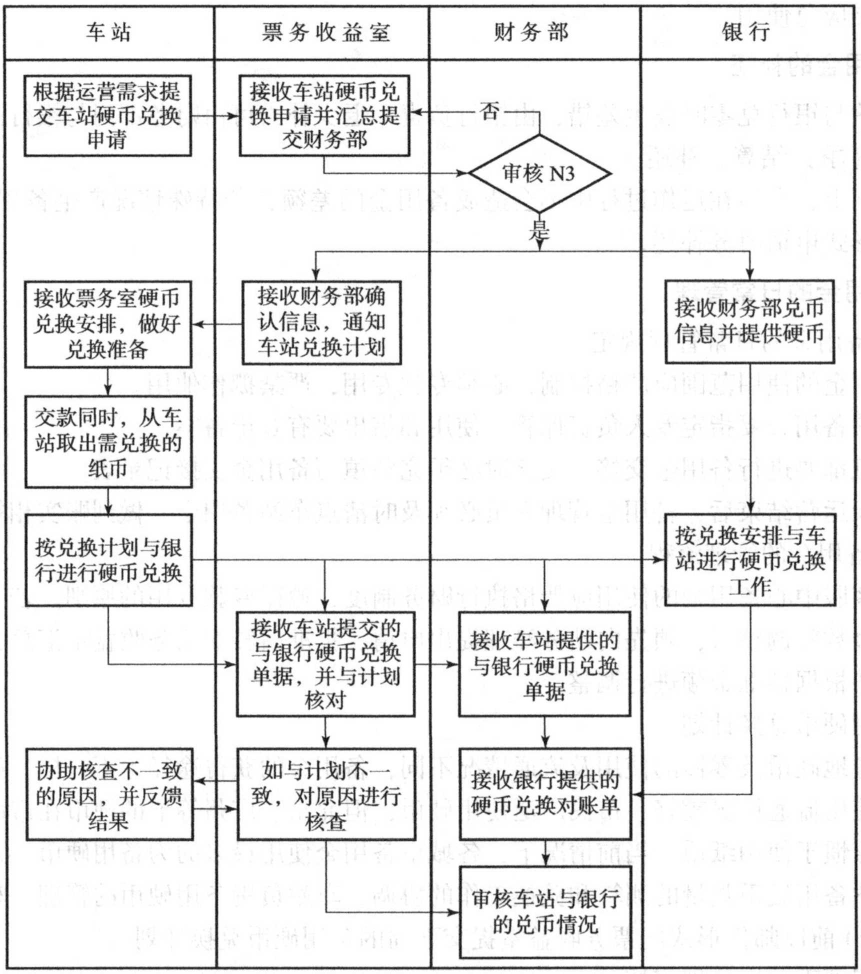

图3-44　车站硬币兑换管理流程

七、假钞的处理

在日常票务工作中，难免碰到假币、错款等问题，为了预防此类问题的发生，除了要给票务人员配备相应的钞票真伪辨别设备以外，最重要的是要提高票务工作人员的整体素质及工作能力，这就要求所有票务工作人员在工作中能够细致谨慎、一丝不苟，正确使用钞票真伪辨别设备，掌握必备的票款收缴、鉴别、计算、找零等技巧。

1. 车站客服中心的假币、错款处理原则

车站客服中心进行现金交易时，需要使用相关设备辨别钞票真伪，如发现假钞或无法确认真伪的钞票时，应予以拒收。结账、缴款过程中发现收到假币时，若假币无法被车站验钞机正常检出，则相应票款损失由公司承担。若假币能够正常检出，则由相应责任人承担损失。

一般情况下，当出现错款情况时，人工作业遵循“长款上交、短款自负”的处理原则。

若由于设备故障引起差错（例如，半自动售票机车票批量处理过程中应发行单程票20张，因设备故障实际只发售出10张，而设备记录发行20张），则相应票款损失由公司承担。银行在票款清点过程中发现所收现金与应缴票款存在差款时，相应票款损失由票款包封包人承担。

2. 自动售票机的假币、错款处理原则

当收到假币时，须立即停用，对于自动售票机收取的假币，必须全过程在监控摄像头下清点，车站必须做好相关记录，公司负责承担相应的票款损失，必要时公司将组织调查。

当自动售票机差款额在应收金额的0.03%以内时，可由公司承担相应损失。当超出规定范围时，公司成立相关联合调查组，对事件进行专项调查并提出处理意见。此外，设备所收长款要上交。

3. 收到假币的处理

①收到你认为可能是假币的，请乘客更换。

②乘客执意不换的，将其币种、编号抄录下来，请乘客确认、签字，并留下身份证上的地址、号码及联系电话。

③向乘客说明：“此币明日交银行鉴别；如是假币，你必须前来付票款；如不是，我们会上门道歉并找零。”

4. 鉴别真假人民币的传统做法

（1）人民币的历史

第一套——1948. 12. 1。

第二套——1955. 3. 1。

第三套——1962. 4. 20。

第四套——1987. 4. 27。

第五套——1999. 10. 1。

（2）鉴别方法

除了使用钞票真伪辨别设备来鉴别钞票的真伪外，为了以防万一，票务人员应当掌握鉴别真假人民币的传统四步骤。

“一看”——看钞票的水印是否清晰，有无层次感和立体效果，看安全线（假币常在纸张中夹入一条银白色塑料线，有时两头会露出来剪齐的断头）。

“二摸”——用手指反复触摸币面主要图景及“中国人民银行”字样，真币有凹凸感，假币则无。

“三听”——钞票纸张是特殊纸张，挺括耐折，用手抖动，会发出清脆的声音。

“四测”——用紫光灯检测无色荧光图纹，用磁性仪检测磁性印记，用放大镜检测图案印刷的接线技术及底纹线条。

第五套 100 元假币鉴别示意图如图 3-45 所示。

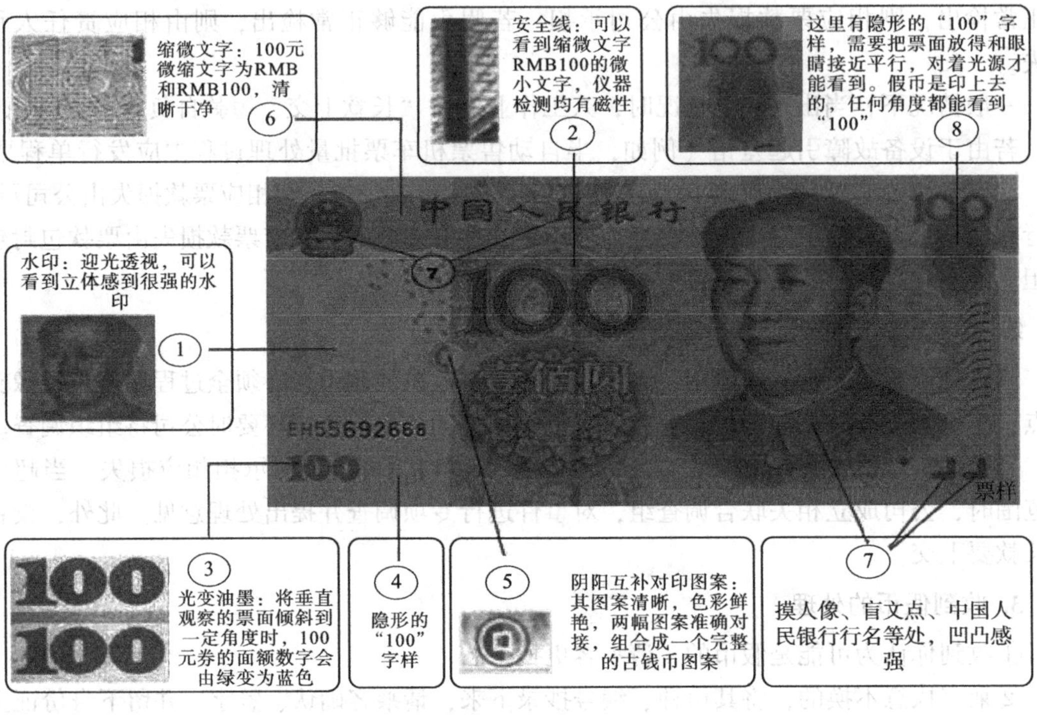
缩微文字：100元微缩文字为RMB和RMB100，清晰干净
6
安全线：可以看到缩微文字RMB100的微小文字，仪器检测均有磁性
2
这里有隐形的“100”字样，需要把票面放得和眼睛接近平行，对着光源才能看到。假币是印上去的，任何角度都能看到“100”
8
中国人民银行
100
壹佰圆
7
水印：迎光透视，可以看到立体感到很强的水印
1
票样
3
光变油墨：将垂直观察的票面倾斜到一定角度时，100元券的面额数字会由绿变为蓝色
4
隐形的“100”字样
5
阴阳互补对印图案：其图案清晰，色彩鲜艳，两幅图案准确对接，组合成一个完整的古钱币图案
7
摸人像、盲文点、中国人民银行行名等处，凹凸感强

图 3-45　第五套 100 元假币鉴别示意图

【任务处理】

1. 案例分析

售票员上票时粗心大意，未按要求将票款统一收入收银抽屉，以致下票时遗漏票款在票亭。

2. 解决措施

（1）严格按票务规章制度执行，票款、备用金必须按要求存放在 BOM 收银抽屉或配票箱内。

（2）值班站长、客运值班员应加强对售票员工作的督促、提醒，班中加大巡视力度，结算前温馨提示售票员回收、上缴所有钱票，避免钱票遗漏。

实训任务

某日晚，某站客运值班员 A 和站务员 B 在点钞室清点硬币钱箱。时间约为 22：45 分，在清点其中一个钱箱的过程中发生撒币，员工捡起地上的撒币重新清点后发现：1 元硬币数为 950 元，比点币机点数 951 元少了 1 元，A 便从保险柜中取出 1 元纸币，让 B 到票务室换硬币回来。22：51 分，B 把换回的 1 元硬币放入点币机内继续清点，并按照点币机最终结果

951 元来读数和录入系统。

之后，A 一直忙于其他工作，直到次日再整理票款和备用金时发现短款 1 元，才想起昨晚撒币的 1 元还未找到，于是再次到点币室查找，在无法找回的情况下，A 从自己更衣柜取出 1 元先补回短款，事后也没有报告值班站长并做备注。

请分析以上事件中客运值班员 A 和站务员 B 有哪些做法不符合规定？

任务 6　车站票务备品管理

【情景导入】

案例名称	配票箱错置事件		
时间	××××年×月×日	地点	××车站
事故概况： ××月××日，客值给顶岗售票员甲结算时，发现售票员甲短款 500 元，给售票员乙结算时，发现售票员乙长款 450 元，经车站调查分析并查看当日录像调查后，发现在 16：35 分两售票员交接时售票员甲未按要求将票箱放在规定的位置上，导致售票员乙误把甲的配票箱当做自己的，从里面拿了甲的 500 元零钞使用。			

城市轨道交通车站的票务工作流程复杂，手续严格，所需的备品种类繁多，并且需要专人看管，各种备品的申领使用，需要做好登记，借出需及时归还。票务工器具应具备独立的作用，用以辅助车站员工进行车票的清分清点、现金的检验清点等工作。

【知识要点】

1. 票务钥匙的种类。
2. 票务钥匙的管理规定。
3. 票务工器具的管理规定。

【理论准备】

车站中的票务备品主要有各种票务钥匙、验钞机、点卡机、电子计数器、硬币分拣计数机、便携式查询机（PTCM）（如图 3-46 所示）等。

图 3-46　便携式查询机

一、票务钥匙管理

1. 票务钥匙的种类

票务钥匙是指车站在开展票务工作时所使用的钥匙，主要包括 AFC 系统设备钥匙及与各票务相关岗位在保管车票、现金等工作中所使用到的票务工具、器具钥匙和票务管理室钥匙，主要有自动售票机门钥匙、闸机门钥匙、钱箱钥匙、票箱钥匙、回收箱钥匙、票柜钥匙、保险柜钥匙、点钞室监视系统钥匙、票务管理室门钥匙、客服中心门钥匙等。

票务钥匙一般分为正常钥匙和备用钥匙，备用钥匙以便在工作人员不慎遗失或损坏钥匙时，车站能使用其正常开展票务工作。

2. 票务钥匙的管理

由于票务钥匙的安全管理直接影响车站车票、现金、设备的安全，车站须严格按要求加强对票务钥匙的管理。

（1）票务钥匙的保管规定

①所有的票务钥匙均统一配发、统一管理，不得复制，不得私自接收，不得遗失。

②车站需设立“票务钥匙总清单”，保管的票务钥匙数量，车站各层级人员需设立台账，记录每班票务钥匙的保管、使用和交接情况。

③票务钥匙由车站客运值班员或以上级别人员保管，备用钥匙（除室门钥匙和防盗门钥匙、保险柜钥匙、钥匙柜门钥匙外）由指定负责人加封后保管。

④票箱钥匙由客运值班员负责保管，借用和归还必须办理交接手续，记入台账，对于钱箱钥匙、票柜钥匙及保险柜钥匙必须加锁保管，不能带离票务管理室。

⑤车站“客服中心”的门钥匙、BOM及现金抽屉钥匙由相关岗位人员负责对口交接保管，确保随时可用。

⑥在对票务钥匙的保管过程中，需注意防止折断、重压，以免对钥匙造成损坏。

⑦对损坏或丢失的钥匙要及时上报，在调查原因并采取相应补救措施后，对当事人应进行一定的处罚。

（2）票务钥匙的使用规定

车站应根据实际工作需要及收益的安全管理需要，对于一些直接影响收益安全的操作环节，需由双人掌握不同的钥匙共同完成操作，以达到互相监督的目的。票务钥匙借出时，借用人应负责钥匙的使用安全和保管，使用完毕后应立即归还，并遵循“谁借用、谁归还”的原则，不得随意转借他人使用，每天运营结束后，保管人需对所保管的钥匙进行清点，并确认全部归还。

任何人不得同时借用或掌握以下票务钥匙：TVM门钥匙与补币箱钥匙、TVM门钥匙与纸币模块钥匙、票务室门钥匙与钱箱钥匙、TVM门钥匙与硬币退币钥匙。

（3）票务钥匙的交接规定

①借用票务钥匙必须在“票务钥匙使用记录本”上登记，注明借用人、发放人、归还人、回收人、借用时间、归还时间、钥匙名称、钥匙数量等，表3-22为票务钥匙交接记录簿内的票务钥匙交接表。

②日常使用的票务钥匙（票务管理室钥匙、保险柜钥匙、票柜钥匙、钥匙柜钥匙及维修专用钥匙除外）全部由使用人和当班客运值班员直接进行交接。

③票务管理室钥匙、保险柜钥匙、票柜钥匙和钥匙柜钥匙由每班客运值班员之间进行当面交接。

④维修专用钥匙由车控室值班员负责与维修工程部AFC系统专业人员之间进行交接。

⑤紧急按钮钥匙由每班值班站长之间进行当面交接。

⑥钱箱钥匙由值班站长携带保管和当面交接。

表 3-22 票务钥匙交接表

日期	借用时间	钥匙名称	数量	用途	借用人	发放人	归还时间	归还人	回收人

二、票务工器具的管理

1. 票务工器具的类型及用途

在日常票务工作中，车站需要进行大量现金和车票的清点及运送工作，为了提高车站票务工作的效率，同时保障现金、车票清点工作的准确，以及现金、车票及相关票务设备在运送途中的安全，通常需要使用一些辅助工具和器具来完成票务工作。

票务工器具包括钱箱（含 TVM 的纸币钱箱和硬币钱箱、补币箱）、定制票盒、票箱（含 TVM、AGM 和 BOM 的储票箱、废票箱）、配票箱、车票回收箱、点钞机、验钞机、点币机、点票机、售票盒、币托、票袋、票柜、保险柜、尾箱、票务手推车等。

（1）钱箱和票箱

钱箱和票箱主要用于存放现金和车票，是票务工器具中较为贵重的设备。某地铁的钱箱，如图 3-47 和图 3-48 所示，票箱如图 3-49 所示。

图 3-47 硬币回收钱箱

图 3-48 纸币回收钱箱

图 3-49 票箱

（2）验钞机

验钞机一般具有多种验钞手段，如荧光检测、红外穿透检测、磁性检测、激光检测等，通过对人民币的纸质、油墨的颜色与厚度、磁性、荧光字等各方面进行检测，以达到辨别真伪的目的，如图 3-50 所示。

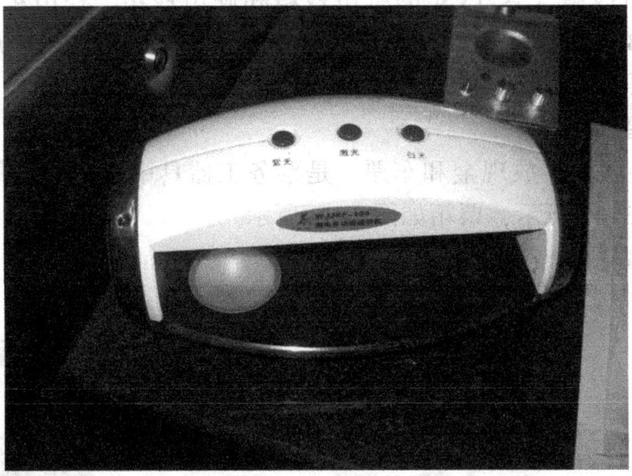

图 3-50 验钞机

（3）点票机和点币机

点票机和点币机分别用于对硬币和票卡进行清点，具有速度快、准确率高的特点，如图 3-51 和图 3-52 所示。

（4）配票（款）盒（箱）

配票（款）盒（箱）用于售票岗站务员日常工作中票卡、备用金、票款的收纳，上岗前从车站票务管理室领出，下班前将其交还，如图 3-53 所示。

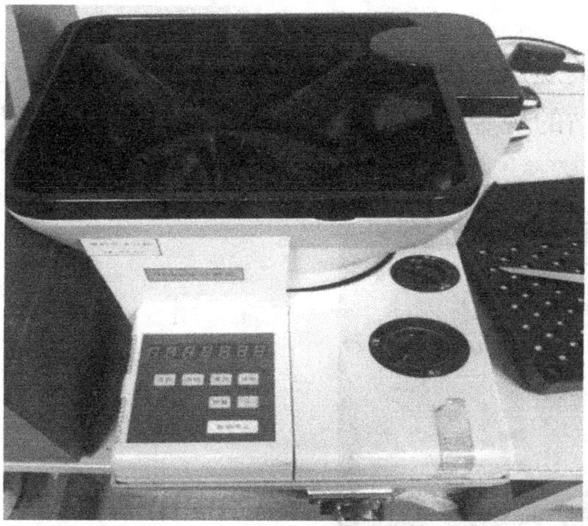

图 3-51　点票机

图 3-52　点币机

（a）

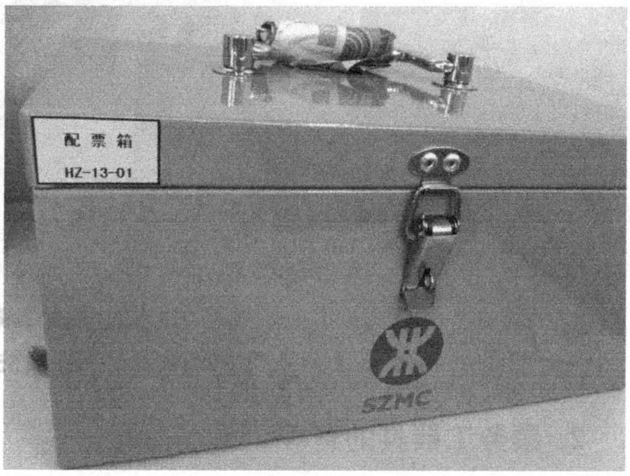

（b）

图 3-53　配票（款）盒（箱）

（5）票务手推车

票务手推车用于装运各种钱箱、票箱等贵重设备及现金、车票等有价证券，可锁闭，极大程度地保障了设备及有价证券运送的安全性和方便性，如图 3-54 所示。

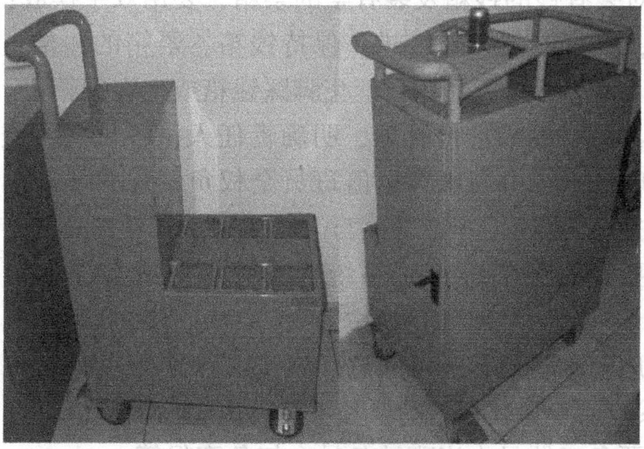

图 3-54　票务手推车

（6）票柜及保险柜

票柜用于存放本站的车票，要求按车票的存放规定分类存放，没有配备票柜的车站，也可以将车票存放于保险柜中。保险柜用于存放本站的现金等贵重物品，存放的现金包括备用金和票款。如图 3-55 所示。

图 3-55　保险柜

2. 票务工器具的管理

工具和器具配发到车站后，车站需设置专门的工具和器具台账，用于记录工具和器具的保管、交接和使用情况，保管人员需根据书面台账凭证定期对所负责保管的所有票务工具和器具进行盘点，清点工具和器具的种类、数量，并检查确认状态是否良好，确保做到账实相符，状态良好。在使用工具和器具的过程中，需注意保持工具和器具的清洁，爱护工具和器具，注意避免其受损。尤其对于贵重的钱箱和票箱，在使用过程中要求做到轻放，不要在地上拖行，以免刮花；对装有钱的钱箱及装有票的票箱，要用双手摆放；钱箱、票箱放入手推车时要注意放置平稳，推行时要匀速前进；保持钱箱、票箱的清洁；放在高处的钱箱、票箱，要注意靠墙放，以免落下造成损坏；禁止脚踩钱箱或坐在钱箱上。

（1）车站票务工器具要逐级进行管理，明确责任人，各班进行交接时要在值班员交接班簿上建立相应的管理台账，由当班客运值班员全权负责保管。备品的更换统一报车务分部，由车务分部负责进行更换。

（2）票务工器具要存放在车站 AFC 系统票务管理室或其他专门位置，以免无关人员接触。

（3）票务工器具应轻拿轻放，不可随意摆放，用后要及时放回。

（4）车站 AFC 系统票务管理室内的票务工器具由车站当班值班员全权负责保管。

（5）客服中心的票务工器具由当班站务员全权负责保管。

北京市地铁运营有限公司关于票务备品的管理规定

（1）车站的票务备品包括：钱箱、票箱、点钞机、验钞机、点币机、车票清点机、配票车、手推车、储票盒、储币柜、硬币托盘等。

（2）当班的AFC系统综合作业员全权负责车站的票务备品的交接与保管。

（3）票务备品在正常使用情况下的损坏，由站区票务员负责按规定报告主管部门进行维修或以旧换新；人为损坏，一律照价赔偿。

（4）钱箱、票箱保养注意事项：

①钱箱、票箱要轻放，不要在地上拖行，以免损坏。

②钱箱、票箱放入专用推车时，要注意放置平稳，推行时要匀速前进。

③保持钱箱、票箱的清洁。

④放在高处的钱箱、票箱，要注意双手平稳拿取，以免落下，造成备品损坏、人员受伤。

⑤禁止踩踏钱箱或坐在钱箱上。

（5）各种票务钥匙实行岗位对口交接：

①AFC系统票务收益室的大门、储票柜、储币柜内门、TVM/AVM维修门、钱箱定位钥匙、票箱钥匙由AFC系统综合作业员负责进行交接保管。

②储币柜外门、保险柜钥匙由值班站长负责交接保管。

③TVM/AVM钱箱现金钥匙必须加锁保管，不能带离AFC系统票务收益室。

④所有备用钥匙须装入口袋加封后由值班站长负责交接、保管。

（6）钥匙使用注意事项：

①使用前认清钥匙是否与该设备配套。

②扭转前确认钥匙是否到位，不要未到位就用力转动。

③严禁使用钥匙去撬硬物。

【任务处理】

1. 案例分析

顶岗售票员甲下票时，未按规定将配票箱放置在规定的位置，而售票员乙在提拿配票箱时，也未认真核实该配票箱是否为自己的配票箱，就直接将配票箱内的现金取出来使用。由于两人都过于疏忽，未能及时察觉到异常，以致客值给双方售票员结算时，售票员甲短款500元，售票员乙长款450元（本身短款50元）。

2. 解决措施

（1）售票员交接班时，下票售票员应退出BOM，及时、妥善收好自己的钱、票，放入配票箱内，并将配票箱放置于车站统一划定的远离BOM工作区域的位置。

（2）上票售票员首先应依照“眼看、手指、口述”三合一的方法确认“×××（下票售票员）已退出BOM，台面及收银抽屉无钱、票，配票箱已取走”，然后才能将自己的配票箱放在BOM工作区域指定位置，登录BOM，取出本人的车票及备用金，放入收银抽屉，依照“眼看、手指、口述”三合一的方法再次确认“×××（上票售票员）已登录BOM，配票箱已放入规定位置，车票、备用金已准备妥当”。

（3）如结算后发现票款差异的，须在相关报表备注；说明随报表上交。对典型票务差错、售票员结算后发现单人单次长（短）款在100元及以上的，须及时逐级汇报，并进行线路级调查核实、原因分析、措施整改。其中，线路对于300元及以上的差错，应于事发后2个工作日内将原因分析、整改措施上报部门。

实训任务

2012年1月1日，A站夜班值班站长于凌晨对车站票务台账进行检查时，发现抽屉内有一把已加封的TVM维修门报废钥匙，便误以为是部门已重新配发完好的TVM钥匙到车站，故将折损的TVM钥匙丢弃。

简单分析A站工作人员处理经过的错误之处。

任务7　车站日常票务作业

【情景导入】

案例名称	售票员不规范作业引起的投诉事件		
时间	××××年××月××日	地点	××车站
事件概况： 一乘客手持10元人民币来售票窗口购票，由于城市轨道交通列车将要进站，乘客急于赶乘列车，急忙中只拿了找零7元，而未拿城市轨道交通车票，到进站口才发现，又返回售票处向售票员反映未拿车票的情况。售票员则态度生硬地认定是乘客自己将车票丢失了，不予处理，乘客只得气恼地重新购票进站。			

票务作业是车站日常工作的重要组成部分。票务作业内容包括：乘客买票、乘车；车站对票款的管理及车票发售、循环使用管理；票务中心对各车站票款、客流数据汇总上传；其他部门对票务工作的支持和监督管理。站务员要完成票务作业，就需要较好地掌握票务政策、售检票模式、车票和现金管理等票务基础知识，熟练运用售检票作业、报表填写和AFC系统设备操作等基本业务技能。

【知识要点】

1. 车站运营开始前各岗位票务作业流程。
2. 车站运营过程中各岗位票务作业流程。
3. 车站交接班时各岗位票务作业流程。
4. 车站运营结束后各岗位票务作业流程。
5. 售票作业标准及程序。

【理论准备】

票务工作依据是否采用自动化设备，可以分为人工售检票模式和自动售检票模式两种。

人工售检票模式，即开展票务工作时，完全依靠人工进行售票、进站检票、出站验票；车票为纸票，所有统计分析数据完全依靠人工填写。

自动售检票模式，指城市轨道交通企业采用自动售检票系统来开展票务工作，由设备进行售票、进出站检验票工作。而人工售票只作为一种应急辅助手段。AFC 系统中流通的车票是带有磁卡的车票或 IC 卡车票；所有统计分析数据基本由系统自动生成。

一、车站运营开始前各岗位票务作业流程

1. 值班站长

①组织本班组人员做好运营前的各项准备。

②接到各岗位完成各项准备工作的报告后，对 AFC 系统终端设备进行全面检查。

③用本人的 ID 及密码登录一台 BOM，由专人负责发售福利票。

④签退 BOM。向当天第一个班次的 BOM 操作员发放福利票，并由 BOM 操作员在备用金、福利票领用台账上进行登记。

2. 助理行车值班员（或行车值班员）

①开站前 30 分钟打开 AFC 车站计算机系统（SC）服务器，用本人的 ID 及密码登录，进入车站计算机。

②检查系统参数并通过 AFC 车站计算机系统（SC）远程开启车站 AFC 系统终端设备（BOM、AG、TVM/AVM、TCM），将本站设定为“正常模式”。

③检查 AFC 车站计算机系统（SC）与车站 AFC 系统各终端设备的网络连接状况，确认一切正常后，报告值班站长。

3. AFC 系统综合作业员

①为票务员发放各类车票、IC 卡。

②将前日收车后准备好的运营所需现金及票卡装入专用推车内，运至 TVM 前。

③待设备进入“正常服务”模式后，将票箱及钱箱逐一加入 TVM。

④所有准备工作完成后，报告值班站长。

4. 票务员

①找本班组 AFC 系统综合作业员领取车票、IC 卡。

②找值班站长领取福利票。

③提前 20 分钟检查所有售/补票设备。

④确认打印纸数量是否充足。

⑤具备工作条件后，向值班站长报告。

5. 监/补票员

①找 AFC 系统综合作业员领取车票。

②提前 20 分钟检查所有补票设备，确认打印纸数量充足。

③确认 AGM 处于开启状态。

④具备工作条件后，向值班站长报告。

车站运营前各岗位票务作业流程如表 3-23 所示。

表 3-23　车站运营前各岗位票务作业流程

	值班站长	助理值班员	AFC 系统综合作业员	售/补票员	监/补票员
运营开始前	运营前准备	开站前 30 分钟，开启 SC	为售票员发放各类票卡	找 AFC 系统综合作业员领取票卡	找 AFC 系统综合作业员领取票卡
	指挥各岗位检查终端设备	远程开启 AFC 系统终端设备	将所需现金和票卡装入专用推车，至 TVM	找值班站长领取福利票卡	开站前 20 分钟检查补票设备，确认打印纸数量充足
	登录 BOM 发售福利票	设置“正常模式”	给 TVM 加票	开站前 20 分钟检查售/补票设备 确认打印纸数量充足	确认 AG 闸机状态良好
	签退 BOM	报告值班站长	报告值班站长	报告值班站长	报告值班站长

二、车站运营过程中各岗位票务作业流程

1. 值班站长

①检查、指导和督促各岗位票务作业情况，确保本班组的票务运作规范、顺畅。

②监督 TVM/AVM 钱箱的更换及现金清点。

③必要时，负责处理与乘客相关的票务纠纷。

④进行班组票务巡查工作，跟踪掌握 AFC 系统设备运转情况。

⑤遇紧急情况，指挥各岗位执行车站应急预案。

2. 助理行车值班员（或行车值班员）

①通过 SC 监控车站终端设备的运转情况。

②发现报警、警告，应及时通知相关票务作业人员。

③落实值班站长的临时指令，负责信息的上传下达。

3. AFC 系统综合作业员

①巡视车站各类 AFC 系统终端设备运转情况。

②负责全部自动售票机钱箱、票箱的更换及现金清点。

③给售/补票员发放车票及其他票务备品。

④通过票务工作站（或 SC）监控主站车票库存情况，根据站区命令进行站区内车票调配。

4. 售/补票员

①进行单程票的发售、储值票一卡通的发卡充值作业。

②按规定为符合免票条件的乘客换发福利票。
③为需要补票的乘客进行补票作业。
④更换 BOM 票箱及打印纸。

5. 监/补票员

①进行闸机的巡视，疏导进出站秩序。
②引导乘客正确使用售/检票设备。
③更换闸机、回收票箱、箱满后进行票箱的更换。
④为需要补票的乘客进行补票作业。
⑤更换补票 BOM 票箱及打印纸。

车站运营过程中各岗位票务作业流程如表 3-24 所示。

表 3-24　车站运营过程中各岗位票务作业流程

	值班站长	助理值班员	AFC 系统综合作业员	售/补票员	监/补票员
运营过程中	检查、指导和监督各岗位票务作业	通过 SC 监控车站终端设备	巡视车站各类 AFC 系统终端设备	单程票的发售，储值票（一卡通）的发卡充值作业	巡视闸机，疏导进出站的秩序
	监督 TVM/AVM 钱箱的更换与清点	发现报警、警告，及时通知相关人员	负责全部自动售票机钱箱、票箱的更换及现金清点	换发福利票	引导乘客使用售/检票设备
	处理乘客相关的票务纠纷	临时指令的上传和下达	给售/补票员发放车票及其他票务备品	为乘客进行补票作业	更换闸机、回收票箱
	遇紧急情况，指挥各岗位应急处理		监控车站车票库存	更换 BOM 票箱及打印纸	为乘客进行补票作业
					更换补票 BOM 票箱及打印纸

三、车站交接班时各岗位票务作业流程

1. 值班站长

①交接终端设备的运转情况。
②交接本岗位保管的钥匙。
③交接传达上级指示命令及本班未完成事项。
④监督各岗位做好交接，确认本班所有岗位作业已结束。

2. 助理行车值班员（或行车值班员）

①交接终端设备的运转情况。

②在值班站长的指挥下确认售票岗已交接完毕。

③打印报表并上交值班站长。

④进行签退作业。

3. AFC 系统综合作业员

①交接车站备用金、库存票卡及票务备品时当面进行清点并在相关报表、台账上签字确认。

②收取票务员交回的票款。

③作业结束后报告值班站长。

4. 售/补票员

①交接所有备用金、储值票、福利票。

②在 BOM 上进行签退作业。

③交接本岗位设备运转情况及钥匙等岗位备品。

④将当班所有票款及 BOM 岗位结算单交给 AFC 系统综合作业员。

⑤作业结束后报告值班站长。

5. 监/补票员

①交接闸机运转情况及钥匙。

②在补票 BOM 上签退，将本班所有补票款及岗位结算单交给 AFC 系统综合作业员。

车站交接班时各岗位票务作业流程如表 3-25 所示。

表 3-25　车站交接班时各岗位票务作业流程

<table>
<tr><td rowspan="5">交接班</td><td>值班站长</td><td>助理值班员</td><td>AFC 系统综合作业员</td><td>售/补票员</td><td>监/补票员</td></tr>
<tr><td>交接终端设备的运转情况</td><td>交接终端设备的运转情况</td><td>交接备用金、库存票卡及票务备品</td><td>交接所有备用金、储值票、福利票</td><td>交接闸机运转情况及钥匙</td></tr>
<tr><td>交接票务钥匙</td><td>确认售票岗已交接完毕</td><td rowspan="2">收取售票员交回的票款</td><td>将票款及 BOM 岗位结算单交给 AFC 系统综合作业员</td><td rowspan="2">在补票 BOM 上签退</td></tr>
<tr><td>交接传达上级指示命令</td><td>打印报表，上交值班站长</td><td>交接本岗位设备运转情况及钥匙等备品</td></tr>
<tr><td>监督各岗位交接，确认本班所有岗位作业已结束</td><td>签退作业</td><td>作业结束后报告值班站长</td><td>作业结束后报告值班站长</td><td>将补票款及岗位结算单交给 AFC 系统综合作业员</td></tr>
</table>

四、车站运营结束后各岗位票务作业流程

1. 值班站长

①组织人员协助 AFC 系统综合作业员进行票箱、钱箱的更换。

②所有作业均已完成后，指挥助理值班员通过 AFC 车站计算机系统（SC）关闭车站终端设备，结束本站全天服务。

③监督 AFC 系统综合作业员进行现金清点作业。

④监督 AFC 系统综合作业员结算并封存本站当日全部票款。

⑤核对报表及台账。

⑥帮助 AFC 系统综合作业员做好次日运营准备。

2. 助理行车值班员（或行车值班员）

①确认车站所有终端设备的结账及签退工作已经完成。

②在值班站长的指挥下通过 AFC 车站计算机系统（SC）关闭车站终端设备，结束本站全天服务。

③打印报表并上交值班站长。

3. AFC 系统综合作业员

①进行 TVM/AVM 全部票箱、钱箱的更换。

②收取票务员交回的票款及剩余福利票。

③收取售/补票员及监票员交回的所有废票。

④在值班站长的监督下逐一对钱箱内的现金进行清点。

⑤结算并封存本站当日全部票款。

⑥做好次日运营准备。

4. 售/补票员

①清理废票箱，更换票卡箱。

②进行本岗位结算，签退后关机。

③将岗位结算单及所有票款、剩余福利票和清理出的全部废票交给 AFC 系统作业员。

④加锁保管好票卡。

⑤作业结束后上报值班站长。

5. 监/补票员

①清理废票箱，更换票卡箱。

②进行本岗位结算，签退后关机。

③将岗位结算单及岗上所有补票现金及清理出的废票交给 AFC 系统综合作业员。

④确认检票机正常关闭，妥善保管本岗位钥匙及其他备品。

⑤作业结束后上报值班站长。

车站运营结束后各岗位票务作业流程如表 3-26 所示。

表 3-26　车站运营结束后各岗位票务作业流程

<table>
<tr><th></th><th>值班站长</th><th>助理值班员</th><th>AFC 系统综合作业员</th><th>售/补票员</th><th>监/补票员</th></tr>
<tr><td rowspan="6">运营结束后</td><td>组织人员协助 AFC 综合作业员更换票箱、钱箱</td><td rowspan="2">确认车站所有终端设备的结账及签退已完成</td><td>TVM/AVM 机全部票箱、钱箱的更换</td><td>清理废票箱，更换票卡箱</td><td>清理废票箱，更换票卡箱</td></tr>
<tr><td>指挥助理值班员通过 SC 关闭车站终端设备，结束车站全天服务</td><td>收取售票员交回的票款机剩余福利票</td><td>进行本岗位结算、签退</td><td>进行本岗位结算</td></tr>
<tr><td>监督 AFC 综合作业员进行现金清点作业</td><td rowspan="2">通过 SC 关闭车站终端设备，结束全天服务</td><td>收取售、补票员及检票员交回的所有废票</td><td>将岗位结算单及所有票款、剩余福利票和清理出的全部废票交于 AFC 综合作业员</td><td>将岗位结算单及所有补票现金及清理出的废票交于 AFC 综合作业员</td></tr>
<tr><td>监督 AFC 综合作业员结算并封存本站当日全部票款</td><td>在值班站长的监督下逐一对钱箱内的现金进行清点</td><td rowspan="2">加锁、保管好票卡</td><td rowspan="2">确认检票机正常关闭，妥善保管本岗位钥匙及其他备品</td></tr>
<tr><td>核对报表及台账</td><td rowspan="2">打印报表并上交值班站长</td><td>结算并封存本站当日全部票款</td></tr>
<tr><td>帮助 AFC 综合作业员做好次日运营准备</td><td>做好次日运营准备</td><td>作业结束后上报值班站长</td><td>作业结束后上报值班站长</td></tr>
</table>

五、售票作业标准及程序

通常情况下，售票工作在各车站的客服中心进行，但当车站出现大客流或自动、半自动售票机出现故障、售票能力不足时，车站会安排人员在临时票亭人工出售单程票，以缓解售票能力不足的现象。售票时间通常安排在车站最早一列载客列车到达前至最后一列载客列车开出后。售票员售票作业标准及程序如下：

1. 售票前的准备工作

售票员到客运值班员处报到，领取备用金、车票、票据等，按实际数量在售票员结算单上签收交接，领取客服中心钥匙，同时做好相关登记。

2. 开窗售票

（1）售票要求

①售票作业前必须使用自己的账号和密码登录。

②售票作业时必须遵守“一收、二唱、三操作、四找赎”程序，如表 3-27 所示。

表 3-27 售票作业程序

步骤	程序	内容
1	收	收取乘客的票款
2	唱	讲出票款金额，重复乘客要求的购票张数和车票类型，如未听清乘客的要求，应主动礼貌地询问
3	操作	检验钞票真伪，如钞票为伪钞，则要求乘客另换钞票； 在 BOM 上选择相应的功能键，处理车票
4	找赎	清楚说出找赎金额和车票张数，将车票和找零一起礼貌地交给乘客

③车票在交给乘客之前，必须使用半自动售票机进行分析，请乘客通过乘客显示屏或打印单据确认车票的有效性。

④为乘客发售/充值车票后，随车票配发等额报销凭证、发票。

⑤若车票、备用金不足，售票员必须及时通知客运值班员要求补充，并在值班员交接班记录及售票员结算单等相关台账上注明，做好交接工作。

⑥售票员暂时离岗时必须按规定进行“暂停”作业，否则，由此引发的一切不良后果均由离岗者本人自行承担。

（2）售票过程

①半自动售票机发售普通单程票。

半自动售票机发售普通单程票是指在自动售检票模式下，由车站在票务处半自动售票机上根据乘客的需要向乘客出售单程票。

在日常工作中，半自动售票机发售车票要求站务员熟练掌握对半自动售票机的操作，以便迅速、准确地为乘客提供车票发售、充值等服务。AFC 系统为每个操作员都设定了操作员号（ID）和密码，任何人使用设备时，必须首先使用 ID 和密码登录设备，才能进入设备的操作界面进行操作。

站务员在确认设备正常后，按有关设备操作规定的票务管理规定办理车票发售。站务员发售单程票时，将待发售的单程票放在读卡区，点击“发售”按钮，进入发售界面。售单程票分为两种不同的售卡方式：按金额售单程票和按站点售单程票。按站点发售单程票，选择目的站后，应收金额栏会显示到该站的票价。若按金额售单程票，站务员必须熟记到全线各站点的票价。比如长春轻轨 3 号线和 4 号线，实行分段计费，14.5 公里内为 2 元，24.5 公里内为 3 元，超过 24.5 公里为 4 元。图 3-56 为 3 号线票价表，图 3-57 为 4 号线票价表。

②预制单程票的发售。

预制单程票是车票主管部门提前制作并配发到车站，以应对设备故障或大客流时乘客购票困难的问题，预制单程票属于预赋值票，在车站票务处通过人工出售，它的特点是已赋值，具有较长的使用期限，可以在沿线各车站进站乘车。

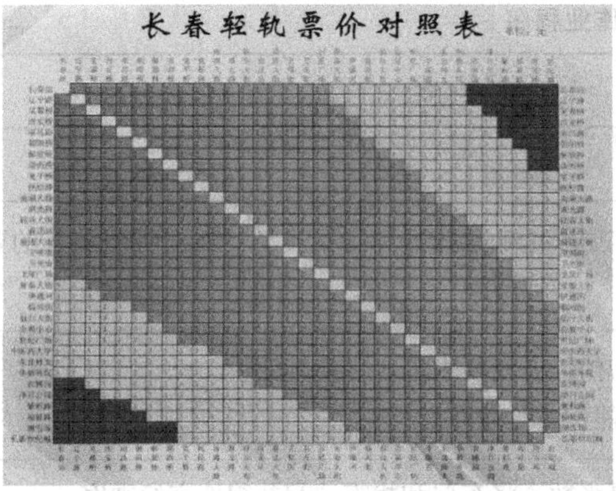

图 3-56　长春轻轨 3 号线票价表

图 3-57　长春轻轨 4 号线票价表

预制单程票的发售，应具备以下条件：客流较大时，车站站厅等待购票的乘客持续增多，自动售票机和半自动售票机无法缓解排队现象。

③地铁储值票的发售。

车站正常运营时，储值票在车站售票处发售。有些城市轨道交通企业考虑到储值票的成本问题，要求乘客在购买储值票时需要交纳一定的押金。

储值票发售是指第一次发售充值，即储值票开卡。票务员将要发售的储值票放在读卡区，单击主界面的储值票按钮，在储值票操作中单击储值票发售，储值票发售时，须向乘客收取 20 元押金。

3. 售票结束

①票务员交班时（临时顶岗或他人顶班时也要进行此项操作）必须按规定签退，否则，由此引发的一切不良后果均由离岗者本人自行承担。进行 BOM 签退前，交接双方须注意观察并记住设备提示的当前票卡数量，以便接班人员登录时准确输入车票数，防止人为造成车票库存差异。

②票务员清理现场，携带本人所有现金，以及在处理乘客事务处理中收取的车票、报表、单据和个人领用但未售完的车票，回票务收益室。

③票务员清点个人票款后，交予客运值班员，并在纸质的票务员结算单上核对票款数目，签字确认。

【任务处理】

1. 案例分析

（1）根据岗位作业标准“一收、二唱、三操作、四找赎”的程序要求，售票员未确认一次作业是否完成。

（2）服务意识淡薄，造成态度冷漠、生硬。

2. 解决措施

（1）注重本岗位的作业标准，坚持按作业程序操作，避免发生类似问题。

（2）热情接待乘客，重视乘客的反映。

（3）核实票款，给予解释处理。

实训任务

分别组织两组学生扮演售票员和乘客，使用不同面额的钞票分别购买 2 元、3 元、4 元的车票。要求按照售票员“一收、二唱、三操作、四找赎”的程序出售车票。

【项目实施与评价】

项目实施与评价表

项目三　车站票务工作

授课教师：__________班级：__________学生姓名：__________时间：__________

一、典型案例

晚班客值给售票员配好票后，售票员说要去洗手间，晚班客值就把钱票放进抽屉等售票员。此时早班客值来接班，晚班客值交代早班客值待售票员回来后把钱票给他，售票员回来后，早班客值忘记晚班客值已给售票员配钱票，又配了一次，导致结算时备用金少了 1 100 元，单程票少了 3 张，储值票少了 20 张。

二、原因分析

三、防范措施

四、成绩评价

1. 学生评价

评价等级	A—优	B—良	C—中	D—及格	E—不及格
学生自评					
组内互评					
他组互评					

2. 教师评价

评价等级	A—优	B—良	C—中	D—及格	E—不及格
专业能力					
方法能力					
社会能力					
评价结果					

3. 综合评定

评价等级	A—优	B—良	C—中	D—及格	E—不及格
评价结果					

4. 评价量化标准

评价等级	行为表现描述
A	能高效圆满地完成任务中的全部操作内容
B	能顺利完成任务中的全部操作内容
C	能完成实训任务的全部内容，但需要一些帮助和指导
D	只能完成实训任务的部分内容
E	不能完成实训任务中的全部内容

思考与练习

1. 车票有哪些分类？
2. 一卡通在 AFC 系统如何应用？
3. 车票有哪些状态？
4. 车票管理相关岗位职责如何？
5. 车票生产管理流程有哪些？
6. 简述车票加封的原则及方法。
7. 简述车站内部客运值班员与售票员之间的车票交接。
8. 简述客运值班员与车票配收员之间的车票交接。
9. 简述车站运营开始前各岗位票务作业流程。
10. 简述车站运营过程中各岗位票务作业流程。
11. 简述车站交接班时各岗位票务作业流程。
12. 简述车站运营结束后各岗位票务作业流程。
13. 简述售票作业标准及程序。
14. 简述票务报表种类。
15. 简述票务报表要求。
16. 简述票务报表的填写方法。
17. 什么是票款和现金。
18. 简述现金安全管理的规定。
19. 简述现金加封的原则和方法。
20. 车站现金的交接有哪些规定？
21. 车站票款收益主要来源于哪两个方面？
22. 简述备用金的日常管理规定。
23. 鉴别真假人民币的步骤是什么？
24. 简述票务钥匙的类型。
25. 简述票务钥匙的管理规定。
26. 简述票务工器具的类型。

项目四

车站票务处理

项目描述

正常情况下，自动售检票设备都是在正常运营模式下运行。当在运营过程中出现 AFC 系统终端设备发生故障或能力不足或出现其他系统设备故障、火灾等紧急情况，以及出现列车延误、清客、越站等特殊情况时，车站各岗位人员要在值班站长的全面指挥下，完成车站的票务运作。站务人员要完成特殊情况下的票务工作，必须掌握售票类设备故障、检票类设备故障以及降级运营模式下的票务应急处理办法。

培养目标

1. 知识目标

(1) 掌握正常情况下的票务处理方法。

(2) 掌握降级运营模式下的票务处理方法。

(3) 掌握售票类设备故障时的票务处理方法。

(4) 掌握检票类设备故障时的票务处理方法。

2. 能力目标

(1) 能够处理正常情况下的票务工作。

(2) 能够处理降级运营模式下的票务处理工作。

(3) 能够处理售票类设备故障时的票务处理工作。

(4) 能够处理检票类设备故障时的票务处理工作。

3. 素质目标

(1) 安全操作的责任意识及紧急情况下的应急处理能力。

(2) 乐于助人的优良服务素质。

(3) 严格遵守规章的规范意识。

(4) 具有创新精神与实践能力。

任务1　正常情况下的票务处理

【情景导入】

案例名称	乘客票务事务事件		
时间	××××年××月××日	地点	××车站
事故概况： 某售票员在处理乘客事务时（卡余额不足且充值不成功），在收取乘客正常车费后经 BOM 发售一张付费出站票，但忘记将该张储值卡的进站码清除，后导致乘客不满。			

在日常运营中，车站客服中心除处理正常的售票、兑零、充值、问询外，还需要处理各种异常的乘客票务事务。乘客票务事务处理是指乘客在乘坐轨道交通工具的过程中，因乘客自身原因或其他特殊原因造成无法正常进出车站时所引起的票务事务处理。在实行计程票价制的轨道交通企业，常见的乘客票务事务有车票超程、超时、无效、进出次序错误，以及自动售票机卡币、卡票、找零不足和充值不成功、闸机扇门被误用、出闸机吞票等。票务事务既可能发生在付费区，也可能发生在非付费区，并且根据车票的种类不同、发生的情况不同，其处理结果也完全不一样。

【知识要点】

1. 车票异常的票务事务处理。
2. AFC 系统终端设备异常的票务事务处理。
3. 退票作业。

【理论准备】

一、车票异常的票务事务处理

处理因车票异常引起的票务事务时，站务人员应引导乘客到车站客服中心，站务员将车票放置在半自动售票机读卡器上进行分析，再根据乘客所处的位置和车票的分析结果，按各轨道交通对票务事务处理的规定，对车票进行异常卡的处理，如图 4-1 所示。

车站常见的乘客持单程票和储值票发生票务事务时处理的规定如下。

1. 车票超程

（1）车票超程的定义

车票超程是指按计程票价制计价时，付费区乘客所持车票余额不够支付按标准计算所得的起点站至终点站之间的单程车费，车票不能正常通过出闸机的情况。

（2）车票超程的处理

①单程票超程。

图 4-1 车票异常的票务事务处理

付费区乘客所持单程票超程时，站务员向乘客收取所欠车费后，在半自动售票机上操作更新车票，乘客持票出站。

②储值票超程。

付费区乘客所持储值票超程时，站务员向乘客收取充值金额，在半自动售票机上对车票进行充值操作后，乘客持票刷卡出站。

2. 车票超时

（1）车票超时的定义

车票超时是指乘客验票刷卡进入付费区后，因逗留时间过长，导致车票使用时间超过了系统规定的有效乘车时限（为避免乘客在列车上或车站付费区内长时间逗留，造成不必要的拥塞，轨道运营单位往往会对乘客购票入闸至检票的时间进行限制），车票不能正常通过出闸机的情况。

（2）车票超时的处理

①单程票超时。

付费区乘客所持单程票超时时，站务员向乘客收取超时补款（各地铁公司自行规定）后，在半自动售票机上操作更新车票，乘客持票出站。如某城市地铁公司规定，乘客每次从入闸至出闸的时限为 150 分钟，超过乘车时限，要按最高单程票价 9 元补交超时款。

②储值票超时。

付费区乘客所持储值票超时时，若车票进站日期显示是当天进站，则向乘客收取超时补款后，在半自动售票机上操作更新车票，乘客持票刷卡出站；若车票进站日期显示不是当天进站，扣除上次乘车费用（一般是最小车程费）后，输入进站码更新车票，乘客持票刷卡出站。

3. 车票进出次序错误

车票进出站状态有两种；当乘客入站刷卡后，车票为已入站状态，处于付费区模式；出站刷卡后，车票为未入站状态，处于非付费区模式。

(1) 车票进出次序错误的定义

车票进出次序错误是指车票所处付费区或非付费区模式与乘客实际所在的区域不一致的情况。主要表现为以下两种形式：

①乘客在非付费区，但车票显示已在进闸机验过票，显示为付费区模式，不能再次验票进站，这种情况一般是由于乘客持票在进闸机验票后未及时进闸所致。

②乘客在付费区，但所持车票没有进闸记录，显示仍为非付费区模式，车票不能正常通过出闸机，这种情况一般是由于乘客进闸时没有成功验票，与其他乘客一起并闸进站或没有经进闸机验票直接从其他地方进入付费区所致。

(2) 车票进出次序错误的处理

车票进出次序错误按非付费区和付费区分别处理。

①单程票进出次序错误。

a. 非付费区。

当乘客在非付费区而其所持单程票为“已入站”状态时，站务员在半自动售票机上的非付费区模式下分析车票：若车票上次验票时间与当前时间之差在系统允许的更新时间范围内，则免费对车票进行标志信息更新，改为“未入站”，乘客持票进站；若车票上次验票时间与当前时间之差已超出系统允许的更新时间范围或上次进站不是本站，则按规定回收单程票，请乘客重新购票乘车。

b. 付费区。

当乘客在付费区而其所持单程票为“已出站”状态时，站务员在半自动售票机上的付费区模式下分析车票：根据分析显示的单程票发售车站名，输入进站码，将标志信息更新为“未出站”，乘客持票出站。

②储值票进出次序错误。

a. 非付费区。

当乘客在非付费区而其所持储值票为“已入站”状态时，站务员在半自动售票机上的非付费区模式下分析车票：若车票上次验票时间与当前时间之差在系统允许的更新时间范围内，则免费对车票进行标志信息更新，改为“未入站”，乘客持票进站；若车票上次验票时间与当前时间之差已超出系统允许的更新时间范围或上次进站不是本站，则按规定收取费用并对车票进行标志信息更新，改为“未入站”，乘客持票进站。

b. 付费区。

当乘客在付费区而其所持储值票为“已出站”状态时，站务员在半自动售票机上的付费区模式下分析车票：询问乘客进站的车站，输入进站码，进行标志信息更新，改为“未出站”，乘客持票出站。

4. **车票无效**

(1) 车票无效的定义

车票无效是指车票在使用过程中，因轨道交通设备原因或乘客自身原因造成车票异常(读卡器无法验出车票内的信息或车票状态信息不正常)，无法正常通过进/出闸机，且无法通过半自动售票机进行更新处理的情况。

(2) 车票无效的处理

车票无效的情况既可发生在非付费区，也可发生在付费区。处理时需判断造成车票无效的原因是轨道交通设备的原因还是乘客自身的人为原因。

①非付费区。

乘客持无效单程票要求乘车时，站务员需判断造成车票无效的原因是轨道交通设备的原因还是乘客自身的人为原因，若属于乘客自身的人为原因，则回收乘客手中的无效车票，请乘客重新购票乘车；若属于轨道交通设备的原因，如自动售票机发售的是无效车票，则回收无效车票，按规定办理乘客事务处理单，在半自动售票机上给乘客免费发售一张等值普通单程票（因为自动售票机发售无效票时已收取了相应的车费，所以，通过人工在半自动售票机上发售一张等值普通单程票时，必须在相应票务报表上做记录）。

②付费区。

乘客持无效单程票不能出站时，站务员通过判断，若属于乘客自身人为原因，则回收无效车票，并请乘客按规定补款后，按规定办理乘客事务处理单，在半自动售票机上发售一张付费出站票，供乘客出闸；若属于轨道交通设备的原因，则回收无效车票，按规定办理乘客事务处理单，在半自动售票机上给乘客发售一张免费出站票，供乘客出闸。

二、AFC系统终端设备异常的票务事务处理

处理因自动售票机、出站检票机异常引起的票务事务时，需由值班员检查确认，再根据确认结果，由车站客服中心站务员通过半自动售票机进行相应处理。

1. 自动售票机卡币

（1）自动售票机卡币的定义

卡币主要是指乘客在自动售票机上投币购票时，因自动售票机自身原因或乘客所投纸币（硬币）陈旧、边缘变形、粘有胶带物等原因，导致纸币（硬币）被卡在自动售票机的某个部位，且自动售票机不再接收纸币（硬币）的情况。

（2）自动售票机卡币的处理

值班员首先检查自动售票机投币口是否有纸币（硬币）堵塞，或显示屏是否显示卡币故障的代码，或是否有卡币故障小单，确认是否发生了卡币的情况，并做相应处理。

①如有，则按规定办理乘客事务处理单，根据乘客需要在半自动售票机上以多退少补的原则发售同等面值车票或退还相应款额给乘客，同时报专业维修人员进行处理。

②如没有，则应询问乘客购票情况，如购票设备号，投币金额，购买车票种类、面额、数量和得到车票的数量等，由值班员和另一名车站员工共同打开自动售票机维修门或报维修调度，查看自动售票机的最近交易记录，确认是否与乘客所反映的情况一致，并根据查询情况进行处理。

a. 若情况一致，则按规定办理乘客事务处理单，根据乘客需要在半自动售票机上以多退少补的原则发售同等面值车票或退还相应款额给乘客，同时报专业维修人员进行处理。

b. 若自动售票机显示正常且没有与乘客反映情况一致的交易记录，则表示没有发生卡币，向乘客解释，做好服务工作。

2. 自动售票机卡票

（1）自动售票机卡票的定义

卡票主要是指自动售票机在给乘客发售单程票的过程中，因自动售票机自身原因或单程票变形、变厚等原因，导致单程票被卡在自动售票机的某个部位，且自动售票机自动进入“暂停服务”模式的情况。如图 4-2 所示。

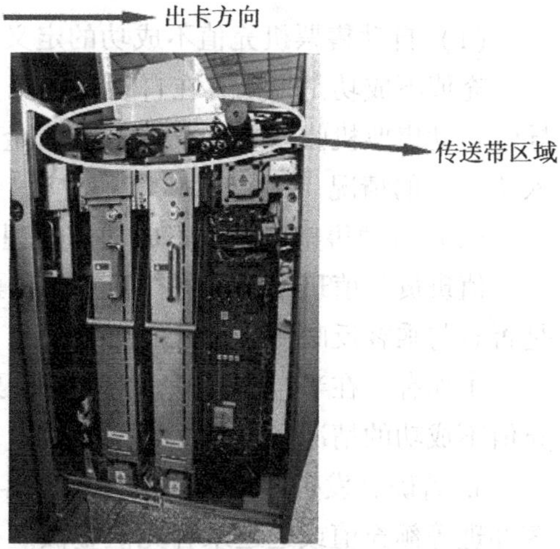

图 4-2　自动售票机卡票

（2）自动售票机卡票的处理

值班员首先检查自动售票机的投币口是否有纸币（硬币）堵塞，或显示屏是否显示卡票故障的代码，或是否有卡票故障小单，确认是否发生卡票的情况，并做相应处理。

①如有，则按规定办理乘客事务处理单，根据乘客需要在半自动售票机上以多退少补的原则发售同等面值车票或退还相应款额给乘客，同时报专业维修人员进行处理。

②如没有，则询问乘客购票情况，由值班员和另一名车站员工共同打开自动售票机维修门或报维修调度，查看自动售票机的最近交易记录，确认是否与乘客反映的情况一致，并根据查询情况进行处理。

a. 若情况一致，则按规定办理乘客事务处理单，根据乘客需要在半自动售票机上以多退少补的原则发售同等面值车票或退还相应款额给乘客，同时报专业维修人员进行处理。

b. 若自动售票机显示正常且没有与乘客反映情况一致的交易记录，则表示没有发生卡票，向乘客解释，做好服务工作。

3. 自动售票机找零不足

（1）自动售票机找零不足的定义

找零不足是指当乘客投入自动售票机的现金金额大于实际购票金额，因自动售票机自身原因或找零硬币边缘变形、粘有胶带物等原因，导致找零硬币被卡在自动售票机的某个部位，自动售票机停止找零，造成乘客找零金额不够的情况。

（2）自动售票机找零不足的处理

值班员首先检查自动售票机显示屏是否显示找零不足故障的代码，或是否有找零不足故障小单，确认是否发生找零不足的情况，并做相应处理。

①如有，按规定办理乘客事务处理单，在半自动售票机上退还相应现金给乘客，同时报专业维修人员进行处理。

②如没有，则询问乘客购票情况，由值班员和另一名车站员工共同打开自动售票机维修门或报维修调度，查看自动售票机的最近交易记录，确认是否与乘客反映的情况一致，并根据查询情况进行处理。

a. 若情况一致，则按规定办理乘客事务处理单，在半自动售票机上退还相应现金给乘客，同时报专业维修人员进行处理。

b. 若自动售票机显示正常且没有与乘客反映情况一致的交易记录，则表示没有发生找零不足的情况，向乘客解释，做好服务工作。

4. 自动售票机充值不成功

（1）自动售票机充值不成功的定义

充值不成功是指乘客在自动售票机上投币充值时，因自动售票机自身原因或其他原因，导致自动售票机收取乘客投入的充值金额后，并不能充进票卡余额（未将充值金额信息写入票卡）的情况。

（2）自动售票机充值不成功的处理

值班员与值班站长共同打开自动售票机维修门或报维修调度，查看最近交易记录，确认是否有与乘客反映一致的充值交易记录，并根据查询情况进行处理。

①如有，在半自动售票机上分析车票，根据情况核实是否确有发生自动售票机已收款但充值不成功的情况。

a. 若确有发生，则按规定办理乘客事务处理单，根据乘客需要在半自动售票机上给乘客办理等额充值或退还乘客充值金额。

b. 若没有发生，请乘客通过显示屏确认车票充值前后余额，做好解释，将票卡交还乘客。

②如没有，则通知专业维修人员到现场进行处理，值班员根据维修人员的判断结果进行事务处理。

5. 出站自动检票机扇门被误用

（1）付费区持单程票的乘客反映闸机扇门被误用时的处理

按规定办理乘客事务处理单后，给乘客发售免费出站票，并由值班员以上级别人员确认。

（2）付费区持储值票的乘客反映闸机扇门被误用时的处理

若半自动售票机分析显示车票刚从本站出站，则按规定办理乘客事务处理单后，给乘客发售免费出站票出站，并由值班员以上级别人员确认。

6. 出站自动检票机吞票

由车站人员询问乘客出闸情况，确认乘客出闸闸机是否确实处于暂停服务状态或出闸机显示正常但投票口却有卡票现象。

（1）如有，则按规定填写乘客事物处理单，给乘客发售一张免费出站票，让其出站，同时报专业维修人员进行处理。

（2）若闸机显示正常且能接收车票时，则向乘客解释说明，给乘客发售付费出站票。

三、退票作业

城市轨道交通供乘客使用的IC卡车票是有价证券，一经乘客购买，正常情况下是不允许退票的，但在特殊情况下，也可办理退票。不同的城市轨道交通运营企业能否进行退票及退票时的限制条件各不相同。根据退票的责任不同，可分为乘客责任退票及运营企业责任退票。

1. 乘客责任退票

乘客责任退票是指由于乘客自身原因造成购买单程票后不能及时乘坐或者储值票存有余额但不再继续使用时产生退票以及无效票产生退票的情形。

（1）单程票退款

对于已售出单程票的退款，不同的城市轨道交通运营企业有不同的规定。

①单程票一经售出，若不属城市轨道运营企业的责任，一律不予退款（如成都地铁）。

②单程票售出当天，卡内信息可以读取、未曾用于乘坐地铁，在规定的时限内，乘客要求退票时，采用半自动售票机办理退款业务，填写“退款票处理记录表”，将车票票价全部退还给乘客，并由客运值班员审查确认，超过系统规定的时间，则不予退款（如广州地铁在购票后30分钟内不予退票）。

以下为深圳地铁单程票退票规定：

a. 正常情况下（除地铁原因外退票），只可在非付费区，对经BOM或其他验票设备验证，属于本站当日已售赋值的，但无进、出站信息的单程票按票面值退票。

b. 非付费区，经BOM或其他验票设备验证，属于已售赋值的，但已有进、出站信息的（不含有当日进站信息但未超过20分钟的）单程票需按章回收，不予以退票。

c. 付费区内，单程票不予以退票，只做进站数据更新以及其他相关业务（除地铁原因外退票）。

因乘客原因，单程票退票操作流程如图4-3所示。

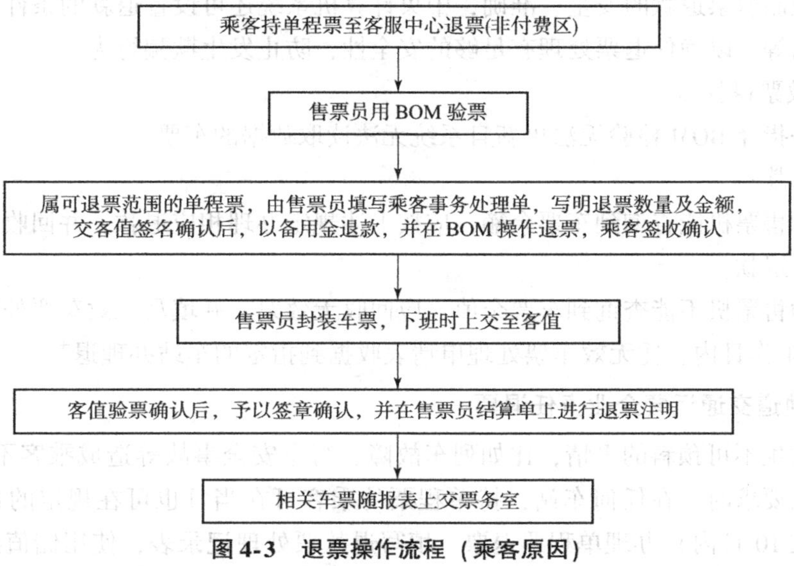

乘客持单程票至客服中心退票(非付费区)
售票员用BOM验票
属可退票范围的单程票，由售票员填写乘客事务处理单，写明退票数量及金额，
交客值签名确认后，以备用金退款，并在BOM操作退票，乘客签收确认
售票员封装车票，下班时上交至客值
客值验票确认后，予以签章确认，并在售票员结算单上进行退票注明
相关车票随报表上交票务室

图4-3　退票操作流程（乘客原因）

因地铁原因（列车延误20分钟以上及其他原因并经OCC的值班领导确认的乘客疏散），乘客可在5日内在任何地铁车站办理单程票退票，具体退票流程如图4-4所示。

（2）储值票退款

储值票在使用过程中，如还存有余额，但乘客不再需要储值票，要求退款时，按以下情况分别办理。

①储值票未损坏，卡内信息能查询到余额，采用半自动售票机办理退款业务，应填写退款票处理记录表，将车票余额及押金退还给乘客，并由客运值班员审查确认。

②储值票由于持卡人保管不善，出现卡折叠、断裂、涂鸦、张贴异物、缺边、缺角、打孔，或因人为原因造成票面图案脱色或掉漆，但卡内信息能查询到余额，即不可循环使用的车票，押金不退，只退还余额。

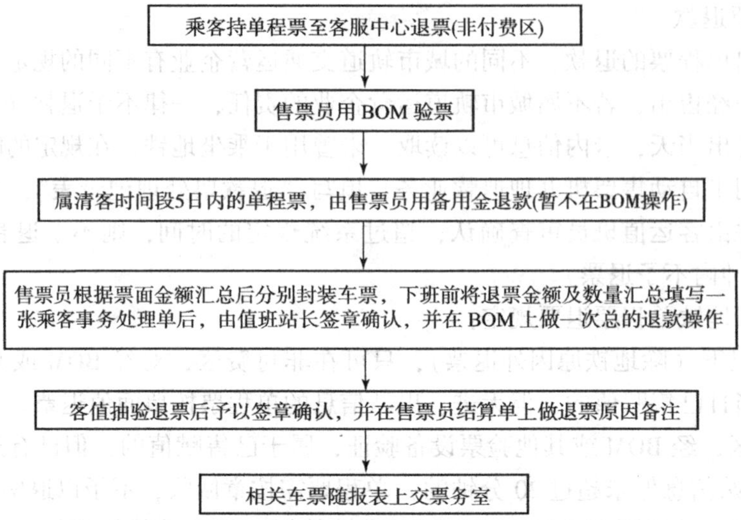
乘客持单程票至客服中心退票(非付费区)
售票员用BOM验票
属清客时间段5日内的单程票，由售票员用备用金退款(暂不在BOM操作)
售票员根据票面金额汇总后分别封装车票，下班前将退票金额及数量汇总填写一张乘客事务处理单后，由值班站长签章确认，并在BOM上做一次总的退款操作
客值抽验退票后予以签章确认，并在售票员结算单上做退票原因备注
相关车票随报表上交票务室

图 4-4　退票操作流程（地铁原因）

③储值票不能做更新处理或不能查询到余额时，按无效票办理退款业务。

为了保证储值票退款的安全、准确，中央计算机系统还可设置退款的条件、使用次数限制、余额限制等，以确保退票处理有足够的安全性，防止发生欺骗行为。

（3）无效票退款

无效票是指经 BOM 检验无法更新且系统无法读取数据的车票。

①即时退款。

若半自动售票机能查询到车票余额，应按上述规定办理相应退款，并回收无效票。

②非即时退款。

若半自动售票机不能查询到车票余值，应回收无效票，并填写无效车票处理申请表，请乘客在 10 个工作日内，凭无效车票处理申请表收据到指定的车站办理退款。

2. 城市轨道交通运营企业责任退票

当车站发生不可预料的事情，比如列车故障、行车安全事故等造成乘客不能按时乘车，乘客提出退票要求时，在任何车站，持单程票的乘客可在当日也可在规定的日期内（如成都地铁要求在 10 日内）办理单程票退票，填写退款票处理记录表，使用储值票的乘客可在下次进站时给予免费更新。

不同的城市轨道交通运营企业对乘客事务处理规定各不相同，表 4-1 为深圳地铁乘客事务处理规定。

表 4-1　深圳地铁乘客事务处理规定

项目	售票员处理
车票过期	①若为单程票，则回收车票，请乘客重新购票。 ②若为“深圳通”卡，则请乘客到深圳通公司网点处理。 ③若为纪念票，建议乘客购买一张新票
车票超时	①若为单程票，向乘客收取超时补款金额，然后更新车票进站时间。 ②若为“深圳通”卡，通过 BOM 扣取超时补款后，更新车票入站时间

续表

项目	售票员处理
单程票超程	①向乘客收取所欠车费后，更新车票余额。 ②遇乘客不愿补款且超过 20 分钟，站长仍处理不了时，回收封装此票，填制乘客事务处理单，发放免费出站票，列明原因，站长签名确认
单程票既超时又超程	向乘客收取超时、超程补款金额后，更新车票进站时间及车票余额
单程票在付费区出闸时显示无进站标记	单程票在付费区内无进站信息，则通过 BOM 分析后，免费更新车票（录入进站标志）
单程票在非付费区进闸时显示有进站标记	①通过 BOM 分析后，若上次进站是本站，进站时间在 20 分钟内的，予以免费更新进站信息。 ②通过 BOM 分析后，若上次进站是本站，进站时间超过 20 分钟，原票回收，请乘客重新购票。 ③若上次进站显示不是本站，原票回收，请乘客重新购票
乘客一人购买多张单程票进站	①通过 BOM 分析后，若车票车费总额与所乘车费相符或高于所乘车费，则办理多余单程票退票，更新其中一张车票余额。 ②通过 BOM 分析后，若车票车费总额不足所乘车费，办理多余单程票退票并向乘客收取所欠车费后，更新其中一张车票余额
“深圳通”卡入闸时显示已有进站标记（非付费区，乘客上次使用时无出站标志）	①通过 BOM 分析后，若上次进站是本站，进站时间在 20 分钟内的，予以免费更新进站信息。 ②通过 BOM 分析后，进站时间超过 20 分钟，如为当日进站，扣取进站站点至本站车费后更新车票，如非当天进站，扣取最低车费后更新车票
“深圳通”卡在出闸时显示无进站标记	询问乘客是否有其他车票： ①若有，则请乘客取出，并逐张分析，检查是否有一张车票是有效的？ ——是，则告知乘客拿错了车票。 ——否，则询问乘客的乘车地点，免费更新车票进站标志。 ②若无，则询问乘客的乘车地点，免费更新车票进站标志
“深圳通”卡在出闸时显示已有出站标记	①通过 BOM 分析后，若上次出站是本站，出站时间在 20 分钟内的（闸机误用），予以发放免费出站票。 ②通过 BOM 分析后，出站时间超过 20 分钟的，询问乘客的乘车地点，更新车票本次进站标记
“深圳通”卡在出闸时显示非当日进站标记	通过 BOM 分析后，显示上次进站为非当日进站标记，则扣取上次所乘车费后（扣取 2 元最低车费），询问乘客的乘车地点，更新车票本次进站标记
经 BOM 分析无法读取信息的无效票	①若为单程票且是在付费区，则回收封装此票，填制乘客事务处理单，给乘客发放一张免费出站票；若为单程票且是在非付费区，则回收封装此票，填制乘客事务处理单，并用备用金支付乘客等值车费，请乘客另购车票。 ②若为“深圳通”卡且是在付费区内，填制乘客事务处理单，给乘客发放一张免费出站票；若在非付费区，则请乘客另购买单程票乘车。 ③若为地铁纪念票，检查车票是否折损？是，将车票归还乘客；否，封装车票，上交票务室办理

续表

项目	售票员处理
过期票 （非本日进站单程票及回收状态的单程票）	①若乘客在非付费区，则按章回收，并让乘客重新购票进站。 ②若乘客在付费区，需填制乘客事务处理单，按章回收，并让乘客补购本站最高单程票价付费出站票
付费区“深圳通”卡余额不足	告知乘客“深圳通”卡余值不足，并询问是否充值？ ——是，为乘客办理充值。 ——否，根据车票进站信息发售同程车费付费出站票，并更新“深圳通”卡进站信息
恶意逃票	①乘客恶意无票乘车及儿童超高无票乘车，原则上按10倍最高车费补收票款。 ②对于不了解地铁票务政策及“深圳通”卡规定的乘客，可酌情按本站最高单程票价补售付费出站票。 ③乘客不愿按10倍最高车资补款且超过20分钟，站长仍处理不了时，则填写乘客事务处理单，并发放全程最高车费付费出站票，列明原因，站长签名确认
无票	①若在付费区内乘客反映单程票在出闸时被他人误用，则填写乘客事务处理单并发放免费出站票。 ②若乘客出闸时主动提出未购票或丢失车票，且不愿按照现有规定补收单程票工本费及最高车费时，由站长到现场处理，如20分钟仍处理不了，则填写乘客事务处理单，并发放本站最高车费付费出站票，列明原因，站长签名确认
乘客携违禁品入闸被工作人员发现，或乘客不能换乘最后一班车，强烈要求退票时	①如是单程票，参照地铁原因退票，值站授权后在BOM操作退票，填写乘客事务处理单，列明原因，值站签名确认，由边门放行。 ②如是“深圳通”卡，给予免费更新，填写乘客事务处理单，列明原因，值站签名确认，由边门放行

储值票替换

当乘客的车票由于自身原因造成车票不能使用，票务员应对车票进行分析后，对于符合系统设置参数的车票可允许替换。在进行替换处理时，在被替换的车票上写入有关替换信息，但车票的原有信息不能被修改或抹除，车票上的所有余额及优惠信息应完全转入新的车票。

【任务处理】

1. **案例分析**

售票员业务不熟，在处理异常乘客事务时遗漏重要 BOM 操作步骤（未清除本次进站码），从而导致乘客储值卡下次无法正常进站，引起投诉。

2. **解决措施**

（1）对该类异常卡，发售付费出站票时，必须当场第一时间备注进站点及储值卡的 ID 号（经 BOM 查验的储值卡编号），不得待乘客走后再补填，以免过后遗漏或记忆混淆造成错填。

（2）免费更新储值卡进站信息后，必须对该卡再次进行验证，保证进站码已清除后方可连同付费出站票、打印小票一起交还乘客。

实训任务

次日 0：07 分，客值与售票员结算时发现其有 7 张单程票退款，便询问原因，其回复说："有几名乘客早上购买了往返车票后于 23：00 时说多一同前来退票，验票后用备用金退给了乘客。"因车站之前发生过类似情况，客值未做多想，便在售票员结算单上补签了姓名。

票务室于 12 月 20 日知晓此事后，至后端站与其他相关员工进行调查分析，21 日安监部票务稽查介入，并对当事售票员进行问询谈话。

分析以上事件，售票员的做法有哪些不妥？

任务 2　降级运营模式下的票务处理

【情景导入】

案例名称	站务员处理乘客事务时的争执事件		
时间	2011 年 3 月 23 日	地点	三元里站

事故概况：

2011 年 3 月 23 日 14：14，一名女乘客在三元里站站厅 B 端闸机投票后闸门未打开，同行的男乘客（此人是女乘客的丈夫）见状便叫厅巡岗过来处理，厅巡岗上前确认是闸机卡票，立即用对讲机通知车控室报 AFC 系统人员维修。男乘客见状问厅巡岗是怎么回事，厅巡岗答道："先生，这台机器有点问题，麻烦等一下。"此时，厅巡岗看到 EX16 闸机闸门还没到关闭时，便引导该女乘客与其他一名乘客并闸出站，女乘客出闸时被闸门夹到大腿。男乘客看到后非常生气，找厅巡岗理论，并大骂她，厅巡岗一开始未向女乘客道歉，与乘客进行理论，并不时用对讲机指着乘客。当乘客不接受时，厅巡岗不予理睬，向票亭走去，并将对讲机摔在桌面，见乘客仍在吵，厅巡岗继续与乘客进行理论，期间又发生跺脚、手指乘客等不良行为，引起多名乘客围观。

14：17，值班站长接到票亭岗通知，赶到现场处理，看到厅巡岗在哭，就安排其离开现场。值班站长向两名乘客了解事情并道歉后，乘客离去。事后，乘客因不满当事人的服务态度向服务总台投诉。

在日常运营中，车站不仅要处理正常情况下的票务事务，也要处理一些特殊情况下的票务事务，如降级运营模式下的票务事务处理，包含列车运营故障模式、进出站免检模式、时间免检模式、日期免检模式、超程免检模式、紧急放行模式等。

【知识要点】

1. 正常运行模式的几种状态。
2. 降级运行模式的票务处理方法。
3. 特殊情况下的票务处理。

【理论准备】

所谓“模式”，指在不同状况、不同条件下，为达到某些特定效果所采用的方式方法。票务模式管理就是针对车站不同的运营状况、不同的条件所作出的相应操作行为的选择和实施，包括正常运行模式、降级运行模式以及紧急放行模式。模式按执行优先权由高到低依次为紧急放行模式、降级运行模式、正常运行模式。如图 4-5 所示。

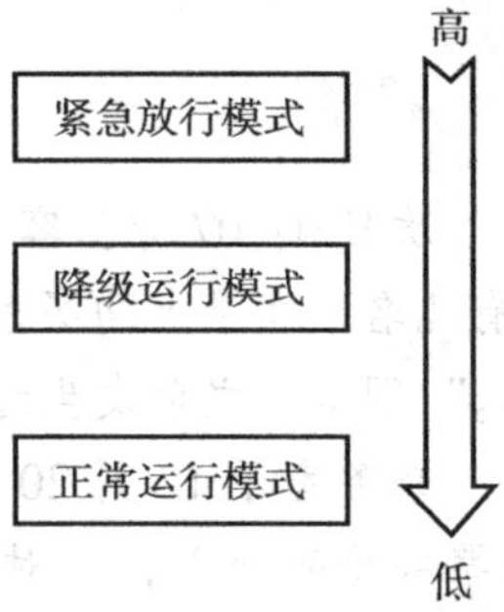

图 4-5　AFC 系统运行模式优先级

一、正常运行模式

通常情况下，自动售检票系统在正常运行模式下自动运行。正常模式主要包括正常服务状态、关闭状态、暂停服务状态、设备故障状态、测试（维修）状态及离线运行状态等。

1. 正常服务状态、关闭状态、暂停服务状态

在每日 AFC 系统运行开始时，自动售检票系统可根据时间表设置，自动将各车站终端设备（TVM、BOM、AG、TCM）设置为正常服务状态；每日运营结束时，系统也同样按顺序关闭终端设备，将其设置为关闭状态。同样，运营操作人员可以通过车站计算机（SC）将车站终端设备设置为正常服务状态或关闭状态。

当设备由于钱箱满、票箱满、票箱空等原因，或设备门被非法打开时，系统会自动进入暂停服务状态，在此状态下，终端设备不会对车票作出任何处理。

2. 设备故障状态

在自动售检票终端发生故障时，设备将自动进入设备故障状态，并自动向车站上一级报告（如终端设备故障，向车站计算机报告故障信息；车站计算机故障，向中央计算机报告故障信息）；故障消除后，设备再自动向上一级系统报告后自动进入正常服务模式或关闭模式。

车站计算机系统和中央计算机系统会保存相关的故障和维护信息并形成相应的报表。

3. 测试（维修）状态

通过本地控制，车站维护人员可将车站终端设备设置为维修状态，对终端设备进行测试及维护。在维修状态下，所有车站终端设备不能进行车票及现金的处理，但在特定命令下可以使用测试车票。车站终端设备的乘客显示屏或状态显示器会显示“暂停服务”及相关的

维修信息。

维修人员及管理人员经登录后才能进入维修状态。通过维修界面输入命令，对主要的部件和模块进行测试。

4. 离线运行状态

车站设备能在本机上保存相关的参数设置，并由车站计算机系统定期更新。当车站终端设备与车站计算机之间、车站计算机和中央计算机之间、中央计算机模块间的网络通信中断或无网络连接时，设备可在离线下运行。

在离线运行状态下，车站终端设备应能保存不少于7d的运行数据（包括交易数据、寄存器数据、设备运行状态信息等）；车站计算机能保存不少于30d的业务数据；线路层计算机能保存不少于6个月的业务数据等。当网络恢复正常时，可自动检测未上传/下载的信息数据，并自动上传/下载相关数据。

二、降级运行模式

降级是指针对不同的运营状况、不同的条件所作出的相应操作行为的选择和实施。常见的自动售检票系统降级运营模式主要包括运营故障模式、进出站免检模式、时间免检模式、日期免检模式、超程免检模式、紧急放行模式几类，降级模式的设置可通过中央计算机系统设置，也可以通过车站计算机系统设置。其票务处理如下：

1. 运营故障模式

当列车出现运营故障而使部分车站暂时中止运营服务时，暂停服务的车站需根据相关规定通过中央计算机系统、车站计算机系统将车站终端设备设置为“运营故障模式”，在“运营故障模式”下，进站检票机不允许乘客进入暂停运营的车站。

（1）设备的表现

①中央计算机系统工作站上要明显地显示该车站的名称及模式，如字体或颜色闪烁等，以便进行监控。

②设置了“运营故障模式”的车站计算机系统应在显著位置，用明确的文字或符号显示所设置的模式，并用明确的文字或符号显示车站内的哪些设备已进入“运营故障模式”。

③在收到车站计算机系统下达的命令后，车站终端设备按“运营故障模式”要求进入相应状态，并对车票进行处理。

（2）车站终端设备对车票的处理

①设置“运营故障模式”时，出站检票机应根据车票的票种及进站地点做不同处理。

a. 对本站或其他车站进站的单程票及乘次票不扣除车费或乘次，单程票不回收，并写入“运营故障模式”的标志信息。

b. 对本站或其他车站进站的其他类型车票不扣除车费，写入出站码和“运营故障模式”

②模式结束后所有车站检票机对车票的处理。

a. 若单程票或乘次票具有“运营故障模式”标志信息，并在规定的时间段内（系统设置），则应允许在任何车站进站使用，出站时按实际车费进行检查，车费不足，应到半自动售票机进行超乘更新处理。

b. 储值票等其他车票正常使用和扣费。

图4-6为某城市的列车故障处理程序。

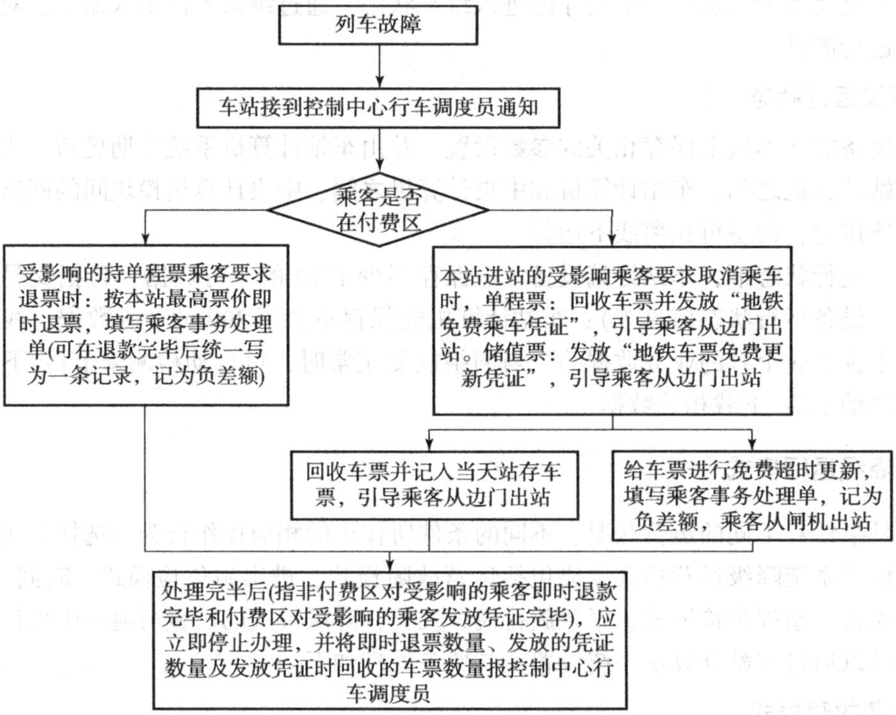
列车故障
车站接到控制中心行车调度员通知
乘客是否在付费区
受影响的持单程票乘客要求退票时：按本站最高票价即时退票，填写乘客事务处理单(可在退款完毕后统一写为一条记录，记为负差额)
本站进站的受影响乘客要求取消乘车时，单程票：回收车票并发放“地铁免费乘车凭证”，引导乘客从边门出站。储值票：发放“地铁车票免费更新凭证”，引导乘客从边门出站
回收车票并记入当天站存车票，引导乘客从边门出站
给车票进行免费超时更新，填写乘客事务处理单，记为负差额，乘客从闸机出站
处理完半后(指非付费区对受影响的乘客即时退款完毕和付费区对受影响的乘客发放凭证完毕)，应立即停止办理，并将即时退票数量、发放的凭证数量及发放凭证时回收的车票数量报控制中心行车调度员

图4-6　列车故障处理程序

2. 进出站免检模式

当车站出现突发大客流、进站检票机能力不足或全部故障无法立即修复，而导致大量进站乘客在非付费区聚集等候进站的情况下，可以允许乘客不通过进站检票机进站。为了便于此部分乘客能正常离开车站，应通过中央计算机系统、车站计算机系统将车站终端设备设置为“进出站免检模式”，在“进出站免检模式”下，允许乘客使用一张未编上进站信息的车票出站。

(1) 设备的表现

①中央计算机系统工作站上要明显地显示该车站的名称及模式，如字体或颜色闪烁等，以便进行监控。

②设置了“进出站免检模式”的车站计算机系统应在显著的位置用明确的文字或符号显示所设置的模式，并用明确的文字或符号显示车站内的哪些设备已进入“进出站免检模式”。

③在收到车站计算机系统下达的命令后，车站终端设备按“进出站免检模式”的要求进入相应状态，并对车票进行处理。

(2) 车站终端设备对车票的处理

①在设置“进出站免检模式”的车站，所有进站检票机开放，不检验所有车票，乘客可直接进站。

②当对某个车站的车票实行免检时，对于所有未编上进站信息的车票在其他车站或本站出站时，系统均自动认为是由指定车站进站的车票，不检查车票的进出站次序，出站检票机

将自动扣除相应的车费，其他处理与正常模式相同。

③若有大于两个车站的车票实行免检，则出站检票机按扣费最低的车站进行扣费。

④当对所有车站的车票实行免检时，对所有车票都不检查进出站次序，储值票将被扣除最短程车费，乘次票被扣除一个乘次，单程票将被回收并且不检查票值。

3. 时间免检模式

在由于列车延误、时钟错误或其他轨道交通企业自身原因导致大量持票乘客超时无法出站的情况下，为了使这部分乘客能正常离开车站而不受影响，应通过中央计算机系统、车站计算机系统将车站终端设备设置为“时间免检模式”。

（1）设备的表现

①中央计算机系统工作站上要明显地显示该车站的名称及模式，如字体或颜色闪烁等，以便进行监控。

②设置了“时间免检模式”的车站计算机系统应在显著的位置用明确的文字或符号显示所设置的模式，并用明确的文字或符号显示车站内的哪些设备已进入“时间免检模式”。

③在收到车站计算机系统下达的命令后，车站终端设备按“时间免检模式”的要求进入相应的状态，并对车票进行处理。

（2）车站终端设备对车票的处理

设置“时间免检模式”车站的出站检票机对所有车票不检查车票上次的进站时间，但仍检查车票的票值、进站码、日期等，所有车票按正常票价扣费。

4. 日期免检模式

由于轨道交通企业自身原因而导致乘客所持车票过期，应根据运营工作需要及相关规定的要求，通过中央计算机系统、车站计算机系统将车站终端设备设置为“日期免检模式”。

在此模式下允许过期的车票继续使用。

（1）设备的表现

①中央计算机系统工作站上要明显地显示该车站的名称及模式，如字体或颜色闪烁等，以便进行监控。

②设置了“日期免检模式”的车站计算机系统应在显著的位置用明确的文字或符号显示所设置的模式，并用明确的文字或符号显示车站内的哪些设备已进入“日期免检模式”。

③在收到车站计算机系统下达的命令后，车站终端设备按“日期免检模式”的要求进入相应状态，并对车票进行处理。

（2）车站终端设备对车票的处理

设置“日期免检模式”车站的出站检票机对所有车票不检查车票上的有效日期，但仍检查车票的票值、进站码等其他信息，所有车票按正常票价扣费。

5. 超程免检模式

由于某个车站因为事故或者故障而关闭，导致列车越过该站后才停车，从而有部分乘客所持车票可能会出现超程的现象，可根据相关规定的要求，通过中央计算机系统、车站计算机系统将车站终端设备设置为“超程免检模式”。

（1）设备的表现

①中央计算机系统工作站上要明显地显示该车站的名称及模式，如字体或颜色闪烁等，

以便进行监控。

②设置了“超程免检模式”的车站计算机系统应在显著的位置用明确的文字或符号显示所设置的模式，并用明确的文字或符号显示车站内的哪些设备已进入“超程免检模式”。

③在收到车站计算机系统下达的命令后，车站终端设备按“超程免检模式”的要求进入相应状态，并对车票进行处理。

（2）车站终端设备对车票的处理

设置“超程免检模式”车站的出站检票机不检查车票的余值，但仍检查车票的进站码、时间、日期等其他信息，储值票扣最少车费，乘次票扣除一个乘次，单程票回收。

6. 紧急放行模式

当车站或设施出现危及乘客生命安全、需及时疏散乘客出站的紧急情况时，可通过中央计算机系统、车站计算机系统、车站控制室紧急按钮及检票机本机控制等多种方式将车站终端设备设置为“紧急放行模式”。

（1）设备的表现

①中央计算机系统工作站上要明显地显示该车站的名称及模式，如字体或颜色闪烁等，以便进行监控。

②设置了“紧急放行模式”的车站计算机系统应在显著的位置用明确的文字或符号显示所设置的模式，并用明确的文字或符号显示车站内的哪些设备已进入“紧急放行模式”。

③在收到车站计算机系统下达的命令后，车站终端设备按“紧急放行模式”的要求进入相应状态，并对车票进行处理。

④半自动售票机可正常运作，但操作员显示器上显示紧急状态的信息。自动售票机处于暂停服务状态。

⑤检票机扇门全部打开或所有转杆可自由转动、落杆，保证乘客无阻碍地离开付费区。同时，所有检票机的乘客显示器显示紧急信息，所有进站检票机方向指示器闪烁显示“禁止通行”标志，所有出站检票机方向指示器闪烁显示“通行”标志。

（2）车站终端设备对车票的处理

在“紧急放行模式”下，车站的所有检票机将不对车票进行处理，同时检票机扇门全部打开或所有转杆可自由转动、落杆，方便乘客紧急疏散，乘客不需要使用车票，可直接快速离开车站。系统将允许这些车票在一段时间内能正常使用。

三、其他特殊情况下的票务处理

1. 列车晚点时的票务处理

（1）非付费区已购票的乘客要求退票时的处理

车站根据现场情况办理即时退票，或告知乘客可在 7 日内到任意地铁车站持该票退票。

（2）对从延误列车上下来导致车票超时的乘客的处理

①单程票：引导乘客从边门出站，人工回收单程票并汇入当日站存车票，填写车站车票库存日报表。

②储值票：引导乘客到车站票务中心进行免费超时更新，填写乘客事务处理表，乘客从闸机出站。

（3）付费区本站进站乘客要求取消乘车时的处理

①单程票：引导乘客从边门出站，车站根据现场情况办理即时退票，或告知乘客可在 7 日内到任意地铁车站持该票退票。

②储值票：引导乘客从边门出站，车站根据现场情况办理即时免费更新，或告知乘客可在 7 日内到任意地铁车站办理免费更新。

（4）办理免费更新时的处理

车站人员需确认车票的上次使用日期与列车晚点日期相同，且在 7 日内填写乘客事务处理表，给乘客免费更新车票。

（5）受影响单程票在 7 日内退票的处理

乘客持受影响单程票办理退票时，车站需确认车票的上次使用日期与列车晚点日期相同，且在 7 日内回收车票，填写特殊车票退款记录表，并退还相应金额。

列车晚点的处理程序如图 4-7 所示。

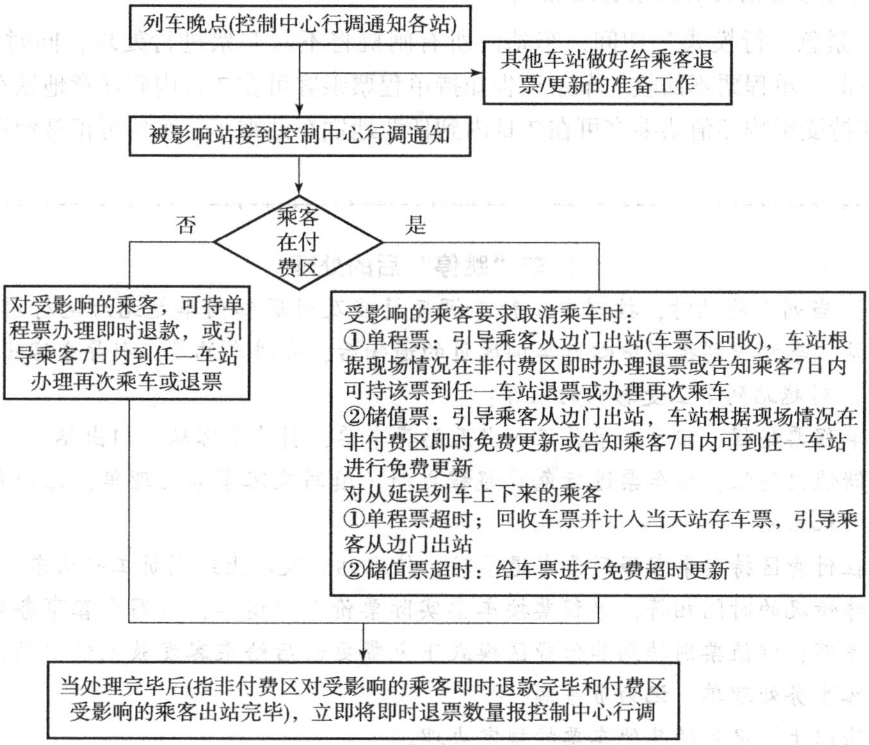

图 4-7　列车晚点的处理程序

2. 列车越站时的票务处理

车站接到控制中心行调通知后，对从越站列车上下来的乘客，须告知其乘坐反方向列车回到目的车站，如须从本站出站，则按照相关程序处理。

（1）单程票超程

引导乘客到车站票务中心，询问乘客出站车站，若因列车越站所导致，则引导乘客从边门出站，人工回收单程票并汇入当日站存车票，填写车站车票库存日报表。

（2）储值票余额不足

引导乘客到车站票务中心，询问乘客出站车站，若因列车越站所导致，则在 BOM 上（非付费区）以现金形式收取进站车站到越站车站的车程费并更新车票，引导乘客从边门出站。

3. 运营故障需要清客时的票务处理

车站接到控制中心行调通知后，所有闸机停止使用，对从故障列车上下来的乘客，按照相关程序处理。

（1）单程票

引导乘客从边门出站，单程票不回收；车站根据现场情况办理即时退票，或告知乘客可在 7 日内到任意地铁车站持该票退票。

（2）储值票

引导乘客从边门出站，车站根据现场情况办理即时免费更新或告知乘客可在 7 日内到任意地铁车站办理免费更新。

4. 火灾等紧急情况时的票务处理

设置“紧急放行模式”期间，车站内所有闸机将不对车票进行处理，同时闸机放行，乘客紧急疏散，单程票不回收。车站须告知持单程票乘客可在 7 日内到任意地铁车站持该票退票；告知持受影响储值票乘客可在 7 日内到任意地铁车站乘车，车票可正常使用。

列车“跳停”后的处理

（1）当列车越站时，控制中心行车调度员应及时通知列车越站后运行前方的第一个车站。车站接到控制中心行车调度员的通知后，安排车站员工引导乘客出站。

（2）对越站列车上受影响的乘客：

①单程票超程：回收车票并记入当天站存车票，引导乘客从边门出站。

②储值票超程：给车票进行免费超程更新，填写乘客事务处理单，记为负差额，乘客从闸机出站。

③在付费区持票乘客强烈要求退票时，值班站长及以上级别员工确认车票与当天发生特殊情况的时间相符，单程票按车票实际票价即时退票，填写乘客事务处理单，记为负差额；储值票则转到非付费区模式下免费更新后给乘客发放免费出站票出站，填写乘客事务处理单，记为负差额。

④除以上情况外的其他车票按规定办理。

【任务处理】

1. 案例分析

（1）处理卡票乘客时，违规操作，错误引导乘客并闸出站导致其被闸机夹伤。

（2）厅巡岗对其错误引导引起的客伤，没有立即向女乘客道歉，导致女乘客丈夫极大不满。

（3）缺乏服务意识和敏感性，没有及时将情况向值班站长汇报，导致值班站长没有及时到现场处理，持续有乘客围观，扩大事件的影响。

2. 解决措施

（1）处理卡票乘客时，应按规定处理，不得违规操作。

（2）处理乘客事务时应有一个好的态度。

（3）站务员遇到自己不能解决的事情时，要及时将情况向值班站长汇报。

实训任务

分角色扮演列车晚点时，车站工作人员如何处理不同情况的票务问题。

任务3　售票类设备故障时的票务处理

【情景导入】

案例名称	BOM操作失误事件		
时间	××××年××月××日	地点	××车站
事故概况： 某日站区上缴票款时，工作人员将其与SC报表及水单进行核对，发现BOM票款短款6元，进一步核对后发现，原来该站补票室BOM中有6元一卡通卡外补票（现金补票）交易。			

为保障运营过程中出现售票类设备故障或售票类设备能力不足，车站能够有序地处理票务紧急问题，最大限度地保证乘客的人身安全和维护企业的运营收益，车站各岗位人员要在值班站长的统一指挥下，完成特殊情况下的票务应急处理工作，必须掌握售票类设备故障的票务应急处理办法。

【知识要点】

1. 半自动售票机（BOM）故障处理程序。
2. 自动售票机（TVM）故障处理程序。
3. 半自动售票机和自动售票机全部故障处理程序。

【理论准备】

一、半自动售票机（BOM）故障

当车站半自动售票机发生故障时，无法发售单程票和免费/付费出站票，不能对无法正常进出闸机的车票进行分析处理。半自动售票机发生故障时，故障车站应及时向AFC系统调度报修，做好报修记录，并按以下程序处理。

1. 部分半自动售票机（BOM）故障

若只有部分半自动售票机（BOM）发生故障，售票员应通知客运值班员进行处理，在

售票窗口摆放“设备故障，暂停服务”的提示牌，同时客运值班员安排人员引导乘客至TVM购票、充值及到其他客服中心（即半自动售票机正常的客服中心）办理相关票务业务。

若车站“客服中心”内有其他空闲BOM，则售票员可在故障BOM上退出后，登录空闲BOM进行票务作业。

2. 全部半自动售票机（BOM）故障

当全部半自动售票机发生故障时，会影响车站内售票/充值的能力，以及处理乘客票务事务的能力。此时，售票员应及时通知值班站长，值班站长通知中心站站长现场的情况，由中心站站长逐级向公司汇报，并由中心站站长根据客流情况下令发售预制票来缓解车站的售票压力，售票员按地铁票价表发售预制票，同时车站开启所有可用的自动售票机，并且车站应立即启用手持验票机，对需进行乘客票务事务处理的车票进行验票并视乘客是否在付费区按规定进行后续处理。

（1）非付费区乘客

引导无法正常进闸机的持票乘客从边门进站，并告知乘客到出闸站进行车票的票务事务处理。

（2）付费区乘客

对持单程票的乘客，由站务员回收其单程票并引导其从边门出站；对持储值票的乘客，告知乘客本次车费在下次乘车时到票务中心扣除，再引导其从边门出站。

半自动售票机故障的应急处理流程如图4-8所示。

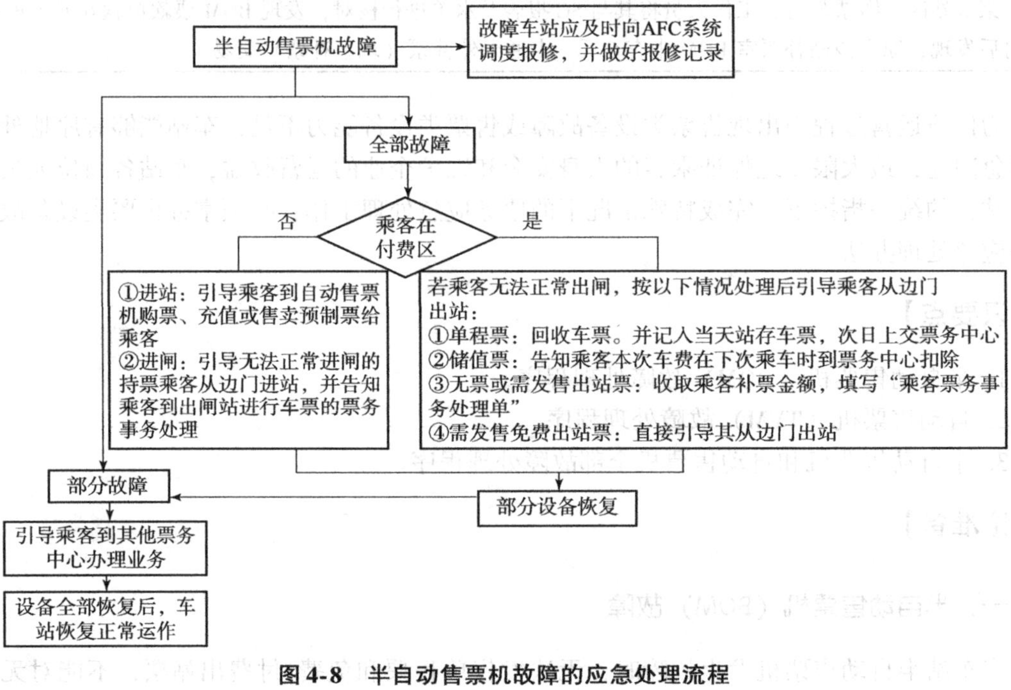

图4-8　半自动售票机故障的应急处理流程

二、自动售票机（TVM）故障

自动售票机能力不足是指当车站出现突发大客流等特殊情况时，由于现有的自动售票机数量有限，不能满足乘客的购票需要，从而导致大量乘客在车站非付费区滞留并等候购票的情况；自动售票机故障是指自动售票机停止出售车票，乘客无法在自动售票机上购票的情况。出现自动售票机故障时，故障车站应及时向 AFC 系统调度报修，做好报修记录，并按以下程序处理。

1. 部分自动售票机（TVM）故障或能力不足

当站内部分自动售票机故障或能力不足时，站内工作人员要对乘客做好引导宣传工作。若无法满足乘客需求，视客流情况，值班站长可下令适当加开半自动售票机（BOM），安排售票员在半自动售票机上出售单程票，以加大售票能力。

2. 自动售票设备（TVM）全部故障

车站自动售票机（TVM）全部故障时，客运值班员要立即通知值班站长，同时报修，并到站厅进行宣传疏导工作。值班站长安排开启所有半自动售票机出售单程票，增派售票人员，增加售票窗口，加大车站的售票能力；根据客流情况，当半自动售票机售票能力不能满足乘客的购票需求时，值班站长需要报站长确定售票员在半自动售票机上出售“预销售”（指从半自动售票机上提前按票价发售单程票卡，用于应对大量乘客购票的一种票务作业方式）。各票价单程票每次不得超过 10 张，并视情况增设临时票亭售卖预制票。

自动售票机故障或能力不足的应急处理流程如图 4-9 所示。

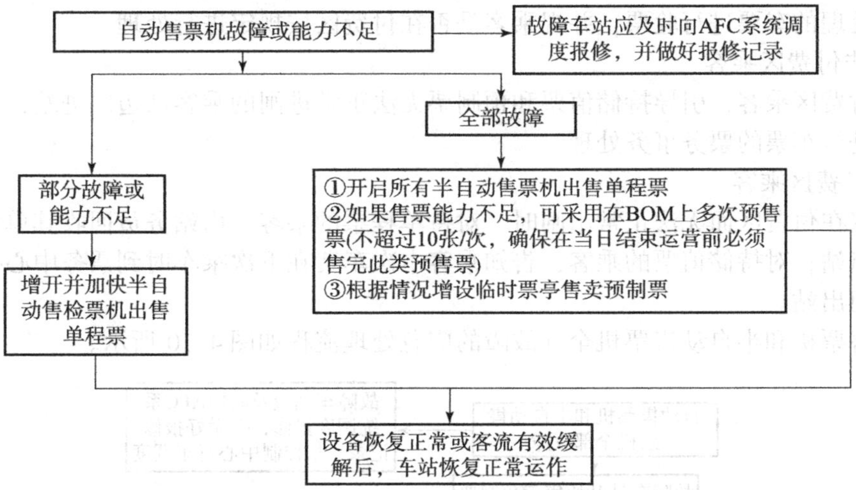

图 4-9　自动售票机故障或能力不足的应急处理流程

三、自动售票机和半自动售票机全部故障

当车站发生自动售票机和半自动售票机全部故障时，将无法出售单程票，乘客所持车票也不能在半自动售票机上进行分析、处理操作。

自动售票机和半自动售票机全部故障时，客运值班员应立即向值班站长汇报车站设备情况，向公司相关维修部门报修，并做好报修记录。值班站长立即将车站现场运营处置情况上报中心站站长，并由中心站站长逐级上报公司。

1. 发售预制票

若车站客运组织安全有序且在运力允许的条件下，车站站存预制票可以满足发售需求，经值班站长下令，车站发售预制票。

（1）故障发生站的票务处置

①车站通过调度电话通知控制中心行车调度员（简称“行调”），由行车调度员告知线路内其他车站做好应对准备。

②客运值班员至票务管理室将封存预制票配发给各售票员，并做好相关台账报表记录。

③客运值班员配发好预制票后，至站厅进行宣传疏导工作。

④售票员领取预制票，在车站“客服中心”内依照票价表发售预制单程票。

⑤车站工作人员做好宣传引导工作，组织乘客有序进出车站。

⑥车站通过广播、提示牌、人工宣传等方式告知乘客暂停充值业务，引导乘客购买预制单程票。

（2）其他受影响站的票务处置

当其他受影响站被告知线路内某车站发售预制票时，值班站长要立即告知站内所有票务工作人员，如有“无进站”标记且没有购售车站信息的预制票，按发售预制票车站进行相应补票作业，非当日乘坐回收原票卡，按过期票进行相应补票作业。

当部分设备恢复正常后，值班站长根据客流情况决定停止售卖预制票，并上报控制中心调度员。

2. 车票的更新处理

当自动售票机和半自动售票机全部故障时，车站应立即启用手持验票机，对需进行乘客票务事务处理的车票进行验票，并视乘客是否在付费区按规定进行处理。

（1）非付费区乘客

对非付费区乘客，引导持储值票和预制票无法正常进闸的乘客从边门进站，并告知乘客到出闸站进行车票的票务事务处理。

（2）付费区乘客

若乘客在付费区而无法正常出闸时，对持单程票的乘客，由站务员回收其单程票并引导其从边门出站；对持储值票的乘客，告知乘客本次车费在下次乘车时到票务中心扣除，再引导其从边门出站。

自动售票机和半自动售票机全部故障的应急处理流程如图4-10所示。

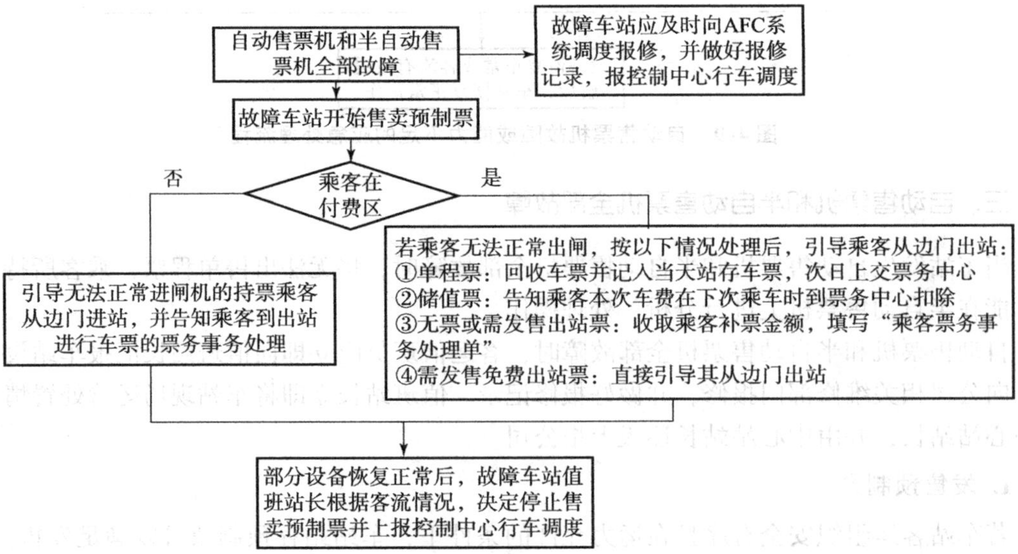

图4-10　自动售票机和半自动售票机全部故障的应急处理流程

【任务处理】

1. 案例分析

经调查，该站补票室内 BOM 一般只进行卡内补票作业，不涉及现金交易，故未对此设备核对，但当日操作员误将卡内补票操作为卡外补票（现金补票），造成票卡差异。

2. 解决措施

（1）操作人员在设备上进行业务操作时，必须认真核实无误后再执行，避免操作错误引发票款差异及乘客的损失。一旦因人为原因误操作设备，应按公司绩效考核规定进行处理。

（2）班组在进行票款收缴时，须对当班每台使用过的 BOM 进行票款核对，包括平日仅进行补票交易不收取现金的设备，并上缴所有结账水单。

（3）如发现 SC 报表与水单、实收款项不符，须逐台逐操作人员核对，找出具体差异设备、操作人员、交易业务等情况。

实训任务

1. 某年 9 月 23 日 12 点 25 分，车站全部自动售票机出现故障，无法出售车票，而半自动售票机速度太慢，该车站应如何处理？

分组分岗位按处理流程来模拟对现实情景的处理。

2. 2011 年 4 月 9 日（星期六），对某市地铁 1 号线天府广场站票务服务中心（票务处）的所有半自动售票机全部发生故障，该站应如何应对？

注：天府广场是该市的购物中心。

分组分岗位按处理流程来模拟对现实情景的处理。

任务 4　检票类设备故障时的票务处理

【情景导入】

<table>
<tr><td>案例名称</td><td colspan="3">检票设备故障事件</td></tr>
<tr><td>时间</td><td>××××年××月××日</td><td>地点</td><td>××车站</td></tr>
<tr><td colspan="4">事故概况：
某日车站进站闸机故障，一名乘客刷卡通过后扇门不关闭，后续乘客不刷卡可连续通过，车站报修后，安排一名工作人员专职盯守。因此，车站减少一名售票替岗人员，引发站厅购票乘客大量堆积，进出站秩序不顺畅。</td></tr>
</table>

自动检票机承担着乘客的进出站信息记录及乘车费用的扣除等功能。车站自动检票机一

旦大面积发生故障，乘客就无法通过自动检票机进出站，自动检票机也无法记录乘客的车票信息。因此车站必须采取其他方式代为执行以上功能。

【知识要点】

1. 部分闸机（自动检票机）故障处理程序。
2. 全部闸机（自动检票机）故障处理程序。

【理论准备】

一、部分闸机（自动检票机）故障

客运值班员对职责范围内的故障情况及时进行简单的故障处理，若非职责范围内或无法处理的设备故障，故障车站应及时向 AFC 系统调度报修，并做好报修记录。在故障闸机通道处摆放“设备故障，暂停使用”的提示牌，引导乘客选用正常工作的闸机进/出站。

若乘客进出速度缓慢，影响客流速度，可视情况将双向闸机人工设置为所需方向。

1. 部分进站闸机故障

值班站长可视客流情况，下令减缓或减少售票窗口；如有需要，可适当关闭站内自动售票设备及售票窗口，以减轻车站的进站压力。

2. 部分出站闸机故障

在车站条件允许的情况下，可打开故障出站检票机通道，组织持回收类车票的乘客出站，人工回收车票，宣传引导持非回收类票卡的乘客刷卡出站。

若车站 70% 及以上的进站闸机出现故障，且无法及时修复，可按突发性进站大客流来处理；

若车站 70% 及以上的出站闸机出现故障，且无法及时修复，可按突发性出站大客流来处理。

二、全部闸机故障或闸机能力不足

1. 全部进站闸机故障或进站闸机能力不足

进站闸机能力不足是指当车站出现突发大客流等特殊情况时，由于现有的进站闸机数量有限，不能满足乘客的进闸需要，导致大量乘客在非付费区滞留并等候进闸的情况；全部进站闸机故障是指全部进站闸机停止检票，导致本站大量乘客无法通过进站闸机正常进站的情况。这两种情况也同时会造成其他站有较多无进站码的车票无法正常出闸。

当车站进站闸机能力不足或全部进站闸机出现故障时，按以下程序处理：

(1) 故障发生站的票务处置

①客运值班员立即向值班站长汇报车站的设备情况，向 AFC 系统调度报修，做好报修记录。

②值班站长视车站实际情况下令，车站通过调度电话通知控制中心行车调度员，行车调度员确认后，通知 AFC 系统调度设置进出次序免检模式，并由行车调度员告知线路内其他车站做好应对准备。

③车站工作人员做好宣传引导工作，引导乘客从边门进站，若客流过大，边门无法满足需求，则将部分闸机设为常开状态，人工验票，组织持票乘客进站。

④设备恢复正常或进站客流有效缓解后，车站恢复正常运作，并上报控制中心行车调度员。

（2）其他受影响站的票务处置

其他受影响站在接到行车调度员通知后，若进出次序免检模式设置成功，则乘客可持车票正常出闸；若模式设置不成功，则引导乘客到票务中心逐张进行进站码更新，若有车票超程，则收取超程费用后更新。引导乘客更新车票后，通过出站闸机正常出站。

全部进站闸机故障或进站闸机能力不足的应急处理流程如图4-11所示。

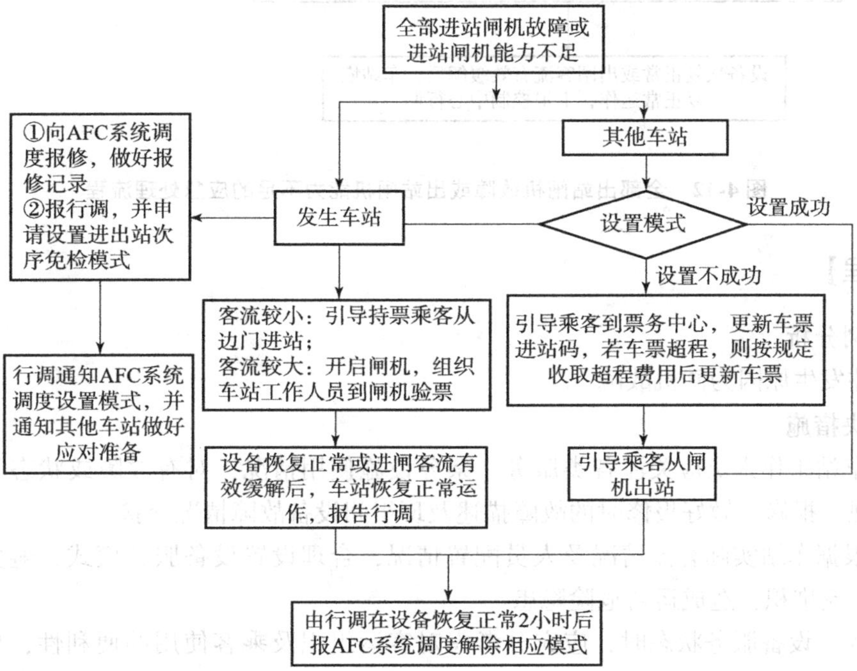

图4-11　全部进站闸机故障或进站闸机能力不足的应急处理流程

2. 全部出站闸机故障或出站闸机能力不足

出站闸机能力不足是指当车站出现突发大客流等特殊情况时，由于现有的出站闸机数量有限，不能满足乘客的出闸需要，导致大量乘客在付费区滞留并等候出闸的情况；全部出站闸机故障是指全部出站闸机停止检票，导致本站大量乘客无法通过出站闸机正常出站的情况。

当车站出站闸机能力不足或全部出站闸机故障时，客运值班员要立即向值班站长汇报车站设备情况，向AFC系统调度报修，做好报修记录，值班站长及时上报控制中心行车调度员，车站将出站闸机全部开启，车站工作人员到已打开的出站闸机值守，对持单程票的乘客，回收其单程票并记入当天站存；对持储值票的乘客，告知其本次车费在下次乘车时到客服中心扣除，设备恢复正常或出闸客流有效缓解后，车站恢复正常运作，并上报控制中心行车调度员。全部出站闸机故障或出站闸机能力不足的应急处理流程如图4-12所示。

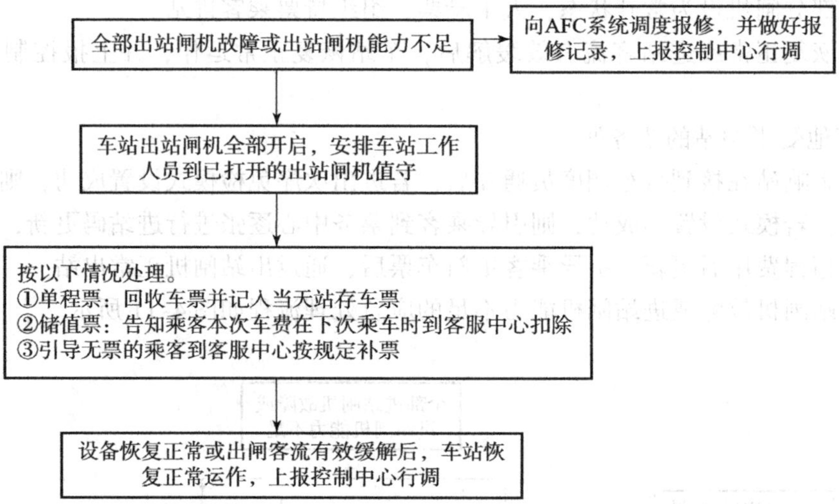

图 4-12　全部出站闸机故障或出站闸机能力不足的应急处理流程

【任务处理】

1. 案例分析

此事件发生原因为闸机故障。

2. 解决措施

(1) 车站工作人员应关注各类服务、票务设施使用情况，对有故障或状态不稳定的设备及时发现、报修，做好报修时的故障描述及班组间设备故障情况交接。

(2) 根据车站实际客流情况及人员配置情况，合理设置设备服务模式，避免因设备不稳定引发客流堆积，造成运营危险隐患。

(3) 改变设备服务状态时，应充分考虑对客运组织及乘客使用的便利性，如车站出入通过能力足够，或改变闸机通行方向会引起客流交叉不便于客运组织时，可将设备暂停服务，采取临时引导措施，疏导乘客使用其他闸机通行。

(4) 如车站通过能力不够，可使用闸机通道，通过手持验票机提供检票服务，并做好手持验票机的领用、归还、数据传输工作。

实训任务

1. 2010 年 10 月 1 日，某市地铁 1 号线世纪城站进站闸机全部发生故障，该站应如何应对？

分组分岗位按处理流程来模拟对现实情景的处理。

2. 2011 年 3 月 22 日，某市地铁 1 号线火车北站全部出站闸机发生故障。该站应如何应对？

分组分岗位按处理流程来模拟对现实情景的处理。

【项目实施与评价】

项目实施与评价表

项目四　车站票务处理

授课教师：＿＿＿＿＿＿班级：＿＿＿＿＿＿学生姓名：＿＿＿＿＿＿时间：＿＿＿＿＿＿

一、典型案例

某日乘客持一卡通卡至车站，反映一小时前在该售票室已充值，但一卡通余额未增加，要求退款。工作人员分析卡内信息后未发现充值信息，要求乘客提供充值凭证，乘客说工作人员未提供充值凭证，引发票务纠纷。

二、原因分析

三、防范措施

四、成绩评价

1. 学生评价

评价等级	A—优	B—良	C—中	D—及格	E—不及格
学生自评					
组内互评					
他组互评					

2. 教师评价

评价等级	A—优	B—良	C—中	D—及格	E—不及格
专业能力					
方法能力					
社会能力					
评价结果					

3. 综合评定

评价等级	A—优	B—良	C—中	D—及格	E—不及格
评价结果					

4. 评价量化标准

评价等级	行为表现描述
A	能高效圆满地完成任务中的全部操作内容
B	能顺利完成任务中的全部操作内容
C	能完成实训任务的全部内容，但需要一些帮助和指导
D	只能完成实训任务的部分内容
E	不能完成实训任务中的全部内容

思考与练习

1. 简述正常情况下的票务处理方法。
2. 简述降级运营模式下的票务处理方法。
3. 简述半自动售票机部分故障时的票务处理程序。
4. 简述半自动售票机全部故障时的票务处理程序。
5. 简述自动售票机部分故障时的票务处理程序。
6. 简述自动售票机全部故障时的票务处理程序。
7. 简述全部售票类设备故障时的票务处理程序。
8. 简述部分自动检票机故障时的票务处理程序。
9. 简述全部自动检票机故障时的票务处理程序。

项目五

票款清分结算管理

项目描述

随着城市轨道交通网络化运营的发展，对票务收益的清分已日益成为运营主体的关注焦点，上海、广州、北京等城市已建立清分中心（ACC，AFC Clearing Center）。在无障碍换乘的模式下，清分中心作为AFC系统最上层的管理中心，是城市轨道交通线网中各线路AFC系统数据汇总、处理的唯一中心，其主要职责是依据城市轨道交通网络中的线路为各运营商提供准确、及时的票务清分服务，同时对AFC系统运行状态进行监控管理，以及进行对外信息服务和管理等功能。然而，对于城市轨道交通网络来说，如何在保证整个轨道交通系统一体化运营的同时，公平、公正地维持各运营商的利益，制定合理的清分制度，从而确保轨道交通系统的可持续发展，是当前多家运营商合作前应当要解决的重要问题。本项目主要介绍轨道交通票款清分的概念、原则及方案。

培养目标

1. **知识目标**

（1）掌握轨道交通票款清分结算的概念及其规则。

（2）明确票款清分对象与清分的受益方。

（3）掌握七种清分方案的清分方法。

2. **能力目标**

（1）能够完成轨道交通票务收入的对账业务。

（2）能够熟练掌握轨道交通票务收入清分主要的清分算法。

（3）熟悉轨道交通票务队长的业务流程。

（4）能够正确填写票务报表。

3. **素质目标**

（1）具有良好的职业道德精神、团队合作意识。

（2）具有处理突发事故的应变能力。

（3）具有“安全第一、预防为主”的思想意识和观念。

（4）具有创新精神与实践能力。

任务1　票款清分结算管理

【情景导入】

案例名称	非法制票，牟取私利		
时间	2005年4月5日	地点	××车站
事故概况： 2005年4月5日××车站，两名站务员利用上班时间，分别在车站的自动售票机上制作、盗取含值单程票各5次，每次制作车票10至15张不等，并利用当天上票亭岗或出售预制票的机会，将盗取的车票进行出售，分别非法占有票款收入300元和150元。			

【知识要点】

1. 票款清分结算及清分规则的概念。
2. 票款清分的原则。

【理论准备】

国内外轨道交通网络的换乘模式总体上分为两种：一种是无缝换乘模式，即一票到目的地，乘客经由不同运营商经营的线路时，在付费区换乘不再刷卡，如伦敦等地；另一种是采用出付费区换乘方法，乘客需要多次购票，增加了乘客的不便，降低了整个轨道交通系统的吸引力，如东京等地。后者采用的有障碍换乘模式（站外换乘）可以通过辅助手段准确记录乘客的乘车路径，整个乘车路径中所涉及的所有换乘站点都被准确记录下来，不同的运营线路之间独立收费，因此在这些城市的轨道交通中并不涉及清分问题；而前者是乘客出行一次付费，且并不能准确得出乘客的出行路径，这样就存在不同的投资者、运营管理者之间进行账务的划分问题。

一、清分与结算

1. 清分

清分也叫清算，是指清算中心（ACC）按照一定清分规则将合法交易数据对应的资金进行清算，并将清算的结果详细列示出来。

票务清分是指把服务接受者上缴的全部收益，按照各服务提供者的贡献进行有效的利益分配，实质上是依据一定原则，计算并分配轨道线网中各运营实体的经济贡献，关键是制定相对合理的清分原则。

2. 结算

结算是指清算中心（ACC）按照清算结果将资金划拨给相应的受益方账户，完成资金的实际交收。

二、影响清分的因素

影响清分的因素可以分为四类，即乘客的社会经济因素、乘客出行特征因素、轨道交通路网因素以及其他因素。

1. 乘客的社会经济因素

乘客的社会经济因素主要包括乘客的年龄、职业及收入水平等。

（1）年龄

通常，年龄较大的乘客由于身体原因，在路径的选择过程中更希望选择换乘次数少且乘坐方便舒适的路径。

（2）职业

职业因素对乘客路径的选择具有一定的影响，一般情况下，离退休人员更希望选择换乘次数少，且方便舒适的出行路径，这与年龄因素的影响是一致的。另外，学生和工薪阶层更倾向于选择出行时间最少的路径。

（3）收入水平

通常，随着收入水平的提高，乘客对于方便、舒适和安全等方面的要求更高，因此对于收入较高的乘客来说，在其路径选择中更希望选择换乘次数少且方便舒适的路径。

2. 乘客出行特征因素

乘客出行特征因素主要包括出行距离、出行目的及是否高峰出行等。

（1）出行距离

出行距离是指乘客一次轨道交通的出行距离。通常，不同的出行距离对乘客选择路径具有一定的影响。例如，对于长距离的出行，乘客一般希望能够通过换乘来节约总的出行时间；而对于短距离的出行，乘客一般都不希望换乘。

（2）出行目的

不同的出行目的，乘客对路径的选择也是不同的。例如，以探亲访友为目的的乘客一般不会太在意出行时间的长短，而更在意出行过程中的方便、舒适等因素；而上班或公务的出行则对时间比较敏感，此类出行更希望能够通过换乘来节省总的出行时间。

（3）出行时段

出行时段包括客流高峰与平峰。在高峰时段，由于上下车的人数很多，车厢内和车站上的乘客也很多，很难保证一次候车就有机会上车乘坐，且每次换乘中上下车不方便并且还需要步行一段距离，消耗一定体力，因此，乘客希望选择换乘次数少的路径，对于时间的敏感度不是很高。

（4）拥挤程度

拥挤程度主要指路径的平均拥挤程度，它影响乘客对出行路径的选择，进而影响运费清分。据国内轨道交通调查结果显示，当一次出行时间超过 10 分钟时，41% 的乘客会对拥挤十分在意；当一次出行时间超过 15 分钟时，66% 的乘客会对拥挤十分在意；当一次出行时间超过 20 分钟时，84% 的乘客会对拥挤十分在意。可以采用列车的容纳能力和需要服务的乘客总量的比例来量化此因素。

3. 轨道交通路网因素

（1）路网结构

路网结构对清分的影响主要体现在两个方面：一是线路的形式与布局；二是线路的换乘模式，这里主要考虑共线运营。

在轨道交通路网中，如果线路之间相互交叉连接较多，则会构成相当多的环形结构，使路网的连通度大大提高，也将为乘客在两站之间的出行路径决策提供更多选择。这就要求在确定清分规则的时候充分考虑乘客出行路径选择多样性的特点，采用切实有效、接近实际的清分方法，确保运费在做出经济贡献的各运营主体之间进行合理分配。

（2）换乘便利性

换乘便利性是指轨道交通乘客在换乘距离、次数、时间等方面的便利程度。当乘客有多条路径可供选择且各路径的旅行时间相差不大时，换乘便利性会对乘客的路径选择产生一定影响，进而影响运费的清分。换乘便利性主要包括换乘次数和换乘时间两个方面。

对于换乘次数来说，在各条有效路径的出行时间相差不大的情况下，换乘次数越少的路径，其被选择的概率越大。乘客会在路径的旅行时间和换乘次数之间权衡考虑。据国内轨道交通客流调查显示，当一次换乘可以节省的时间超过 10 分钟时，48% 的乘客会选择此换乘；当一次换乘可以节省的时间超过 15 分钟时，76% 的乘客会选择此换乘；当一次换乘可以节省的时间超过 20 分钟时，93% 的乘客会选择此换乘。

换乘时间则包含换乘步行时间和换乘候车时间两部分，在旅行时间相近的多条路径中，乘客倾向于选择换乘时间较少的路径。因此，相同的换乘时间比相同的乘车时间阻抗更大，换乘时间应该按一定比例放大。

（3）路径换乘形式

路径换乘形式主要包括以下几种：

①单路径单运营商。

某 OD（表示交通起止点，“O”源于英文“Origin”，“D”源于英文“Destination”）之间只有一条有效路径，并且该路径只涉及一家运营商。在单路径单运营商的情况下，运费清分较为简单，乘客此次出行的运费按照清分规则应全部划归唯一路径所涉及的唯一的运营商。

②单路径多运营商。

某 OD 之间只有一条有效路径，并且该路径涉及多家运营商。在单路径多运营商的情况下，由于提供客运服务涉及多家运营商，因此可以按照各自承担的运距比例将运费清分。

③多路径单运营商。

某 OD 之间有多条有效路径，每条有效路径只属于唯一一个经营商。在多路径单运营商的情况下，首先应该将运费在多条路径之间分配，然后每条线路所得的运费再分配给线路所涉及的唯一一个运营商。

④多路径多运营商。

某 OD 之间存在多条有效路径，每条有效路径都涉及多条运营商，在多路径多运营商的情况下，运费清分最复杂，要分两步清分。首先，把 OD 的运费在多条线路之间分配，然后针对每条路径，根据所涉及的各运营商的运距比例分配该路径的运费所得。

（4）运营时间

运营时间对于运费清分的影响较容易判断。路网中各条线路的运营时间可能不完全一致，有的可能一天运营 18 小时，有的可能一天运营 16 小时。因此，OD 之间路径的运营时间就是该路径所涉及线路的运营时间的共同部分。运营时间对于运费清分的影响主要体现在当某 OD 之间存在多条可选路径时，每条路径的运营时间可能不一致，因此根据各条路径的运营时间可以得到一天当中不同时段由不同路径参与该 OD 的运费清分。

（5）出行时间

在城市轨道交通系统中，出行时间是影响乘客对出行路径选择的最主要因素。出行时间是指乘客从出发地至目的地所需的全部时间，包括区间运行时间、中间站停站时间、换乘时间等。其中，换乘时间是指乘客从一条轨道交通线路下车时起，经过换乘路线（含通道、扶梯等）到达另一条轨道交通线路，经候车后登上另一条线路上的列车离开时为止的时间。换乘时间包括换乘步行时间和换乘候车时间。当乘客从出发地至目的地有多条路径可供选择时，一般来说，出行时间越短的路线，被选择的概率越大。由于旅客选择的出行路径的不同，所涉及的路线和运营商也不同，进而影响线路的运费清分问题。

4. 其他因素

其他因素主要考虑了由于运营商提供的差别化服务及收取的服务费用，而导致乘客出行需求中质量需求的变化，进而影响乘客路径选择的特征。它体现出乘客对不同运营商的服务差异程度的理解，以及由此产生的路径选择偏好。

（1）票价

一般情况下，乘客会选择票价较低的路径。在深圳市轨道交通路网中，路网内所有线路采用统一票价制度，即 OD 点之间的票价是确定值，所以票价的影响可以忽略。

（2）对运营商的偏好

考虑到不同运营商的服务特色、服务质量可能存在差异，而这些差异可能使乘客在不同运营商之间产生偏好，进而影响路径选择和运费清分。因此，应该根据实际情况确认此类偏好是否存在，影响程度有多大。

三、清分原则

结合城市轨道交通清分管理中心的基于一家运营企业的“统一收费、按比例分成”的思路，主要的清分原则如下：

①满足票价政策调整的要求。

②清分规则应以影响清分的路网结构因素为主，结合乘客的社会经济因素、出行特征等其他方面的因素，同时可以通过清分模型中相关参数的修正来反映路网规模、结构，以及运营客流情况的变化等。

③应按照全路网中独立的经营核算实体清分，利益分配应与其经济贡献合理匹配。

④体现清分权重与线路一些重要属性的相关性，如路网结构、路径换乘形式等。

⑤体现清分权重与运营服务水平的相关性，如发车间隔、舒适度等。

⑥体现清分权重与影响乘客出行路径选择因素的相关性，如乘坐时间、换乘时间及换乘便利性、乘客偏好等。

四、清分对象与清分受益方

1. 清分对象

在票务清分系统模型构建中，最重要的是明确收益的清分对象，即清分主体、运营主体、线路主体、区域主体、发卡主体。一般而言，清分主体为城市轨道交通网的清分中心（ACC）；运营主体为城市轨道交通运营企业；线路主体为线路的所有权拥有者；区域主体为线路组成的区域，即为路网中某组成部分的所有者；发卡主体为发行储值卡或轨道交通专用票卡的票卡发行商。

2. 清分受益方

城市轨道交通系统中参与清算的受益主体包括票卡发行商、售票代理商、运营企业、清算商。

①票卡发行商承担城市轨道交通系统中使用的票卡发行和管理，具有票卡所有权。票卡的注销和充值资金划入指定账户，由票卡发行商统一管理。

②售票代理商是为城市轨道交通网络提供售票、售卡、充值和票卡处理服务的。城市轨道交通网络内的售票代理商应该属于运营企业的各售票点。

③运营企业是为城市轨道交通网络内提供运营服务的，收取运费作为其提供的收益。

④清算商是为城市轨道交通网络内各受益方主体进行清算服务的，以收取清算费作为其提供清算服务的收益。城市轨道交通网络内的清算商是 ACC。对于整个城市市政交通系统来说，还应包括一卡通中心。

一定时期内，城市轨道交通网络内的全部收入是通过各种票卡的销售和充值来形成的。收入的组成可用下式表示：

$$A = B + C + D$$

式中，A——城市轨道交通网络内的全部收入；

B——售票代理费；

C——运营企业的运费；

D——票卡发行商的票卡收益。

运费是以全部收入减去售票代理费、清算费之后剩余的部分为基数，以乘客实际的消费额按规则清分的。

票卡收益应是管理票卡销售、充值资金（包括票卡押金）所得收益的全部或一部分，可协议约定或由政府指定。

【任务处理】

1. 案例分析

（1）两名站务人员无视公司票务管理规定，法制观念淡薄，职业道德观念和自我约束能力差。

（2）车站设备存在安全缺陷。

2. 解决措施

（1）加强公司员工的职业素质教育，增强员工的法制观念。

（2）加强车站员工的监督管理，加强车站的对账确认制度管理。

实训任务

最短路径法计算清分和结算。

在实际情况中，应用最短路径法计算清分和结算。如图 5-1 所示。

1. 从 A 站到 B 站有三条路径可以选择，ACB = 6 元；AB = 5 元；ADB = 4 元。

2. AC = 10 分；CB = 5 分；AB = 15 分；AD = 30 分；DB = 5 分；换乘需要 5 分。

若采用路径最短原则，应选择哪条路径？在时间最短原则、换成次数最少原则、所用车费最少原则中，应分别选择哪条路径？

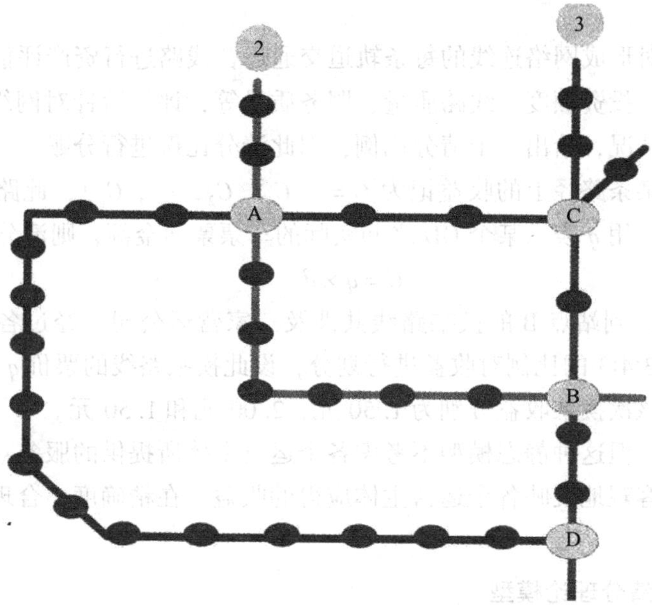

图 5-1　路径示例图

任务 2　清分方案

【情景导入】

<table>
<tr><td>案例名称</td><td colspan="3">私自占有多于报表记录的票款</td></tr>
<tr><td>时间</td><td>2013 年 9 月 11 日</td><td>地点</td><td>× × 车站</td></tr>
<tr><td colspan="4">事故概况：
2013 年 9 月 11 日 × × 车站，客运值班员在交接过程中发现票款实点数比报表记录数多 10 元，交接人未按规定做任何长款的交接记录，也未向上级反映，私下将此 10 元取走并占有。</td></tr>
</table>

【知识要点】

1. 了解城市轨道交通常见的票款清分方法。
2. 了解多路径选择概率的清分方法。

【理论准备】

一、清分方案

轨道交通票款清分的常见方法有人工分账、理想情况下的清分理论模型、基于乘客出行路径的清分方法。

1. 人工分账

此方法的基础是对形成网络连线的每条轨道交通运营线路进行资产评估，评估指标为运营里程数、线路走向、投资额度、线路质量、服务质量等，评估后针对网络中每一对 OD 的各运营线路参与投资情况，给出一个清分比例，据此清分比例进行分账。

设 n 个营运商在某条路径上的收益记为 $C=[C_1, C_2, \cdots, C_n]$，此路径评估后的清分比例用向量 d 来表示，用 q 表示某个 OD 之间实际的车票票面金额，则清分的数学公式为

$$C=q\times d$$

例如：设从站点 A 到站点 B 的换乘路线共涉及三家营运公司，经过各营运公司之间的评估和协商，最终以 3:4:3 的比例对收益进行划分，设此换乘路线的票价 q 为 5.00 元，则根据此方法，三家公司该次换乘收益分别为 1.50 元、2.00 元和 1.50 元。

该方法简单易行，但这种静态模型不考虑各个运营主体所提供的服务对整个路网客运周转贡献的差异，不能客观地反映各个运营主体应得的收益，在精确度、合理性上都存在明显缺陷。

2. 理想情况下的清分理论模型

轨道交通网络中的路径确定是清分过程中的关键问题。理想情况下，每个换乘站点均设有专用的检票设备，乘客每换乘一次就刷卡一次，这样就可得到精确的乘客出行路径，然后根据此路径上所涉及的营运线路，按照营运里程，得到精确的清分比例。

设 n 个营运商在某条路径上的收益为 $C=[C_1, C_2, \cdots, C_n]$，用 q 来表示某个 OD 之间实际的车票票面金额，某一路径用站点序列 S_0，S_l，…，S_{i-1}，S_i 表示，用 $L_i=|S_{i-1}S_i|$ 表示从 S_{i-1} 到 S_i 的运营里程数，则每条线路得到的收益 Q_j 为：

$$Q_j=q\times\frac{\sum_i L_i\cdot b_j}{\sum_i L_i}$$

其中，$b_j=\begin{cases}1 & L_j \in 线路 j\\0 & L_j \in 线路 j\end{cases}$

每条线路可能会由多个运营商投资和管理，各运营商参与线路投资的比例可用矩阵 A 来表示：

$$A=\begin{bmatrix} a_{11} & \cdots & a_{1n} \\ \vdots & \ddots & \vdots \\ a_{m1} & \cdots & a_{mn} \end{bmatrix}$$

下式中，a_{jk}表示第j条线路上第k个运营商参与投资和管理的比例，显然：

$$\sum_{k=1n} a_{jk} = 1, 且 0 < a_{jk} < 1$$

根据每条线路的收益Q与运营商的投资比例矩阵A可得运营商的清分收入为：

$$C=Q\times A=[Q_1, Q_2, Q_3, \cdots, Q_m]\times\begin{bmatrix} a_{11} & \cdots & a_{1n} \\ \vdots & \ddots & \vdots \\ a_{m1} & \cdots & a_{mn} \end{bmatrix}$$

理想条件下的清分过程实际上就是有障碍换乘模式下的清分问题，在这种条件下，可得到精确的乘客出行路径，进而得到精确的清分比例，但会给乘客出行带来不便。

3. 基于乘客出行路径的清分方法

基于乘客出行路径的清分方法是通过分析乘客的出行行为，考虑影响乘客路径选择的因素，并建立出行广义费用函数，在此基础上确定乘客OD站点之间的一条或多条可能路径，从而根据这些路径中各相关运营商所承担的运营里程来确定其运费清分比例。这种方法较为复杂，但能更加客观、准确地反映实际情况，有助于实现运费清分的公平性。

（1）最短路径法

最短路径是指任何两站之间旅行时间（包括区间运行时间和换乘时间）最短的路径。该方法假定某两站之间的乘客全部选择最短路径，将运费收益分配给在最短路径上做出服务贡献的运营商。

假定某个OD之间的最短路径为j，则n个营运商在此OD之间的收益为：

$$C=q\times[a_{j1}, a_{j2}, a_{j3}, \cdots, a_{jn}]$$

该方法较为简单，在路网规模不大、结构简单、清分精度要求不是很高的条件下，最短路径法可以作为确定运费清分比例的可行方案。但其不足之处在于：只根据时间要素进行路径选择分析，忽略了影响乘客出行路径选择的其他主客观因素，同时一个OD对只选用唯一的路径进行清分计算不能体现乘客选择的多样性，不能真实反映实际情况。

（2）多路径选择概率法

在一票无障碍换乘条件下，路网中异线站点之间换乘可能存在多条路径，只选取最短路径不能真实地反映实际的乘客出行路线，进而在清分中使得利益在各运营商中的分配产生不公平之处。多路径选择概率法考虑了乘客出行路径的多样性，确定几条乘客可能选择的合理性路径，根据一定的方法确定每条路径的客流分配比例，进而结合各线路承担的运营里程计算出清分比例。

设n个营运商在某条路径上的收益为$C=[C_l, C_2, \cdots, C_n]$，则每条线路得到的收益为$Q_j$，

即

$$Q_j=q\times P_j$$

其中，P_j为OD之间乘客选择路径j的比例。

则运营商的清分收入为：

$$C=Q\times A=[Q_1, Q_2, Q_3, \cdots, Q_m]\times\begin{bmatrix}a_{11} & \cdots & a_{1n}\\ \vdots & \ddots & \vdots\\ a_{m1} & \cdots & a_{mn}\end{bmatrix}$$

该方法通过分析乘客的出行行为，考虑了乘客出行路径的多样性，因此实际上包含了最短路径法。这种方法更切合实际地反映了乘客的出行情况，充分照顾到路网运营中做出贡献的运营商利益，从而根据这些路径中各相关运营商所承担的运营里程来确定其运费清分比例，其目标是更加科学、准确、客观地分配运费收益，体现公平原则。

二、多路径选择概率法的清分思路

多路径选择概率的清分方法的基本思路为：在网络中任意OD站点之间的客流量和票款收入已知的情况下，将OD流量按照一定原则合理地分配到OD对之间的各条有效路径上，得到不同路径的分担比例，并计算出地铁各线路在每条路径中所占站点数的比例，根据这两个比例，求得OD之间地铁各线路应得收入所占的清分比例，最终计算出票款收入。

假定在城市轨道交通网络中共有n个OD对，在第n个OD对之间总的出行需求量为d_n，票价为q_n，因此OD之间的票价收入R_n为：

$$R_n=d_n\times q_n$$

再假定第n个OD对之间存在w条有效路径供乘客自由选择，并假定第w条路径的选择概率为p_w^n，用向量$A_i^n=[a_{1i}^n, a_{2i}^n, a_{3i}^n, \cdots a_{wi}^n]$表示第$n$个OD对的第$w$条路径上$i$号线所占站点数的比例，则在第$n$个OD对之间地铁$i$号线运营商所占的清分比例$Q_{ni}$为：

$$Q_{ni}=p_w^n\times A_i^n=[p_1^n, p_2^n, p_3^n, \cdots p_w^n]\times[a_{1i}^n, a_{2i}^n, a_{3i}^n, \cdots, a_{wi}^n]$$

地铁i号线在n个OD对之间所占的清分比例可用向量$Q_i=[Q_{li}, Q_{2i}, \cdots, Q_{ni}]$表示，则地铁$i$号线运营商应得到的清分收入为：

$$C_i=R_n\times Q_i=[R_1, R_2, \cdots, R_n]\times[Q_{li}, Q_{2i}, \cdots, Q_{ni}]$$

【任务处理】

1. 案例分析

（1）客运值班员无视公司票务管理规定，职业道德观念和自我约束能力差。

（2）车站对员工监督管理不足。

2. 防范措施

（1）加强公司员工的职业素质教育，增强员工的法制观念。

（2）加强车站员工的监督管理，加强车站的对账确认制度管理。

实训任务

路径比选分析：

图5-2是北京地铁线路局部图，根据图5-2中地铁1号线、2号线和5号线的部分线路分布情况，如果乘客出行的起点为2号线的“长椿街”和五号线的“和平里北街”，那么乘

客根据自身需求和地铁线路的实际情况，大致会选择以下三条路径：

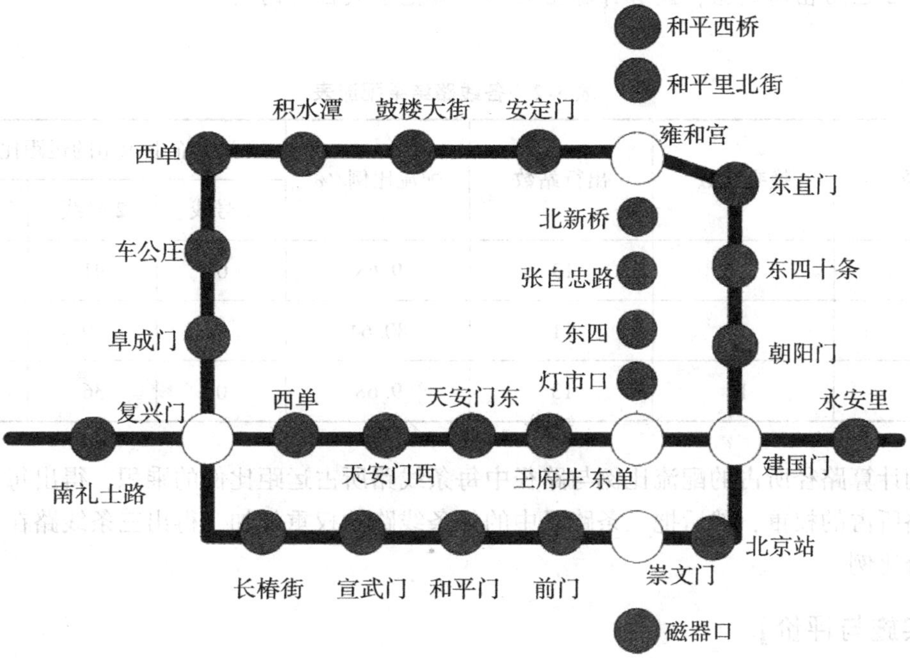

图 5-2　北京地铁线路局部图

路径 1：长椿街—崇文门—建国门—雍和宫—和平里北街；

路径 2：长椿街—复兴门—西直门—雍和宫—和平里北街；

路径 3：长椿街一崇文门一东单一雍和宫一和平里北街。

请思考以下问题：

1. 选择哪条路径的乘客较多？
2. 哪条路径的票务清分最多？
3. 哪条路径的票务清分最少？

任务提示：

根据长期的数据分析、现场调查，对每条路径的加权因子及每条路径被乘客选用的概率进行验证与修正，逐步比对，由此计算出比较符合实际的清分比例。表 5-1 已根据加权因子给出三条路径中路径 1 和路径 2 的配流比例，以及在三种路径中，每条线路所占的运营里程的比例。

表 5-1　各线路配流表

路径	换乘次数	出行站数	配流比例/%	运营企业承担的运距比例/%		
				1 号线	2 号线	3 号线
1			9. 68			9
2			80. 64		89	
3					36	

根据表5-1所示各线路配流表，能够清楚地计算出每条路径所经过的出行车站数量，再根据表5-2已给出的数据，能够计算出表格中其他空缺位置的数值。

表5-2　各线路结果配流表

路径	换乘次数	出行站数	配流比例/%	运营企业承担的运距比例/%		
				1号线	2号线	3号线
1	1	13	9.68	0	91	9
2	1	11	80.64	0	89	11
3	1	13	9.68	0	36	64

分别计算路径所占的配流比例与路径中每条线路所占运距比例的乘积，得出每条路径中每条线路所占的权重，然后把三条路径中的每条线路的权重相加，得出三条线路在三种路径中的清分比例。

【项目实施与评价】

项目实施与评价表

项目五　　票款清分结算管理

授课教师：　　　　班级：　　　　学生姓名：　　　　时间：

一、典型案例

上海轨道交通清分方法

1999年，上海城市轨道交通1、2号线自动售检票系统投入使用，这两条线的自动售检票系统是在不同时期、从不同国家引进的技术和设备，其票卡制式、技术标准和数据格式均不相同。当时由于标准的缺失等原因，无法做到“一票换乘”，造成检票时间增加，制约了运营服务水平的提高。为此，上海申通地铁集团组织编写了《上海轨道交通自动售检票系统实施纲要》，完成了整个轨道交通自动售检票系统的架构，确定了系统的技术方案、技术标准。2005年12月5日，完成了清分系统与上海公共交通卡清算系统的对接，12月25日，上海5条运营线路全部顺利接入清分系统，实现全市所有运营轨道交通线路的“一票换乘”和所有票务收入的及时清分结算。

城市轨道交通实现网络化运营和“一票换乘”后，不但为乘客提供了方便，同时也向乘客提供了多条换乘路径。当城市轨道交通网络中包含共线运营、环线运营，甚至一条或几条线路的车站中有一半以上的车站是换乘站时，这将使鉴别乘客的换乘路径成为难题。上海市采用的运费清分方法是基于乘客路径选择的最短路径清分方法，即在OD之间寻找乘客出行的最小费用路径，将全部流量分配给该路径，再根据不同运营商在该路径上所承担的路程比例来计算相应的清分比例。但是通过对换乘客流进行实地调查、数据统计和分析后，于2006年8月编写的《上海轨道交通票务中心客流调查报告》表明，按最短路径规则计算换乘客流和断面客流时与实际情况不符，尤其是在统计上海南站及上海体育馆站的换乘客流及1号线上体育馆至上海南站的断面客流时更加突出。

二、清分过程

三、清分优点

四、成绩评价

1. 学生评价

评价等级	A—优	B—良	C—中	D—及格	E—不及格
学生自评					
组内互评					
他组互评					

2. 教师评价

评价等级	A—优	B—良	C—中	D—及格	E—不及格
专业能力					
方法能力					
社会能力					
评价结果					

3. 综合评定

评价等级	A—优	B—良	C—中	D—及格	E—不及格
评价结果					

4. 评价量化标准

评价等级	行为表现描述
A	能高效圆满地完成任务中的全部操作内容
B	能顺利完成任务中的全部操作内容
C	能完成实训任务的全部内容，但需要一些帮助和指导
D	只能完成实训任务的部分内容
E	不能完成实训任务中的全部内容

思考与练习

1. 简述城市轨道交通票务收入清分的概念、清分的内容。
2. 简述城市轨道交通 ACC 在票务清分管理中的作用。
3. 简述城市轨道交通票务收入清分的基本过程。
4. 简述城市轨道交通 ACC 的主要功能及票务清分系统的作用。
5. 说明城市轨道交通票务收入的对账业务流程。
6. 说明城市轨道交通票务收入清分主要的清分算法。

项目六

票务差错和票务事故处理

项目描述

在日常票务工作中，票务违章行为的产生对城市轨道交通企业的票务工作和票务收益有不同程度的影响和损失，为减少和杜绝票务违章行为，站务人员必须掌握票务差错、票务事故管理的相关规定，以便在票务工作中规范操作票务设备，保证票务规章制度的正确贯彻执行，保障票务工作的顺利进行，确保公司票务收益的安全。

在城市轨道交通企业车站的日常票务运作中，因违反票务管理规章制度而违规操作的行为统称为票务违章。根据违章行为造成的对票务工作的影响、票务收益损失的大小及违规人员的主观意识不同，票务违章行为可分为票务差错和票务事故两大类。为减少票务违章行为，对票务差错和票务事故处理应遵循下列原则：

(1)“四不放过”原则

即差错、事故原因分析不清不放过，责任者和员工未受到教育不放过，未制定防范措施不放过，责任者未受到处理不放过。

(2) 实事求是原则

即票务差错及事故处理应以规章为准绳、以事实为依据，力求客观、公正。

(3) 逐级考核、落实到人原则

即实行层级管理，制定考核指标及办法，部门考核到室，室考核到班组，再由班组考核到人。

(4) 有责赔偿原则

即因票务差错或事故造成的公司损失由责任人赔偿。

(5) 尽职职责原则

即票务相关人员须认真履行本岗位的工作职责，对发现问题隐瞒不报、不如实反映情况，或者对票务差错、事故分析处理拖延、推脱责任、姑息纵容、不配合调查的各级人员，要追究其经济、管理责任。

一般管理责任规定：中心站站长对本站的票务运作负有直接管理责任；值班站长对本班的票务运作负有直接管理责任；票务管理部门承担车站票务收益的核对工作，确保票务收益的安全。车站管理部门负责对票务差错和票务事故的调查处理、防范和整改工作。稽查部门应该制定票务违章的处理办法，加大稽查力度，保障票务运作的正常秩序。

在车站的日常票务运作中，因各城市轨道交通企业的票务管理规章制度不同，对票务违章的处理不同，运营单位也会有不同的规定和管理办法，但最终目的都是为规范车站的票务操作，减少不必要的差错，杜绝票务事故，确保票务收益的安全。下面以某城市轨道交通企业制定的票务差错、票务事故管理办法为例进行阐述。

培养目标

1. 知识目标

(1) 认知票务差错的类型。

(2) 会运用票务差错的处理规定进行相关案例分析。

(3) 了解避免票务差错的方法。

2. 能力目标

(1) 熟悉票务差错和票务事故的处理原则。

(2) 能够理解票务差错的类型和处理规定。

3. 素质目标

(1) 具有良好的职业道德精神、团队合作意识。

(2) 具有处理突发事故的应变能力。

(3) 具有“安全第一、预防为主”的思想意识和观念。

(4) 具有创新精神与实践能力。

任务1 票务差错管理

【情景导入】

案例名称	××站错售预制票的票务差错处理		
时间	2013年1月16日	地点	××车站

事故概况：

2013年1月16日16：00左右，受春节年货会的影响，A站站厅乘客开始逐渐增多，当班值班站长张××及时组织售卖预制票。当班客运值班员刘××为售票员王××配相应的预制票。为避免卖错车票，售票员王××在票务管理室便将配好的预制票提前拆封，并拿便利贴将票价标签贴在预制票盒上。由于3元预制票盒上遗留有以前配票时写的“4元”字样，而售票员王××又未确认预制票盒上封条所写票价，因此错在3元预制票盒上贴上“4元”字样的便利贴，最终导致把227张3元预制票当作4元预制票出售的发售错误。

由于A站错误发售预制票，C站、D站、E站等站出现大量由于车票超程无法出站的乘客。初期，C站、D站、E站根据乘客反映卖错票的情况，未询问乘客是否是在临时票亭处购买的车票，便直接特殊审批，为乘客发放免费出站票出站。在得知A站大量预制票发售错误后，才对车票进行超程更新，让A站补超程费用到相应车站。

【知识要点】

1. 票务差错处理原则。
2. 票务差错类型。
3. 票务差错处理规定。

【理论准备】

一、票务差错的定义

票务差错是指与票务有关的各岗位人员在日常票务运作过程中，因工作疏忽违反票务管理规章制度，违规操作而造成轻微损失和影响的票务违规行为。

二、票务差错的定性原则

①违反票务规章制度，但未给票务工作造成较大影响或损失。

②违反票务规章制度，其行为非当事人主观故意，且未构成个人或集体获取利益。

三、票务差错的分类

根据票务差错行为对公司票务运作的影响程度，分为一类至三类票务差错。

1. 一类票务差错

一类票务差错指在公司的票务运作中，凡是由于管理、设备操作、票务作业等过程中出现的违章，或造成直接经济损失 1 ~ 50 元（包括 50 元），或因人为误操作原因而导致数据差异为 500 元以下的票务违章。

①未按规定及时处理长/短款。

②未按规定的程序将票款解行。

③员工收到乘客丢弃或遗留的车票未按规定上交。

④未按要求做好出入库单的填写/签收工作。

⑤在车站票务管理室的监视系统盲区摆放未清点的钱箱。

⑥未按要求加封现金和车票，车票和现金的保管不符合安全管理规定。

⑦正常情况下，车票、现金放在非现金安全区域，或车票、现金在运送途中没有放在上锁的售票盒、票箱或上锁的手推车中。

⑧车站“票务中心”（票亭）的房门未锁闭。

⑨无正当理由未按时上交票务报表。

⑩票务监控设备、AFC 系统设备故障或其他 AFC 系统备品损坏，未报修和跟进。

⑪遗失设备测试票，数量在 50 张以下；丢失车票（含纸票），金额合计在 10 ~ 50 元（包括 50 元）的行为。

⑫车票编码人员错误编写车票信息（非设备原因），数量在 2 张以上 100 张以下（本条所称的“以上”包括本数，所称的“以下”不包括本数，下同），或涉及金额在 1 ~ 50 元（包括 50 元）的行为。

⑬车站票务管理室的车票没有分类摆放，中心票库的车票没有分区存放，票柜、保险柜、钥匙柜未上锁。

⑭值班员在交接班时，发现站存车票或现金有误，没有及时报站长或值班站长，涉及金额在1～50元（包括50元）的行为。

⑮检查工作组认定的其他违规行为。

2. 二类票务差错

二类票务差错指在公司的票务运作中，凡是由于管理、设备操作、票务作业等过程中出现的违章，或造成直接经济损失50（不包括50元）～100元（包括100元），或因人为原因导致数据差异500（不包括500元）～1 000元（包括1 000元），造成较严重影响行为的票务违章。

①遗失样票5张以下，或涉及金额在50（不包括50元）～100元（包括100元）的行为。

②未按规定办理借出现金/车票手续，未造成损失的。

③未按规定办理票务钥匙交接或外借手续，或违反保管要求。

④与票务工作无关的人员进出票务管理室、车站“票务中心”（票亭）、制票间，或人员进出制票间未按规定登记。

⑤售票员当班期内身上带有私款或地铁车票（本人员工票除外）。

⑥车票编码人员离开制票间未锁门。

⑦车站人员操作完票务工作站或BOM（半自动售票机）后没有及时注销。

⑧遗失设备测试车票，数量在50张以上200张以下；丢失车票（含纸票），金额合计在50（不包括50元）～100元（包括100元）的行为。

⑨车票编码人员错误编写车票信息（非设备原因），数量在100张以上1 000张以下，或涉及金额在50（不包括50元）～100元（包括100元）的行为。

⑩值班员在交接班时，发现站存车票或现金有误，没有及时报站长或值班站长。涉及金额在50（不包括50元）～100元（包括100元）的行为。

⑪检查工作组认定的其他违规行为。

3. 三类票务差错

三类票务差错指在运营公司的票务运作中，凡是由于管理、设备操作、票务作业等过程中出现的违章，或造成直接经济损失100（不包括100元）～200元（包括200元），或因人为原因导致数据差异1 000元（不包括1 000元）以上，造成较严重影响行为的票务违章。

①没有在指定的地点两人同时负责开封清点车票、现金，清点钱箱中的票款。

②在票务管理室的监视系统盲区打开钱箱、票箱，或者清点现金、车票（舞弊行为不列在此类）。

③遗失样票5张以上10张以下，或涉及金额在100（不包括100元）～200元（包括200元）的行为。

④车票编码人员错误编写车票信息（非设备原因），数量在1 000张以上4 000张以下，或涉及金额在100（不包括100元）～200元（包括200元）的行为。

⑤丢失设备测试车票，数量在200张以上；丢失车票（含纸票）金额合计在100（不包括100元）~200元（包括200元）的行为。

⑥值班员在交接班时，发现站存车票或现金有误，没有及时报站长或值班站长。涉及金额在100（不包括100元）~200元（包括200元）的行为。

⑦检查工作组认定的其他违规行为。

四、票务差错的处理

对一、二、三类票务差错，原则上由当事部门负责调查处理，根据本部门相关的考核细则对当事人进行考核，制定规范和整改措施，处理结果报票务稽查部门备案。

【任务处理】

1. 案例分析

（1）售票员王××接到上岗通知后，在张贴票价便利贴时，未认真确认预制票金封条所写的车票金额，最终导致售错预制票，对此事件负主要责任。

（2）当班客运值班员刘××对售票员监控不到位，未监督售票员张贴便利贴，对此事件负次要责任。

（3）A站中心站站长陈××，A站当班值班站长张××组织不利，对现场预制票的售卖情况监控不到位，对此事件负管理责任。

2. 解决措施

（1）组织全员学习，教育员工吸取教训，避免再犯类似错误。

（2）现场拆封预制票后，及时确认封条，加封票价和数量，将车票放在专用的塑料票盒内，并在塑料票盒上贴上准确的票价，确认票价无误后才能开始出售。

（3）客值配票时，务必将盒子上的无关数字涂去，以免员工看错。

（4）当乘客反映买错票时，车站员工必须询问乘客购票车站，以及是否是在预制票点购买的车票。车站员工需根据乘客反映的情况向售卖预制票的车站了解情况，若确实是由于卖错预制票而导致车票超程，则出站车站需对车票进行超程处理，费用由发售车站补齐，严禁通过审批发放免费出站票的方式处理。

（5）各站需慎重对待特殊审批，不能为了免除“麻烦”而随意审批。

实训任务

某日某站某学员在跟岗实习期间，在师傅单独巡站的时候，通过测试，发现闸机退票口遗留的无进站信息的车票可以正常使用。于是，该学员在本班及之后的两个班趁师傅单独巡站的时机，将在出闸机回收口处拾到的6张无进站信息的车票未按规定投入回收箱，而是私自带走，在下班之后分三次交给其同学乘坐地铁。

试分析此事件过程中的责任划分以及防范措施。

任务2 票务事故管理

【情景导入】

案例名称	遗失补币箱钥匙的票务事故处理案例		
时间	2013年10月1日	地点	××车站
事故概况： 2013年10月1日20：30分，行车值班员张××与杨××交接班，清点票务钥匙时，张××发现少了一把补币箱钥匙，杨××立即进行查找，但找不到，于是交班，让张××继续帮忙寻找后离站，张××将情况上报分管站长。10月2日，车站对票务钥匙进行了全面核查，并继续进行查找。由于班中没有人借用补币箱钥匙，杨××估计该钥匙从抽屉后方空隙掉到抽屉下方放置的垃圾桶内，被保洁清理垃圾时倒掉了。于是车站立即联系保洁，保洁回复，垃圾已被收走。最终车站没有找到遗失的补币箱钥匙，在10月3日上报部门。			

【知识要点】

1. 认知票务事故的类型。
2. 了解票务事故的处理规定。

【理论准备】

一、票务事故的定义

票务事故是指与票务有关的各岗位人员在日常票务运作过程中，因违反票务管理规章制度，违规操作而造成公司票务收益损失或严重危及公司票务收益安全的票务违规行为，以及损失轻微但违规人员带有恶意企图的票务违规行为。

二、票务事故的定性原则

违反票务规章制度，且符合以下任意一项的，定性为票务事故：
①给票务工作造成较大影响或损失；
②其行为是当事人主观故意造成的；
③获取个人或集体利益。

三、票务事故的分类

根据票务事故所导致的直接或间接损失大小，由此造成对票务收益安全的危害程度，或当事人的行为动机，由低至高分为一至四类票务事故。

1. 一类票务事故

(1) 票务设备的管理和操作

①违规操作 AFC 系统设备，造成票务收益流失或损失，合计价值在 200 元以上 1 000 元（含 1 000 元）以下①。

②在非“票务中心”（票亭）营业时间，违规进入并违规使用票务设备。

（2）票务钥匙、票务备品的管理和使用

①丢失票务钥匙，如票务用房钥匙、保险柜钥匙、设备门/设置钥匙、模块钥匙、其他票务相关钥匙。

②丢失价值在 200 元以上 1 000 元以下的票务备品。

（3）车票的管理和使用

①车票编码人员错误编写车票信息（非设备原因），数量在 4 000 张以上 8 000 张以下，金额在 200 元以上 1 000 元以下。

②遗失样票 10 张以上，或涉及金额在 200 元以上 1 000 元以下。

③未按规定要求办理地铁专用票的发放手续，造成错误发放、遗漏回收的情况。

④车票的注销及销毁出错，涉及金额在 200 元以上 1 000 元以下。

⑤丢失车票（含纸票），金额合计在 200 元以上 1 000 元以下。

2. 二类票务事故

（1）票务设备的管理和操作

违规操作 AFC 系统设备，造成票务收益流失或损失 1 000 元以上 10 000 元以下。

（2）票务备品的管理和使用

丢失价值在 1 000 元以上 10 000 元以下的票务备品。

（3）车票的管理和使用

①未按规定要求执行票务相关规定，造成错误编码车票信息，给票务工作造成较大影响。

②车票编码人员错误编写车票信息（非设备原因），数量在 8 000 张以上，延误车票及时发行。

③非设备原因导致车票的注销及销毁出错，涉及金额在 1 000 元以上 10 000 元以下。

④丢失车票（含纸票），金额合计在 1 000 元以上 10 000 元以下。

（4）票务取证资料的管理

工作中违反相关规定，导致系统数据或监控录像等重要取证资料缺失或不全，影响三、四类事故嫌疑的调查取证。

3. 三类票务事故

（1）票务报表的填写和管理

变造账目、报表或其他虚假行为填平账目。

（2）票务设备的管理和操作

①违规操作 AFC 系统设备，造成票务收益流失或损失在 10 000 元以上 100 000 元以下。

②故意使用他人密码操作票务设备。

③利用 AFC 系统终端设备违规操作，引起数据混乱、丢失。

---

① 此处 1 000 元以下都指包含 1 000 元的情况，其余同。

(3) 票务钥匙、密钥卡、票务备品的管理和使用

①私自制作、使用票务钥匙或 AFC 系统密钥卡。

②丢失已注册成功的密钥卡。

③丢失价值在 10 000 元以上 100 000 元以下的票务备品。

(4) 车票、现金的管理和使用

①未经批准注销或销毁车票。

②车票的注销及销毁出错，涉及金额在 10 000 元以上 100 000 元以下。

③丢失车票、成本、押金，金额合计在 10 000 元以上 100 000 元以下。

4. 四类票务事故

(1) 车票、现金、票务收益的管理和使用

①违章占有、挪用任何车票、现金或截流现金。

②任何蓄意导致运营公司票务收益流失或侵占运营公司票务收益的行为。

③丢失车票、成本、押金，金额合计在 100 000 元以上。

④车票的注销及销毁出错，涉及金额在 100 000 元以上。

(2) 票务报表的填写和管理

变造账目和报表或用其他方式，被查出有个人或集体违规获利事实的行为。

(3) 票务设备、票务备品的管理和操作

①违规操作 AFC 系统设备，造成票务收益流失或损失，合计价值在 100 000 元以上。

②蓄意破坏 AFC 系统设备，造成公司财产损失，合计价值在 100 000 元以上。

③丢失价值 100 000 元以上的票务备品。

四、票务事故的处理程序

票务事故原则上由管理部门处理。车站管理部门负有对车站票务事故进行检查、统计、分析，以及制定控制措施的职责。对事故的处理视情节的严重程度分级别处理。

1. 一、二类票务事故的处理

①事发部门自查发现的一、二类票务事故，原则上由当事部门自行调查处理，制定规范和整改措施，处理结果报相关部门备案。

②对票务稽查在日常检查和票务稽查中发现（或收到举报、上报）的，稽查部审核为一、二类票务事故的，需移交当事部门调查处理，票务稽查跟踪处理进度。

2. 三、四类票务事故的处理

①对发现（或收到举报、上报）的三、四类票务事故，由安全质量部票务稽查立案调查。

②立案后，安全质量部应成立由两名或两名以上人员组成的调查组对案件进行全面、客观、公正的调查，收集有关证据，必要时可组织相关部门的相关人员共同参与调查。

③调查取证的方法如下：

a. 要求被调查人员提供书面材料和证明。

b. 收集有关物证，勘查事故现场。

c. 使用录像、录音、监控仪等设备取证。

d. 要求相关部门提供必要的数据及技术支持。

e. 其他合法的调查方法。

④调查结束后，调查人员应对调查结果和有关证据材料进行分析，做出初步定性，并写出案件调查报告，调查报告内容包括案由、案情、违章事实、处理意见、防范措施等。

3. 票务事故的处罚

（1）对当事人和当事人部门的处罚

①一类票务事故：给予当事人部门内通报，扣发当月绩效工资 30%，并由其承担全部或部分经济损失。

②二类票务事故：给予当事人警告处分，在部门内通报，扣发当月绩效工资 50%，并由其承担全部或部分经济损失。

③三类票务事故：视情节轻重给予当事人记过、记大过处分，在运营公司范围内通报，扣发当月绩效工资，并由其承担全部或部分经济损失。

④四类票务事故：贪污票款、造成运营公司重大损失或恶劣影响的，给予解除劳动合同处理，情节严重并触犯法律的，移交司法机关依法处理。

⑤同一票务事故的情节涉及两条或以上的票务事故条款时，以事故情节最严重或危害最大的事故条款来进行定性和处理。

⑥其他行为由计划财务分步组织调查，根据性质或实际损失程度报运营公司确定处理意见。

（2）对管理者和责任部门的处罚

①对定性为票务事故的责任部门，按照运营公司归口管理考核分解表进行考核。

②对于票务管理工作中发生问题隐瞒不报、不及时处理的各级管理人员，应追究其监督、管理责任。

③对一、二类票务事故中负有直接管理责任的相关部门领导、站长等管理人员给予警告，并扣发当月绩效工资 20%。

④对三、四类票务事故中负有直接管理责任的相关部门领导、站长等管理人员给予通报批评，并扣发当月绩效工资 40%。

⑤若半年之内（指从发生第一起票务事故的时间算起）出现两起同类型的二类以上票务事故，对相关部门领导通报批评，并建议运营公司对部门负责人进行考核。

⑥相关部门没有按规章要求执行，将按实际情况报公司对相关部门进行考核。

⑦事故调查人员泄露举报材料和举报人情况或通过不正当手段进行调查，将给予行政处分。

⑧对部门间检查中发现的违反票务规章的情况，如相关部门没有及时做出相应整改，对相关部门按运营公司的规定进行绩效考核。

【任务处理】

1. 案例分析

（1）行车值班员杨 × × 工作责任心不强，当班期间未认真做好票务钥匙的保管，并且在遗失钥匙后思想不重视，没有积极进行全面查找，错失找回钥匙的时机，是造成本次事件的根本原因，对本次事件负全部责任。

（2）值班站长王××未能及时发现班中员工遗失钥匙，对本次事件负当班管理责任。

（3）分管票务的副站长刘××负管理责任。

2. 解决措施

（1）组织全体站务人员学习这次发生的一类票务事故，吸取教训，加强各层级人员的票务安全意识。

（2）严格执行《票务管理手册》中有关票务钥匙管理的相关规定。钥匙借用人负责钥匙的使用安全和保管。

（3）车站值班员或以上级别人员须按《票务管理手册》中的规定保管、交接票务钥匙。

（4）车务各部、中心站加大自查力度，防止出现同类票务事故。

实训任务

某日某站某售票员在处理一张付费区无效学生储值票时，未按规定办理乘客事务处理表及发售免费出站票，而是直接开边门让乘客出付费区。乘客出付费区后要求办理退票，售票员发现此票有利可图，故未按规定进行退票操作，就直接将车票押金及余值交给乘客。事后该名售票员将此票交给朋友使用，利用车票的异常情况教其朋友少付车费。

试分析此事件中的责任划分以及防范措施。

票务事故案例分析

1. 私自占有备用金

（1）事情经过

某日某站值班员给售票员配备用金时没有进行记录，售票员发现硬币实际数比账面数多后，没有向值班员反映，而是把多出的备用金占为己有。

（2）事故处理

按四类票务事故给予售票员开除处理，并罚款58元；给予值班员部级通报批评，并罚款200元。

（3）事故分析

值班员安全意识淡薄，没有严格按作业程序操作，没有记录备用金配出情况，是导致此次票务事故的诱因。

售票员在发现备用金账实不符时，产生贪念，将未登记的备用金占为己有，是导致此次票务事故的主要原因。

2. 票盒未上锁加封便离开，使别人有机可乘

（1）事情经过

某日晚，某站客运值班员与售票员结账时核点票款，发现少了1 000元。而在售票员当班期间，只有厅巡进入过票亭，在该站公安协助调查下，这名厅巡承认其盗窃行为，交代他在票亭顶岗时擅自打开了售票员的票盒，并盗取盒内票款1 000元。

(2) 事故处理

本事故构成四类票务事故，给予售票员辞退处理，交回窃取的1 000元票款，并罚款500元。

(3) 事故分析

该厅巡法制观念淡薄，窃取票款，是导致此次票务事故的主要原因。

交班售票员安全意识淡薄，票盒未上锁加封便离开，使别人有机可乘，是导致此次票务事故的次要原因。

3. 私自占有乘客票款

(1) 事情经过

某日某站，售票员没有按票务规章对一名因未携带员工票出站的员工按普通乘客补款4元处理，而是在收到票款后，交由站厅站务员到自动售票机购买了一张4元单程票。这名站务员接4元硬币后，在自动售票机上购买了一张2元单程票，经处理后将车票交给该员工出站。当该员工询问车资时，此站务员才将补票款2元退回。在调查的过程中，此站务员承认其想将此2元占为己有。

(2) 事故处理

按四类票务事故处理该站务员，解除其劳动合同。

(3) 事故分析

售票员按章作业意识淡薄，擅自帮付费区出站的员工购票，是导致此次票务事故的前因。站务员法制观念淡薄，拿了员工票款后企图占有2元票款，是导致此次票务事故的主要原因。

4. 私自出售乘客遗留的有值单程票

(1) 事情经过

某日某站，售票员利用当班时机出售乘客遗留的有效单程票和私藏乘客兑零时漏拿的硬币，共侵占票款20元。

(2) 事故处理

员工侵占票款的行为已构成四类票务事故。

(3) 事故分析

该售票员违反票务管理规定，利用当班售票时机，侵占票款20元，对事故负全部责任。

5. 侵占回收的无效票和过期票

(1) 事情经过

某日某站，站长在对男更衣室进行例行检查时，发现一站务员打开的更衣柜里放着一堆车票，其中包括：单程票27张、“城市一卡通”车票1张（含1.8元余值）。经查问，该站务员承认上述车票是其在做厅巡期间从乘客手中回收的无效票和过期票。事后其未将车票上交车站，并已将4张单程票送给朋友。

(2) 事故处理

站务员非法私自占有车票，构成四类票务事故。对其发放诫勉通知书，给予记大过一次，并罚款500元。

(3) 事故分析

站务员自入公司以来，多次接受相关票务规章的学习，但没有真正在思想上重视，只是流于形式，导致在日常工作中没有严格执行有关票务规章制度，非法私自占有33张车票长达半年，严重违反公司的票务规定。

6. 私自调换新发售的储值票

(1) 事情经过

某日早上，一乘客在某站票务处购买了一张100元的储值票。当天乘客用该储值票乘车两次，在出站时发现所扣车费与车票余值不符，当晚即向购买站投诉。

经调查后发现，该车票并非当天发售的新票，而是该站售票员当天加值的车票。经查问，当班售票员承认自己利用工作之便，将余值为67.0元的私人车票充值30元后当新票出售给乘客。

(2) 事故处理

该事故构成四类票务事故，给予售票员辞退处理，并罚款500元。

(3) 事故分析

售票员缺乏职业道德和岗位责任心，违规出售车票，占有票款，是导致此次票务事故的主要原因。

车站值班员、值班站长监控不到位，未发现售票员私带车票上岗，是导致此次票务事故的次要原因。

7. 盗取代售的一卡通车票

(1) 事情经过

某日某站某站务员在站长室协助值班站长汇总车站边门登记台账，并在值班站长离开站长室后，私自打开未上锁的抽屉，盗取执法证据保存凭证的学生储值票一张，余额37.70元。

当晚，值班站长发现学生储值票丢失。次日，在站长的调查及教育下，该站务员承认盗取车票经过，并在该站会议室的柜子里取出该车票。

(2) 事故处理

该站务员利用工作之便，盗取执法证据保存凭证的车票，该事件已构成四类票务事故。给予其辞退处理，并罚款500元。

(3) 事故分析

当事人利用在站长室工作的机会，盗取执法证据保存凭证的学生储值票，严重违反了票务规定。站长调查教育时，当事人承认盗取执法证据保存凭证的车票经过，并已归还该车票。

车站值班站长未能严格按规定使用办公设备（抽屉开锁后不上锁却离开现场），且未按规定将执法文书与执法证据保存凭证车票、弃票分开放置，未按规定及时上交联谊票、弃票。

车站站长未能按工作规章制度督促检查车票的存放情况及行政执法的日常管理工作，同时未能及时做好新员工的监督帮带，负管理责任。

8. 站长指挥作弊，值站亲制假账

(1) 事情经过

某日某站，早班售票员因事离岗10分钟，由厅巡顶岗，顶岗期间，双方未进行注销、重登BOM操作。中午发现后，站长指示车站票管按SC报表记录重新做账。客管便根据SC报表推算出两人的车票及现金交易金额，制作假账。

(2) 事故处理

按四类票务事故处理，给予站长、值班站长撤职处分，给予两名售票员总部级诫勉通知书处理。

(3) 事故分析

两名站务员的票务安全意识淡薄，缺乏岗位责任心，违章顶岗，是导致此次票务事故的主要原因。

站长缺乏正确的管理认知，缺乏岗位责任心，发现问题后不是积极处理，而是指挥车站员工弄虚作假；值班站长缺乏正确的是非观念，未能坚持工作原则，听从站长的错误领导，亲拟假账，是导致此次票务事故的主要原因。

9. 虚构乘客资料，利用估值侵吞公司票款

(1) 事情经过

某日A站站务员4人、B站务员8人和C站值班员2人，为谋取私利，无视公司票务规章制度，利用在票务处工作之便违规操作，利用票务政策漏洞，虚构乘客资料，破坏车票磁道，违章填写报表，侵吞公司票款。其行为直接导致公司票务收益流失，账目不清。

(2) 事故处理

按四类票务事故处理，给予14名票务违规作弊人员公司通报，解除5名情节较严重的站务员劳动合同，并罚款500元；分别给予4名情节较轻的站务员记过处分，并罚款500元，其他相关人员发放诫勉通知书并罚款500元。

(3) 事故分析

站务员缺乏职业道德，无视公司收益，违反规章制度，利用政策漏洞谋取私利，是导致此次票务事故的主要原因。

车站管理不善，站务员违规操作3个多月尚未发现，是导致此次票务事故的次要原因。

10. 伪造报表+补票款=填平车票

(1) 事情经过

某日，某票务管理人员在核查某站少了5元预制单程票的过程中，发现少了100张7元预制单程票。次日，该站在无法查清原因的情况下，通过伪造售票员出售100张7元预制票报表，再由值班员补还700元票款的方式填平账目，随后票务管理人员

了解到车站违规填平账目的做法后，没有采取纠正措施，也没有按规定向票务部报告。

（2）事故处理

车站副站长和值班员负主要责任，违反票务管理规定，伪造票务报表、填平账目。这种在票务工作中弄虚作假的行为性质严重、影响较大，本事件最终定性为三类票务事故。根据《员工奖惩实施细则》的规定，给予发放诫勉通知书的处理。

（3）事故分析

该站违反票务管理规定，通过伪造售票员售卖7元预制单程票报表，再由值班员垫付700元票款的方法来填平账目，隐瞒了车站“丢失”100张7元预制票的事实。

相关票务管理人员违反《车站票务管理手册》，未按规定将该站“丢失”预制单程票的情况报告总部；未纠正该站不按规定反映车票实际数量和伪造票务报表填平账目的错误做法。

【项目实施与评价】

项目实施与评价表

项目六　票务差错和票务事故处理 授课教师：　班级：　学生姓名：　时间：
一、典型案例 某日某站某客运值班员整理票务报表期间，发现早班一名售票员的售票员结算单及乘客事务处理单（涉及金额3元）不在点钞室内，四处寻找未果。该客运值班员马上通知了票务部报表核对人员，留意车站上交的票务报表中是否夹有当天的报表，同时将报表遗失的情况上报当班值班站长，并询问应如何处理，值班站长让其再仔细找一找，如真的找不到，便重新填写一份报表。 当日，客运值班员在票务分部及车站都无法找到这两份报表，于是重新填写售票员结算单及乘客事务处理单，凭印象填写乘客事务处理单中应由乘客亲笔填写的“乘客资料”一栏，并要求售票员在重新填写的报表上盖章。 二、原因分析   三、防范措施

四、成绩评价

1. 学生评价

评价等级	A—优	B—良	C—中	D—及格	E—不及格
学生自评					
组内互评					
他组互评					

2. 教师评价

评价等级	A—优	B—良	C—中	D—及格	E—不及格
专业能力					
方法能力					
社会能力					
评价结果					

3. 综合评定

评价等级	A—优	B—良	C—中	D—及格	E—不及格
评价结果					

4. 评价量化标准

评价等级	行为表现描述
A	能高效圆满地完成任务中的全部操作内容
B	能顺利完成任务中的全部操作内容
C	能完成实训任务的全部内容，但需要一些帮助和指导
D	只能完成实训任务的部分内容
E	不能完成实训任务中的全部内容

思考与练习

1. 简述票务差错和票务事故的处理原则。
2. 什么叫票务差错？
3. 票务差错类型的处理规定是什么？
4. 什么叫票务事故？
5. 票务事故的处理规定是什么？
6. 简述票务事故发生的原因。

项目七

点钞与验钞技能

项目描述

点钞与验钞是徒手或借助工具、机器来进行钞票计数和钞票检验的一种应用技术。它在人们日常生活、经济交往，尤其是在银行、企事业单位的出纳以及轨道交通企业的售票等工作中被广泛使用。点钞与验钞更是一项眼、脑、手三合一的操作技术。作为一名城市轨道交通企业的票务人员，常常扮演着会计、统计、审计等多重角色，可见，点钞与验钞水平如何直接影响工作的质量和效率，因此，这项技术成为相关从业人员一项必不可少的技能。

培养目标

1. 知识目标

(1) 了解点钞的基础知识。

(2) 掌握手持式、手按式的各种点钞方法。

(3) 掌握机器点钞方法。

(4) 掌握人民币的识别与鉴别方法。

2. 能力目标

(1) 能够熟练应用手持式点钞方法及扎把技巧。

(2) 能够熟练掌握验钞技巧。

3. 素质目标

(1) 培养学生良好的职业道德。

(2) 培养学生解决实际问题和动手实践的工作能力。

任务1　手工点钞技能

【情景导入】

案例名称	点钞技能		
时间	高职学生实习期伊始	地点	长春市轨道交通集团轻轨3号线
小高是某高职院校城市轨道交通运营管理专业的学生，毕业后到长春市轨道交通集团轻轨3号线上实习。由于某站客流量较大，所以每天的资金流也很大。对于每天所收取的现金，面额有100元、50元、20元、10元、5元、1元纸币，还有零散硬币等，每天面对大量的面额不等且零钱居多的现金，小高应如何展开工作呢？她能否做好这项工作呢？			

【知识要点】

1. 了解点钞的基本要求。
2. 掌握手持式点钞的三种方法。
3. 了解手持式点钞法。
4. 了解手工清点硬笔法。

【理论准备】

一、手工点钞的基本要求

在手工点钞的整个工作中，一般要经过拆把、持票、清点、记数、墩齐、扎把和盖章这七个基本环节，因此对点钞人员在点钞操作中有以下几点基本要求。

1. 坐姿端正

坐姿端正是指点钞时要求点钞人员身体要坐正、挺胸、腰直、自然放松、双肘自然放在桌上，两脚平踏地面，持钞的左手腕部接触桌面，右手腕部稍抬起。总之，点钞要自然大方，给人一种美的享受。如图7-1所示。

图7-1　点钞坐姿

2. 点钞用具准备

工作时点钞人员所用到的账册、算盘、计算器、图章、印台、沾水盒、小封条及其他点钞用具都要提前准备，摆放整齐，以便于点钞时使用方便。

3. 清点准确

在点钞过程中，点钞技术的关键是点数准确。点钞人员要做到点钞准确快速，注意力集中。另外，一定要进行初点和复点。如果初点时点票币的上端，那么复点时要点票币的下端，这样做的好处是防止票币折叠。

4. 动作连贯

动作连贯是指在点钞过程中的每个环节必须环环相扣，紧密配合，动作协调，清点速度均匀，不拖泥带水。

5. 开扇均匀

开扇均匀是指点钞时打开扇面，扇面上每张钞票的间隔距离要基本一致。

6. 墩齐钞票

每点完 100 张钞票后，要把钞票墩齐，以便扎把。钞票墩齐要求四条边水平，不露头、不错开，卷角应拉平。两手的拇指放在钞票的正面，其他手指放在钞票的背面，使钞票的正面朝身体横执在桌面上，左右手松拢墩齐，再将钞票竖起墩齐，使钞票四端整齐，然后用左手持钞作扎把准备。

7. 捆扎松紧适度

纸币按够 100 张为一把，够 10 把为一捆进行捆扎。硬币则按够 100 枚为一卷进行包扎。不够把（卷）的为零张（枚），由上小下大扎在一起，损伤券放在好券的上面。

钞票捆扎松紧要适度，小把以提起把中第一张钞票不被抽出为准。按“#”字形捆扎的大捆，以用力推不变形、抽不出票把为准。

8. 盖章清晰

盖章是点钞过程的最后一个环节，扎完把后，要在腰条纸上盖上清点人的名章，表示对此把钞票的质量、数量负责，因此，每个清点人点钞后均要盖章，而且图章要盖得清晰，以看得清行号、姓名为准。

二、手持式点钞法

1. 手持式单指单张点钞法

手持式单指单张点钞法是一种适用范围极广的点钞方法，可用于收、付款等工作，用于清点各种新旧钞票及各种面额不等的钞票。

（1）拆把

①保留原腰条纸。

将钞票墩齐横执，左手拇指在前，其余 4 指在后，横握钞票上侧左半部分，使其略成瓦状，然后用右手脱去腰条纸。通常初点时采用这种方法，以便复点时发现差错能查看图章。

②撕断原腰条纸。

将钞票墩齐横执，左手拇指在前，其余4指在后，横握钞票上侧左半部分，使其略成瓦状，然后用右手食指用力勾断腰条纸。或者持钞用左手，左手手心面向自己，中指和无名指分开，钞票正面向下，将钞票左端1/2处放在左手中指和无名指的中间，小指、无名指和中指向手心弯曲夹住钞票，左手拇指在里侧上边处，左手中指稍用力使钞票放倒在桌面上，钞票的左上角翘起成瓦形，同时食指伸直，勾住腰条纸，用力勾断，用拇指捏住钞票里侧边缘向外推，使钞票成微开的扇面形，为清点做好准备。复点时一般采用此种方法。

（2）持钞姿势

持钞用左手，左手手心面向自己，中指和无名指分开，钞票正面向下，将钞票左端1/2处放在左手中指和无名指的中间，小指、无名指和中指向手心弯曲夹住钞票，左手食指伸直托住钞票的背面，左手拇指放在钞票正面的1/2处，将钞票向后压弯，同时向前稍推，使钞票稍有点呈扇形。持钞姿势如图7-2所示。

（3）点钞

将右手指尖轻放在钞票的右上角，拇指在上，食指和中指在下，托住钞票的背面，无名指和小指贴中指自然弯曲。用右手拇指和食指摩擦，向右下方将钞票捻起一张，钞票形成一个小的弧，接着用右手无名指将捻起的钞票向下弹出，右手拇指继续和食指摩擦，捻起第二张，无名指继续将捻起的钞票向下弹出，这样一捻一弹，连续操作，直到点完。手持式单指单张点钞姿势如图7-3所示。

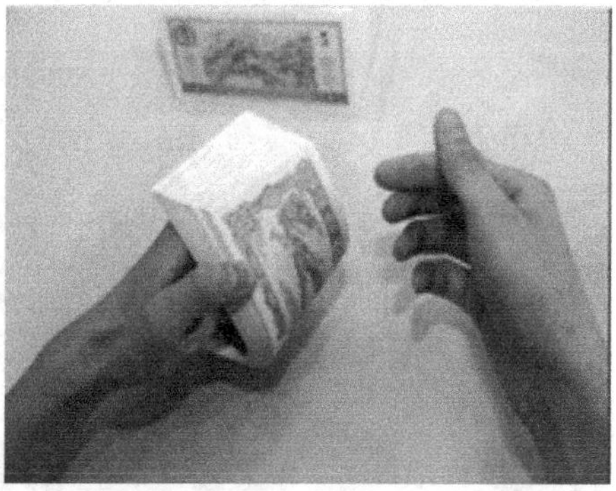

图7-2　手持式单指单张持钞姿势

图7-3　手持式单指单张点钞姿势

（4）记数

记数要与清点同时进行，采用单数分组记数法记数。把10作1记，即1，2，3，4，5，6，7，8，9，1（10）；1，2，3，4，5，6，7，8，9，2（20），依此类推，数到1，2，3，4，5，6，7，8，9，10（100）时，即整100张为一把。采用这种方法记数时要默记，做到手、眼、脑密切配合，既准又快。

（5）扎把

点完100张后，左手拇指与食指、中指之间捏住钞票，无名指、小指伸向钞票的背面，使钞票正面朝向身体横执在桌面上，竖起墩齐，使其四端整齐，然后左手持钞，右手取纸条将钞票捆扎牢固。扎把方法可依据自己的习惯，采用双端拧结法或缠绕捆扎法。

①双端拧结法。

扎把时将钞票墩齐，左手横执钞票，拇指捏在票前，中指、无名指和小指捏在钞票后面，食指伸直压在钞票上侧。右手拇指和食指捏住腰条纸1/3处，将腰条纸的另一端放在钞票上侧中间的位置，使腰条纸短的一头在钞票后，长的一头在钞票前，即身体这一边，左手食指尖在钞票的上侧压住腰条纸，如图7-4所示。右手的拇指和食指将腰条纸在钞票的下面由里向外缠绕半圈至钞票后面，再用右手拇指和食指捏住腰条纸的两端，然后将左手松开换位，从正面捏住钞票两侧，右手从钞票背面中间向里顶住钞票，使其成小瓦形，并捏紧腰条纸两端，左手腕向外转180°，右手捏住腰条纸的两端，向里转180°，用食指将腰条纸头掖在凹面瓦形里，再把钞票抚平，使腰条纸压在下面。扎完后，腰条纸的结一定要在钞票的背面，如果是100张，腰条纸必须在钞票的中间。双端拧结法扎把过程如图7-4～图7-7所示。

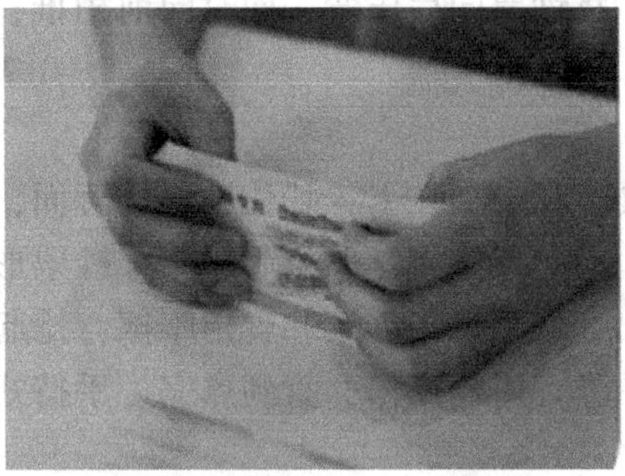
图7-4　双端拧结法扎把过程（一）

图7-5　双端拧结法扎把过程（二）

图7-6　双端拧结法扎把过程（三）

图7-7　双端拧结法扎把过程（四）

双端拧结法要用拉力强、质地软的腰条纸。腰条纸长度在30厘米左右。扎把是点钞的一道重要程序，有一定的技术要求和质量标准，操作时要达到快而不脱，紧而不断。一般以每2秒扎一把为快速，扎把后，最上面一张自然提起时以抽不出为紧。

②缠绕捆扎法。

将钞票墩齐横执，左手拇指在前，其余4指在后，横握钞票上侧左半部分，使其略成瓦状，右手拇指和食指捏住腰条纸的一端，并送交左手食指将其压住，右手拇指与食指由怀里向外缠绕两圈，注意在上方要拉紧，左手食指在钞票的上侧，压住拉紧的腰条纸不要松动，然后右手拇指与食指将腰条纸余端向右方平行打折成45°，然后用右手食指或中指将腰条纸的头向左掖在凹面瓦形里，再用右手拇指压紧，把钞票抚平即可。缠绕捆扎法扎把过程如图7-8～图7-11所示。

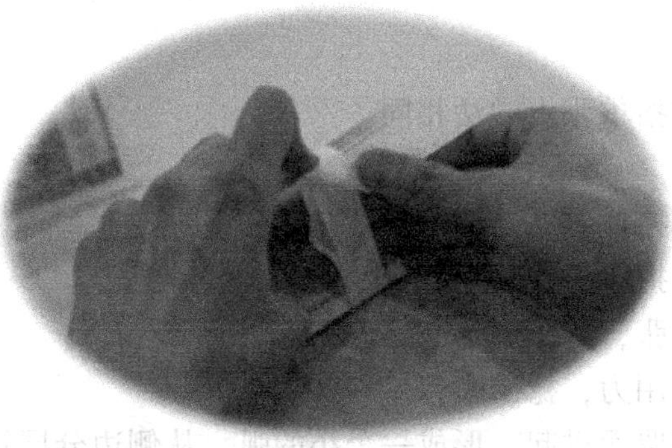

图 7-8　双端拧结法扎把过程（一）

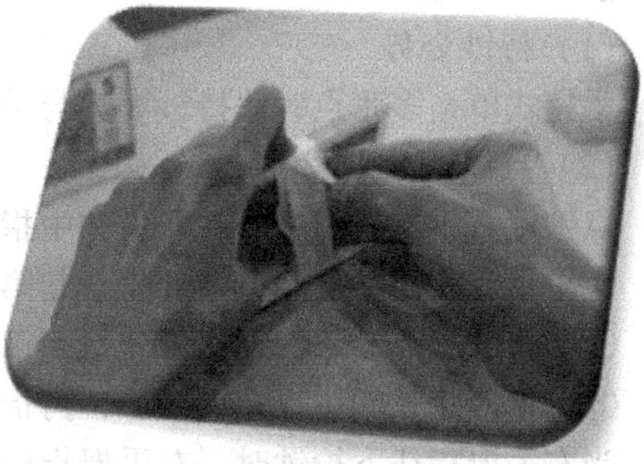

图 7-9　双端拧结法扎把过程（二）

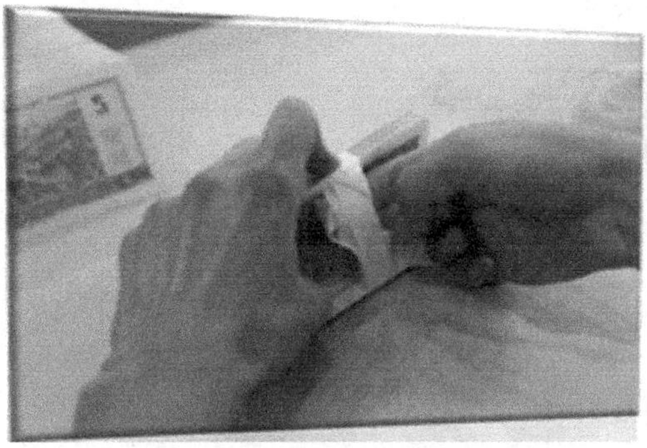

图 7-10　双端拧结法扎把过程（三）

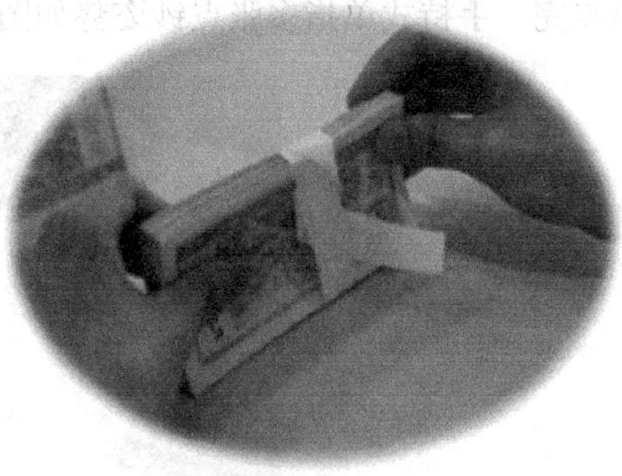

图 7-11　双端拧结法扎把过程（四）

（6）盖章

钞票扎把后，要在钞票侧面的纸条上盖上点钞人员的名章，以明确责任。盖章要清晰可见。

手持式单指单张点钞法是点钞中最基本的也是最常用的一种方法。这种点钞方法姿势优美，操作轻松自如，在单指单张系列中速度较快，准确率高。在点钞时，票面的视见度大，易挑剔损伤券及发现假钞，适用于收款、付款和整点各种新旧大小的钞票。若能熟练掌握这种点钞方法，时速可达 18 000 张左右，即每 100 张 20 秒。

（7）点钞技巧

①右手拇指在捻钞时，肌肉要放松，每一张捻动的位置要相同，拇指接触票面的面积要小，捻动幅度不要太大，拇指捻起一张后不要抬起让钞票下去，而是等无名指将钞票弹下去。

②右手食指和中指要始终放在钞票的右上角，托住钞票，不能离开。

③这种点钞方法的速度和质量往往受到记数的制约，点钞速度越快，记数的难度越大。因此要掌握好记数的节奏，逢整数时在意念上应有停顿，以提高准确率。

以下介绍的各种点钞方法，其扎把和盖章等环节都与手持式单指单张点钞法相同，故不再重复叙述。

2. 手持式单指多张点钞法

点钞时钞票离开桌面，用一个手指同时点两张或两张以上钞票的方法叫手持式单指多张点钞法。

（1）持钞姿势

手持式单指多张点钞法持钞姿势与手持式单指单张点钞法相同。

（2）点钞

点钞用右手，拇指在上，食指和中指在下，拖住钞票背面的右上角。

①单指双张点钞法，拇指肚先捻起第一张，拇指尖捻起第二张。

②单指三张点钞法，拇指肚先捻起第一、二张，拇指尖捻起第三张。

③单指四张及四张以上点钞法，拇指肚均衡用力，捻出多张。

当右手拇指往下捻钞时，左手拇指稍抬，使票面拱起，形成一个小的弧，从侧边分层错开，便于看清张数，每捻出一组，用无名指弹出让钞票下落，然后再捻下一组，如此循环，直至点完。手持式单指多张点钞姿势如图 7-12 所示。

图 7-12 手持式单指多张点钞姿势

（3）记数

手持式单张点钞法采用分组记数法。单指双张点钞法，两张为一组记一个数，数到 50 组就是 100 张；单指三张点钞法，三张为一组记一个数，数到 33 组余 1 张就是 100 张；四张点钞法，四张为一组记一个数，数到 25 组就是 100 张；五张点钞法，五张为一组记一个数，数到 20 组就是 100 张。

单指多张点钞法是由单指单张点钞法发展而来的，点钞时记数简单省力，速度较快。若能熟练掌握这种点钞方法，时速可达 20 000 左右，即每 100 张 18 秒。其缺点是不能看清中间几张的票面，这样不易发现假钞和损伤券，因此适用于复点。

（4）点钞技巧

采用手持式单指多张点钞法时，要充分发挥拇指肚的作用。根据每组点钞张数的不同，拇指尖伸出钞票右上角的长短应有所不同，右手拇指用力要均衡，捻的幅度不要太大，左手的拇指要配合向后移动。捻钞的同时，眼睛要看清张数，看钞票突起的地方，准确无误后再用无名指弹出。

3. 手持式多指多张点钞法

手持式多指多张点钞法是指点钞时用小指、无名指、中指、食指依次捻下一张钞票，一次清点四张钞票的方法，也叫四指四张点钞法或四指拨动点钞法。这种点钞法适用于收款、付款和整点工作，不仅省力、省脑，而且效率高，能够逐张识别假钞票和挑剔残破钞票。

（1）持钞姿势

钞券横立，左手持钞。持钞时，手心朝胸前，手指向下，中指在票前，食指、无名指、小指在后，将钞券夹紧；以中指为轴心，五指自然弯曲，中指第二关节顶住钞券，向外用力，小指、无名指、食指、拇指同时向手心方向用力，将钞券压成“U”形，“U”口朝里；这里要注意食指和拇指要从右上侧将钞券往里下方轻压，打开微扇；手腕向里转动90°，使钞券的凹面向左但略朝里，凸面朝外向右；中指和无名指夹住钞券，食指移到钞券外侧面，用指尖管住钞券，以防下滑，大拇指轻轻按住钞券外上侧，既防钞券下滑，又要配合右手清点。最后，左手将钞券移至胸前约20公分的位置，右手五指同时沾水，作好清点准备。手持式四指四张持钞姿势如图7-13所示。

（2）点钞

点钞用右手，右手拇指轻轻托住内上角里侧的少量钞票，其余4指自然并拢，弯曲成弓形，食指在上，中指、无名指、小指依次略低，4个指尖呈一条斜线。先由小指从钞票的上角与拇指摩擦捻起第一张，接着用无名指与拇指摩擦捻起第二张，再用中指与拇指摩擦捻起第三张，最后用食指与拇指摩擦捻起第四张。接着以同样的方法清点，循环往复，直到点完。注意，每次捻起的钞票都夹在相应的两指之间。手持式四指四张点钞姿势如图7-14所示。

图 7-13　手持式四指四张持钞姿势

图 7-14　手持式四指四张点钞姿势

（3）记数

手持式四指四张点钞法采用分组记数法，每次点四张为一组记一个数，数到25组为100张。

手持式四指四张点钞法姿势灵活，点数轻松，票面视见度较大，速度较快，熟练掌握后，最高时速可达30 000张左右，即每100张12秒。

（4）点钞技巧

①点钞时，左手持钞略低，右手手腕抬起高于左手。

②捻钞票时动作要连续，当食指捻下本次最后一张时，小指要紧紧跟上，每次之间不要间歇。

③捻钞的幅度要小，手指离票面不要过远，四个指头要一起动作，加快往返速度。

④四个指头与票面接触面要小，应用指尖接触票面进行捻动。

⑤右手拇指随着钞票的不断下捻向前移动，托住钞票，但不能离开钞票。

⑥在右手捻钞的同时，左手要配合动作，每当右手捻下一组钞票，左手拇指就要推动一次，

两指同时松开，使捻出的钞票自然下落，再按住未点的钞，如此动作，使下钞顺畅自如。

4. 手持式扇面点钞怯

点钞时钞票离开桌面，将钞票捻成扇面形状进行清点的方法叫做手持式扇面点钞法。

（1）持钞姿势

用左手将钞票竖拿，左手拇指在钞票下端票面约 1/4 的中间处，食指和中指在票后与拇指一起捏住钞票，让钞票的左下角与掌心保持一定距离，无名指和小指自然弯曲。右手拇指在左手拇指的上端，其余四指均横在钞票背面，无名指和小指附在左手食指和中指上面。

（2）开扇

开扇是扇面点钞法的难点，扇面开得均匀，才便于清点。开扇时以左手拇指为轴心，左手拇指向外推，右手手指将钞票灵活向胸前压弯，同时右手拇指在钞票前向左上方推动钞票，右手食指、中指在票后用力向右捻动，左手食指在钞票原位置向逆时针方向画弧捻动，左手食指、中指在票后用力向左上方捻动，右手食指继续将钞票向胸前左下方压弯，如此循环，右手手指逐步向下移动，至右下角时即可将钞票推成扇面形状。如有不均匀的地方，可双手持钞抖动，使其均匀。手持式扇面开扇点钞姿势如图 7-15 所示。

（3）点钞

手持式扇面点钞有两种方法：拇指清点和四指清点。

①拇指清点。

左手持扇面，用右手中指、无名指和小指托住钞票的背面，拇指在钞票右上角 1 厘米处，一次按下 5 张或 10 张，按下后用食指压住，拇指继续向前按下 5 张或 10 张，依此类推，同时左手应随着右手点数速度逐步向内转动扇面，以配合右手按动，直到点完为止。手持式扇面拇指点钞姿势如图 7-16 所示。

②四指清点。

左手持扇面，在扇面 2 厘米处先用右手拇指按下第一组，然后食指按下第二组，中指、无名指依次按下第三组、第四组，再从拇指开始，这样交替清点，同时左手应随着右手点数速度逐步向内转动扇面，以配合右手按动，直到点完为止。手持式扇面四指点钞姿势如图 7-17 所示。

图 7-15　手持式扇面开扇点钞姿势

图 7-16　手持式扇面拇指点钞姿势

图 7-17　手持式扇面四指点钞姿势

（4）记数

手持式扇面点钞法记数采用分组记数法，每组点 5 张，点到 20 组为 100 张；每组点 10 张，点到 10 组为 100 张；每组点 14 张，点 7 组剩 2 张为 100 张；每组点 16 张，点 6 组剩 4 张为 100 张。

手持式扇面点钞法是手工点钞法中速度最快的一种。技术熟练者时速可达 30 000 张，即每 100 张 12 秒。这种点钞法只适合清点较新的钞票和复点，不适用于收款初点和清点新旧、残破混合的钞票。

（5）点钞技巧

①扇面点钞法开扇比较难，开扇动作要快，最好使拿、拧、抖三个环节一气呵成，打开的扇面每张钞票之间的距离要均匀，以便于清点。

②点数时左手要将扇面持平，并随着右手点数的速度，腕部稍向内转，同时右手和肘部也要随着点数的速度自然向左前方移动。

③眼睛要看清张数，如果点 10 张一组，可看两个 5 张，这样视力容易达到。

三、手按式点钞法

手按式点钞法是将钞券按放在桌面上进行清点的点钞方法。手按式点钞方法一般分为单指单张点钞、多指多张点钞等多种方法。

1. 手按式单指单张点钞法

这是一种传统的点钞方法，在我国流传甚广，它适用于收款、付款和整点各种新、旧大小钞券。由于这种点钞方法逐张清点，看到的票面较大，便于挑剔损伤券，特别适宜于清点散把钞券和辅币及残破券多的钞券。

（1）按钞姿势

将钞票横放在桌上，正面朝上，距胸前 20 厘米左右。用左手小指和无名指按住钞票的左方 1/4 处，右手的小指和无名指压住钞票的右方 1/4 处，然后用右手的拇指托起右下角一小部分钞票，双手的中指分别放在钞票的中部。

（2）点钞

先用右手食指与拇指摩擦向上捻起一张钞票，同时左手拇指向上勾起，推送到左手的食指与中指之间夹住，然后继续用右手食指向上捻动钞票，再用左手拇指送到左手的食指与中指之间夹住，依次连续操作，直到点完。手按式单指单张点钞姿势如图 7-18 所示。

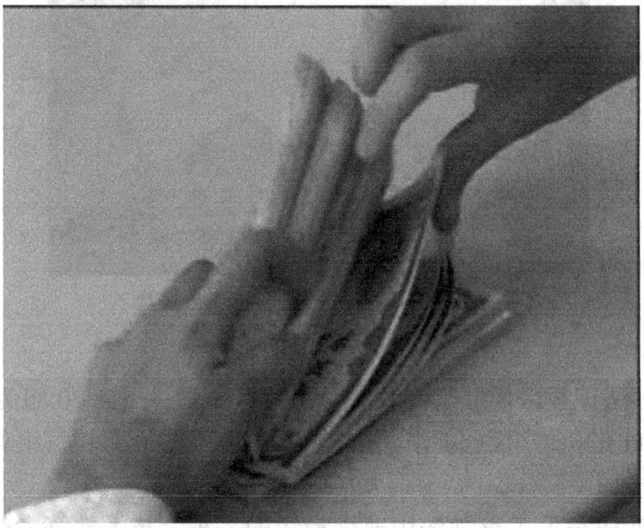

图 7-18 手按式单指单张点钞姿势

（3）记数

手按式单指单张点钞记数方法与手持式单指单张点钞法相同。

手按式单指单张点钞法是一种传统的点钞方法，简单易学，适用于清点各种大小不同、新旧不一钞票，速度不快，但准确率高，视见度较大，便于挑剔损伤券和假币，比较实用。若熟练掌握这种方法，时速可达 12 000 张，即每 100 张 30 秒。

（4）点钞技巧

①点钞时，左手要固定按在钞票左边的 1/4 处，不要移动，以便于清点。

②右手食指捻钞要到位，靠钞票边，捻起的每一张钞票都要与拇指摩擦，才能达到准和快。

③右手拇指托起的钞票不要太多或太少，一次以20张左右为宜。

④左手拇指和右手食指要配合默契，右手食指捻的同时左手拇指要快速向前推动。

2. 手按式多指多张点钞法

手按式单指双张、三张、四张点钞法是在手按式单指单张点钞法基础上发展起来的点钞方法，因此，它们的方法与手按式单指单张的方法基本相同，只是清点和记数略有不同。

四、硬币清点法

1. 拆卷

将清点后使用的包装纸平放在桌子上，右手持硬币卷的1/3处放在新的包装纸中间，左手撕开硬币卷的左头，然后用右手向下从左端到右端压开包装纸，包装纸压开后，用左手食指平压硬币，右手抽出已压开的包装纸，这样即可准备清点。

2. 清点

清点时用右手，从右向左分组清点。清点时，用右手拇指和食指将硬币分组清点，每次清点的枚数因个人技术的熟练程度而定，可一次清点5枚或10枚，也可一次清点12枚、14枚、16枚等。为保证清点准确无误，可用中指在一组的中间分开查看，使两边的数量能很快看清。如一次点10枚，即从中间分开，一边为5枚，依此类推。

3. 记数

手工清点硬币采用分组记数法，一组为一次，一次清点5枚，点到20次，即为100枚；一次清点10枚，点到10次即为100枚；一次清点12枚，点到8次余4枚，即为100枚；一次清点14枚，点到7次余2枚，即为100枚；一次清点16枚，点到6次余4枚，即为100枚。

4. 包装

清点完毕后即可包装。包装时，用双手的无名指分别顶住硬币的两头，用拇指、食指、中指捏住硬币的两端，双手拇指从包装纸底端将纸掀起，接着用食指将硬币卷在纸内，然后用右手掌心用力向外推卷，随后用双手的拇指、食指和中指分别把两头包装纸向中间方向折压，紧贴硬币，再用拇指将后面的包装纸往前压，用食指将前面的包装纸往后压，使包装纸与硬币贴紧，最后用拇指和食指向前推币，便包装完毕。

5. 盖章

硬币包装完毕后，整齐地放在桌上，卷缝的方向一致。用右手拿名章，用左手掌心滚动硬币卷，用右手将名章顺着硬币卷滚动的方向依次盖在各卷上。对不足100枚的硬币卷，要标明数量和金额。

6. 操作技巧

手工清点硬币也可以先在撕开的纸上清点，清点后再抽纸。熟练掌握手工清点硬币的技巧需要加强视力的锻炼，两手配合要协调。

【任务处理】

1. 案例分析

手工点钞方法通常有手持式点钞法和手按式点钞法两种，由于手持式点钞法是在手按式点钞法的基础上发展起来的，相比较而言，手持式点钞法的速度更快些，因此手持式点钞法在全国范围内应用得更为广泛。手持式点钞法根据指法的不同可分为单指单张点钞法、单指多张点钞法、多指多张点钞法、扇面式点钞法四种。案例中的小高每天面对清点大量面额不等的人民币，尤其一元居多，无法用点钞机来点，只能人工点，可见工作量之大。可以选择相对省力、省脑、高效且能够逐张识别假钞票和挑出残破钞票的手持式多指多张点钞法，点钞时用小指、无名指、中指、食指依次捻下一张钞票，一次清点四张钞票。通过一段时间的练习，熟练掌握手持式多指多张点钞法后，点钞速度与质量就会显著提高。

2. 解决措施

(1) 作为一名城市轨道交通票务员，既要具备熟练的车票事务处理能力，又要具备熟练的点钞技能。面对大量零钞，先按面额不同归类，然后强化练习各种点钞方法，选择自己应用自如的一种点钞方法进行初钞及复点。

(2) 由于售票工作是一项繁忙而又细致的工作，要真正做好这项工作，要求相关从业人员一定做到"三心"，即学习业务要虚心、办理业务要细心、日常工作要有责任心。

实训任务

1. 准备一把点钞纸，随机抽出不等张数，测试手持式点钞的规范性和准确性。
2. 准备一把点钞纸，随机抽出不等张数，测试手按式点钞的规范性和准确性。
3. 同学之间开展点钞和扎把比赛。

任务2　机器点钞技能

【情景导入】

案例名称	机器点钞		
时间	高职学生实习期伊始	地点	长春市轨道交通集团轻轨4号线
小王是某高职院校学生，第一天到长春市轨道交通集团轻轨4号线上某站实习，他充满了激情与渴望，想尽快熟悉业务。他熟悉的第一个业务就是窗口售票业务，其中一个重要设备是点钞机，他知道点钞机不仅可以点钞，还可以验钞，但对于使用机器的流程和注意事项还不甚清楚，想进一步了解。			

【知识要点】

1. 了解点钞机的一般常识。
2. 掌握机器点钞方法。
3. 了解点钞机常见故障。

【理论准备】

一、点钞机的一般常识

1. 点钞机的定义

点钞机（Cash Registers）是一种自动清点钞票数目的机电一体化装置，一般带有伪钞识别功能，是集记数和辨伪钞票功能为一体的机器。由于现金流通规模庞大，点钞机已成为城市轨道交通售票工作中不可缺少的设备。

本任务以日常工作中常用的自动点钞机（如图 7-19 所示）为例进行讲解。

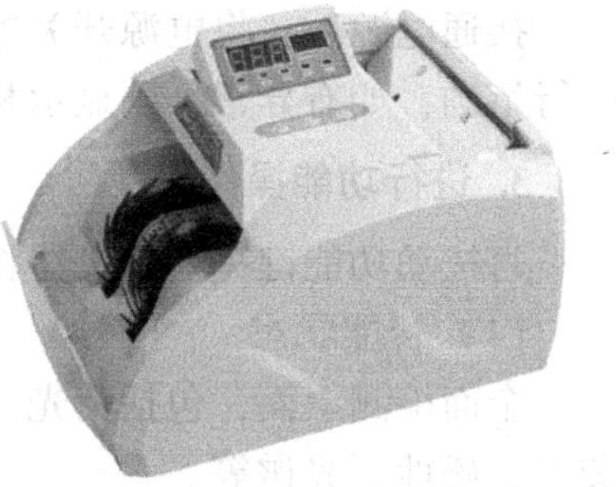

图 7-19　自动点钞机

2. 点钞机的基本功能键

（1）启动键

当停机需再运行或使用手动键时，按动此键。

（2）清零键

当需要清除当前计数值，即回到“0”重新计数时，按动此键。

（3）光检键（或光检指示灯）

按动此键（或光检指示灯亮），可以清点任何不同面值无紫光反应的钞票。一般情况下，开启机器时紫光鉴伪也同时具备，无须设置。

（4）磁检键（或磁检指示灯）

按动此键（或磁检指示灯亮），能混点不同面值有磁性反应的钞票。

（5）数码键（或数码指示灯）

按动此键（或数码指示灯亮），第四套人民币和第五套人民币不能混点，第四套人民币 100 元和 50 元可以混点，第五套人民币 50 元、20 元、10 元、5 元可以混点。

（6）累加键

累加功能可连续累计清点数的总值，直至数值显示“9 999”张后，即回到“0”重新计数。

（7）预置键

按动此键，预置显示窗将会依次显示为“10”、“20”、“25”、“50”、“100”、“空白”等字样，再按动“+”或“-”键，设置你理想的数字，设置完毕，就可以进行票面的清点，要取消预置数，直接按动此键。

二、机器点钞方法

机器点钞速度较快，在点钞的同时还能检验钞票的真伪，有利于提高出纳的工作效率。但是，点钞机存在一定的局限性，因此机器点钞一般多用于钞票的复点。

1. 点钞的准备

点钞机一般放在操作人员的正前方，在使用前应对点钞机进行调试，使点钞机运行时能做到转速均匀，点数准确，下钞流畅，落钞整齐。

点钞时，要清点的钞票及操作用的有关用具应根据平时的操作习惯摆放就位。未清点的钞票放在点钞机右侧，经复点后的钞票放在点钞机的左侧。各种不同券种的钞票应按一定方向排列，扎把的封条应放在点钞机的前方。

2. 开启电源开关

接通电源后，将电源开关置于“ON”位置，此时机器进入自检功能，显示窗口均显示一行笔画，如有异常，则显示相应的错误信息。

3. 进行功能操作设置

每按动功能键一次，机器将会替换智能（检伪）、记数、累加三种点钞方式。

（1）智能状态

全面检测票面，包括荧光、磁性、光谱、夹张、连张、裂缝等。如为检伪状态，则检测荧光、磁性、光谱等。

（2）记数状态

检测夹张、连张、裂缝等。

（3）累加状态

不检测，只作累加清点，一般点钞机的最大点钞范围为 9 999 张。

4. 点钞方式

（1）全数清点方式

按预置按键，使预置显示窗无任何显示，机器即选择了全数清点方式。

①把钞票放于滑钞板上，按键使预置显示窗无任何显示，机器即选择了全数清点方式。机器会自动启动、运行，直至滑钞板上的钞票走完，清点数目显示在记数显示窗上。

②如果要继续清点，取走接钞板上的钞票并把下一叠钞票放在滑钞板上，记数显示窗即会恢复到“0”，机器重新启动点钞。

③如果不取走接钞板上的钞票，而在滑钞板上加点钞票，机器会自行启动，且将新点的张数累加在原记数值之上。

（2）定量清点方式。

①通过按加数“+”或减数“-”键，可在 1～999 范围内选取预定数。选预定数时，机器会自动选择定量清点方式。

②每一次按预置键，预置显示窗都将会依次显示为“10”、“20”、“25”、“50”、“100”、“空白”等字样，再按一次加数或减数键，预置显示窗则会加或减“1”，如果持续按住加数或减数键，预置显示窗便每隔 1/4 秒会自行加或减“1”。

③把钞票放在滑钞板上，机器便会自动启动点钞，当点钞记数到预定数时，机器会自动停止（即定量清点）。

④如果要重复定量清点，只要拿走接钞板上已清点过的钞票，机器会自动重复上述过程。

⑤如果未达到预定数时，应重新往滑钞板上放入钞票，机器会自行启动，连续记数并在达到预定数时停止（即重复定量清点）。

⑥每次更改预定数时，即终止当前的定量清点，应取走接钞板上的钞票，设置新的预定数。

⑦当预置点钞时，记数窗上的显示数会自选累加，并且预置显示数会相应减“1”，到“0”后会自选回到原先的预置数（其他机型可参考《操作手册》）。

5. 具体操作步骤

点钞机点钞的操作步骤与手工点钞大致相同，也要完成拆把、清点、封把及盖章等几道工序。

（1）拆把

点钞机经开启电源自检成功后，操作者用右手从机器右侧拿起已摆放好要清点的钞票，用右手持票，方法是：拇指和食指在票前，中指、无名指和小指在票后，捏住钞票的右上角，然后用食指勾断封条纸，为清点作准备。

（2）清点

经拆把后的钞票，用右手捏住，拇指稍用力往下掀，把钞票掀成梯形放入点钞机的滑钞板上。点钞机清点时，钞票经滑钞板通过捻钞轮和记数光敏管，自然下滑到传送带，落到接钞板上。

当一把钞票点完，如记数为100张时，则用左手从接钞台内取出钞票，右手将第二把要清点的钞票（需勾断封条）放在滑钞板上。如不足100张，则重新清点一次，并查明原因。这就要求点钞时操作人员一边要观察跑道上的钞票票面，看清数码显示数，一边准备下一把钞票，为下一次清点钞票作准备。

（3）封把

在清点完100张后，左手从接钞台上取出钞票，右手放入下一把钞票，同时将取出的钞票墩齐，进行扎把，要求与手工点钞的扎把相同。扎把时，眼睛仍要看清点钞机跑道上钞票的票面，当扎好把后，左手把钞票放到机器的左侧时，取走桌上上一把钞票的封条纸。

（4）盖章

钞票经复点完后，应逐把盖好印章，每把钞票的盖章都要清晰明了。

三、点钞机常见故障及处理

1. 开机后无显示

①检查电源的插座是否有电。

②检查点钞机的插头是否插好。

③检查点钞机的保险丝是否已熔断。

2. 开机后出现故障提示代码

一般点钞机具有故障自检功能，开机后点钞机就自诊是否有故障。不同的点钞机，故障代码也不一样。请参考《使用说明书》。

3. 记数不准

①调节托钞盘后部的垂直螺丝，顺时针拧一周或两周。

②清理光电记数传感器上的积尘（除尘）。

③清尘后如还不能恢复正常，就要检查阻力橡皮、捻钞轮是否严重磨损。如是，换完后

再进行调整。

④调节送钞台光电记数器传感器的对正位置。

4. 荧光鉴伪不报警或检伪灵敏度降低

①调节电路板灵敏度按键或灵敏度调节电位器（荧光鉴伪的灵敏度）。

②检查荧光灯管光传感器（紫光灯探头）是否积灰尘。

③检查荧光灯管是否老化。

5. 启停方式失灵

①检查送钞传感器是否积灰尘。

②送钞传感器和主电路板连接开路，接好即可。

③检查点钞机皮带是否折断。

【任务处理】

点钞机已经成为相关从业人员的得力助手。在机器点钞操作过程中，归纳起来要做到“五个二”，即二看：看清跑道票面，看准记数。二清：券别、把数分清，接钞台取清。二防：防留张，防机器吃钞。二复：发现钞券有裂缝和夹带纸片要复查，记数不准时要复查。二经常：经常检查机器底部，经常保养、维修点钞机。

因此，只有掌握点钞机的基本使用方法和注意事项，才能使点钞机保持正常运转，延长机器寿命和减少差错。

实训任务

准备多把点钞纸，计时，测试机器点钞的速度、准确性以及点钞程序的规范性。

任务3　验钞技能

【情景导入】

案例名称	验钞技能		
时间	2009年3月24日	地点	广州惠州
2009年2月24日，广州惠州警方破获一起特大制造假币案件，缴获第五套100元面额假人民币成品9 000余万元，以及印刷机、晒版机、切割机等全套制假币设备、PS版及假币胶片一套。12名犯罪嫌疑人全部落网，所幸该窝点印制的假币无一张流入市面。类似这样的制造假钞案件，在当下时代已经屡见不鲜。作为轨道交通的售票人员，每天都与现金打交道，如何才能不造成经济损失，保证现金的安全性呢？你具备辨认假钞的能力吗？			

【知识要点】

1. 了解第五套人民币的发展及特点。
2. 了解第五套人民币的防伪特征。
3. 掌握第五套人民币的识别与鉴别方法。

【理论准备】

在我国经济迅速发展的今天，一些不法分子为了牟取经济利益，利用高科技手段制造假钞，因此，作为从事收款、付款工作的人员，必须掌握识别真假钞票的基本要领及其常识，不断提高自己的验钞技能。

一、认识第五套人民币

改革开放以来，随着社会主义市场经济持续、健康、快速发展，社会对现金的需求量日益增大。第四套人民币本身存在一些不足之处，如防伪措施简单，不利于人民币反假；缺少机读性能，不利于钞票自动化处理，等等，因此，为适应经济发展和市场货币流通的要求，我国发行新版人民币。

1999 年 10 月 1 日，在中华人民共和国建国 50 周年之际，根据中华人民共和国国务院第 268 号令，中国人民银行陆续发行第五套人民币。共八种面额：100 元、50 元、20 元、10 元、5 元、1 元、5 角、1 角。

2005 年 8 月 31 日，又发行了第五套人民币 2005 版共六种票面：100 元、50 元、20 元、10 元、5 元、1 角硬币。

现在社会上使用的人民币大多数是第五套人民币，票样如图 7-20 所示。它的特点如下：

图 7-20　第五套人民币票样

1. 突出了“三大”

即大人像、大水印、大面额数字，方便了流通使用，强化了防伪功能，便于公众识别。

2. 构图尽显中国特色

各券种正面主景全部采用了开国元勋毛泽东的头像，并辅之以中国名花装饰图案和民族装饰纹样，体现了中国文化特色：100 元、50 元券的背面主景分别采用我国著名建筑人民大会堂和布达拉宫，20 元、10 元、5 元、1 元券背面主景分别采用我国著名风景桂林山水、长江三峡、泰山、西湖等。

二、第五套人民币的防伪特征

1. 固定人像和花卉水印

100 元、50 元人民币票面正面左侧空白处，迎光透视，可见与主景人像相同、立体感很强的毛泽东头像水印，如图 7-21 所示。20 元、10 元、5 元 、1 元人民币可见花卉水印。20 元是一朵荷花，如图 7-22 所示；10 元是月季花，如图 7-23 所示；5 元是水仙花，如图 7-24 所示；1 元是兰花，如图 7-25 所示。

图 7-21　100 元和 50 元人民币人像水印

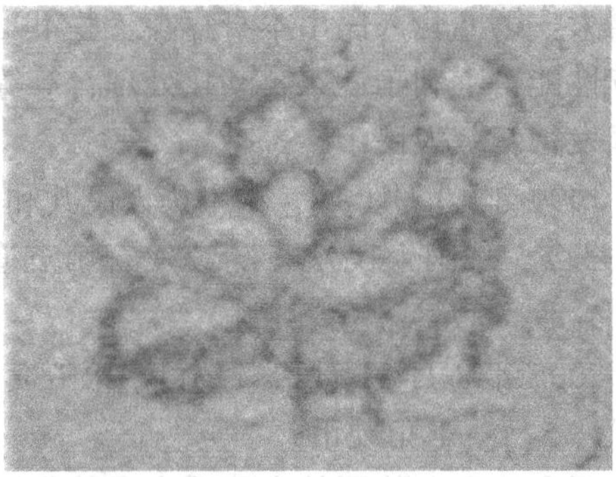

图 7-22　20 元人民币花卉水印

图 7-23　10 元人民币花卉水印

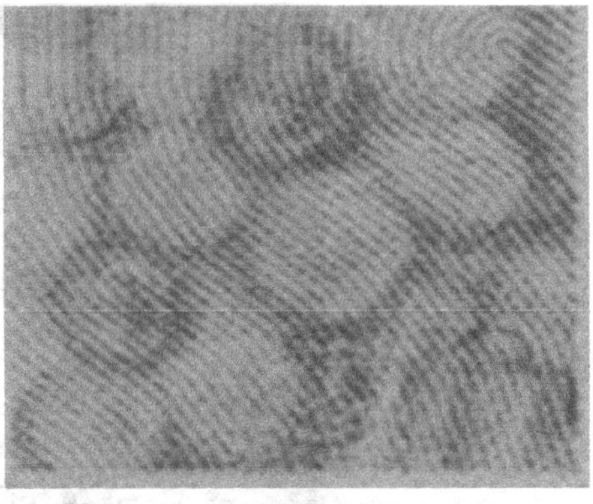

图 7-24　5 元人民币花卉水印

2. 安全线

第五套人民币 1999 版的 5 种纸币均采用了安全线技术。100 元、50 元人民币采用了磁性缩微文字安全线，迎光观察，可见“RMB　100”和“RMB　50”微小文字，仪器检测有磁性；20 元人民币采用了带有磁性且明暗相间的安全线；10 元、5 元人民币正面中间偏左处带有全息磁性开窗式安全线，如图 7-26 所示。

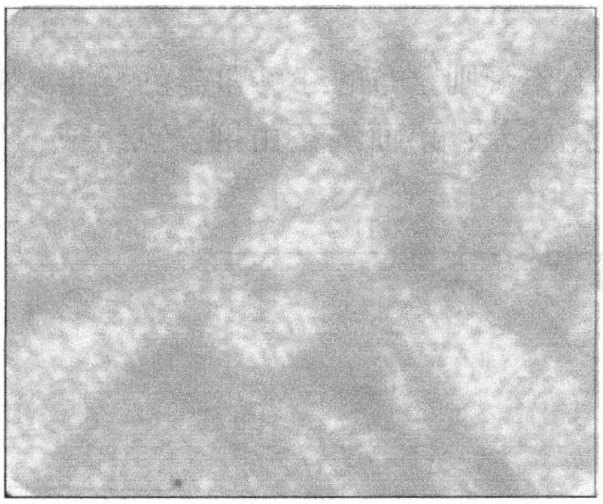

图 7-25　1 元人民币花卉水印

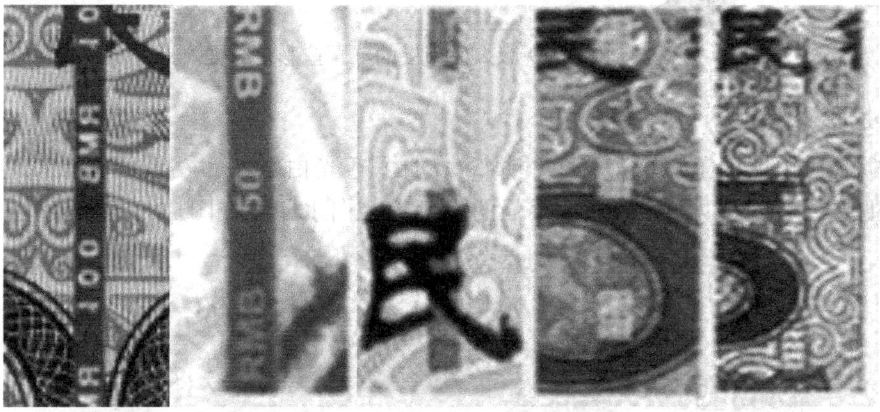

图 7-26　1999 版人民币 100 元、50 元、20 元、10 元、5 元的安全线
(次序为从左至右)

2005 版均为全息磁性开窗安全线：将原磁性微缩文字安全线调整为全息磁性开窗安全线。开窗安全线是指局部埋入纸张中，局部裸露在纸面上的一种安全线。100 元、50 元人民币的背面中间偏右处有一条开窗安全线，开窗部分可以看到由缩微字符“￥100、￥50”组成的全息图案，仪器检测有磁性。20 元、10 元、5 元人民币的窗开在正面中间偏左处。如图 7-27 所示。

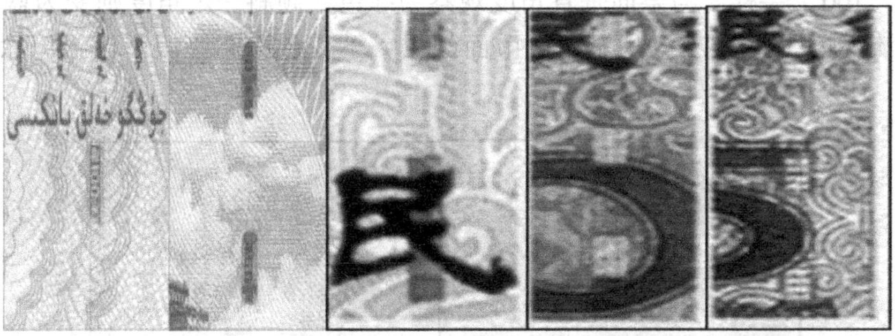

图 7-27　2005 版人民币 100 元、50 元、20 元、10 元、5 元安全线
(次序为从左至右)

3. 红、蓝彩色纤维

1999 版人民币在票面上有不规则分布的红色和蓝色纤维，如图 7-28 所示。假币墨色平滑，票面主景线条粗糙，立体感差；票面线条由网、点组成，呈点状结构；无红、蓝彩色纤维。

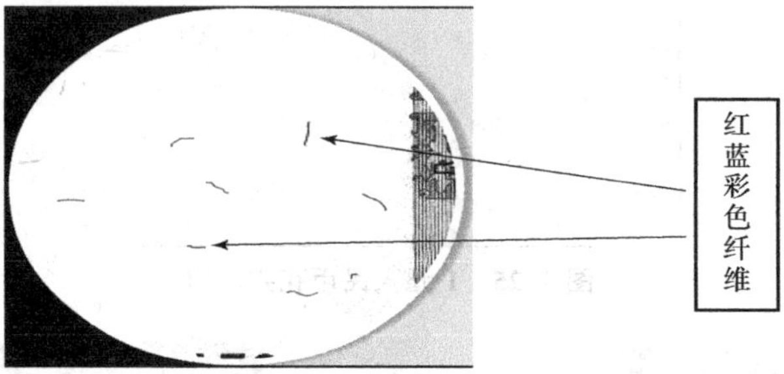

图 7-28　1999 版人民币上的红、蓝彩色纤维

4. 白水印

2005 版人民币取消了红、蓝彩色纤维，增加了透光白水印，在票面正面双色异形横号码下方，迎光透视，可以看到透光性很强的面额数字白水印，如图 7-29 所示。

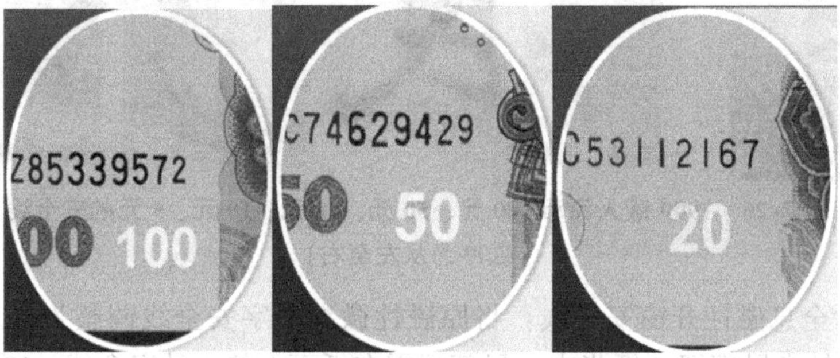

图 7-29　2005 版人民币的面额数字白水印

5. 光变油墨面额数字

第五套人民币首次采用了光变油墨技术，用来印刷 100 元和 50 元券的面额数字。票面正面左下方“100”字样，与票面垂直角度观察为绿色，倾斜一定角度则变为蓝色，50 元则由金黄色变淡绿色，如图 7-30 所示。假币面额数字不变色，有些假币用铅笔涂抹来仿照变色效果。

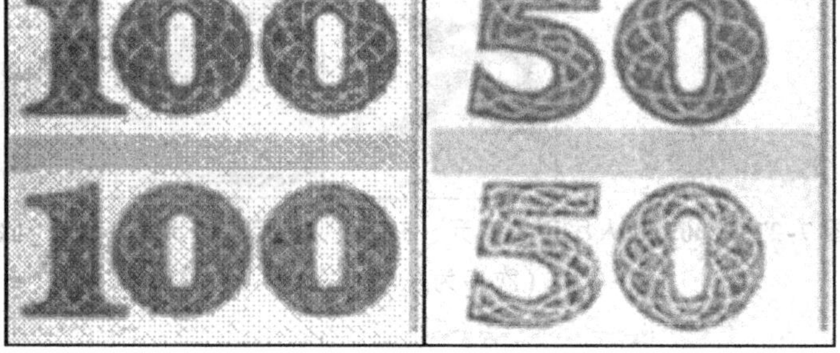

图 7-30　光变油墨面额数字

6. **雕刻凹版印刷**

票面正面主景的毛泽东头像、中国人民银行行名、面额数字、盲文及背面主景人民大会堂等均采用雕刻凹版印刷，用手指触摸，有明显的凹凸感。1999 版 1 元和 2005 版人民币各面值正面主景图案右侧，有一组自上而下规则排列的线纹——凹印手感线，有极强的凹凸感。假币整张钞票手感平滑，无凹凸感。

7. **手工雕刻头像**

票面正面主景毛泽东头像，采用手工雕刻凹版印刷工艺，如图 7-31 所示，形象逼真、传神，凹凸感强，易于识别。

图 7-31　手工雕刻头像凹版印刷工艺

8. **阴阳互补对印图案**

1999 版人民币票面正面左下方和背面右下方均有一圆形局部图案，如图 7-32 所示，2005 版人民币票面正面左边中间和背面右边中间部位均有一圆形局部图案，迎光观察，正背面图案重合并组合成一个完整的古钱币图案，互补对印如图 7-33 所示。

假币对印图案错位，或重叠。

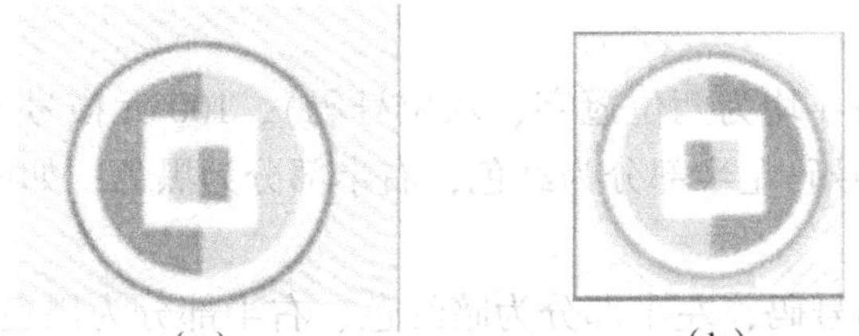

(a)　　(b)

图 7-32　1999 版人民币阴阳互补对印图案

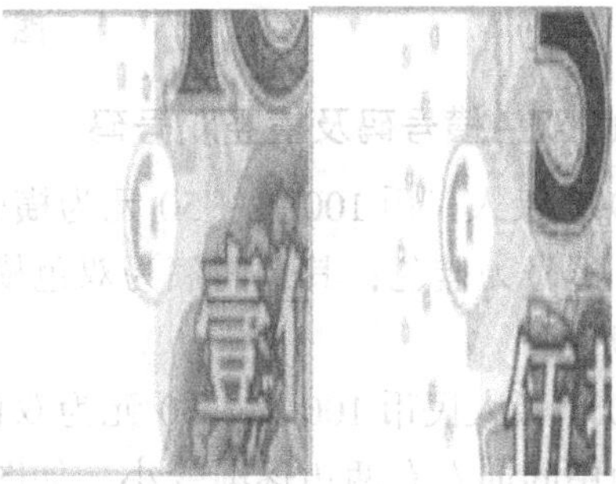

图 7-33　2005 版人民币阴阳互补对印图案

9. **隐形面额数字**

人民币票面正面右上方有一椭圆形图案，将钞票置于与眼睛接近平行的位置，面对光源作平面旋转 45°或 90°角，即可看到面额数字。将 2005 版人民币接近与眼平行位置，面对光源上下晃动，可见隐形面额数字，不同隐形面额数字如图 7-34 所示。没有隐形面额数字的是假币。

图 7-34　人民币上的隐形面额数字

10. 胶印缩微文字

人民币 100 元、50 元、10 元和 5 元票面的正上方，20 元票面的正面右侧和下方以及背面图案中，多处印有胶印缩微文字，在放大镜下可看到“RMB”和相应面额的阿拉伯数字，如图 7-35 所示。假币胶印缩微文字模糊不清。

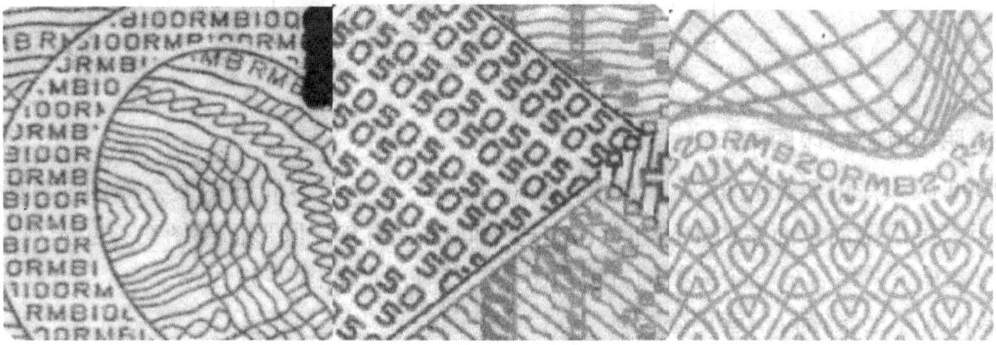

图 7-35　胶印缩微文字

11. 双色横号码及横竖双号码

1999 版人民币 100 元、50 元为横竖双号码（均为两位冠字、八位号码），100 元横号为黑色，竖号为蓝色；其余面额为双色横号码，号码左半部分为红色，右半部分为黑色，如图 7-36 所示。

2005 版人民币 100 元、50 元为双色异型横号码，左半部分为暗红色、右半部分为黑色，字符由中间向左右两边逐渐变小，如图 7-37 所示。其余面额同 1999 版。真币黑色部分有磁性，假币无磁性。

12. 无色荧光油墨印刷图案

正面“中国人民银行”行名下方胶印底纹处，在特定波长的紫外光下可以看到相应面额的阿拉伯数字字样，该图案采用无色荧光油墨印刷，可供机读，如图 7-38 所示。

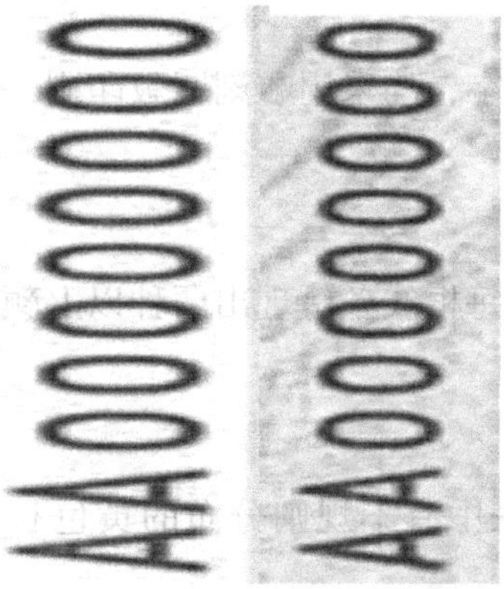

图 7-36　1999 版横竖双号码

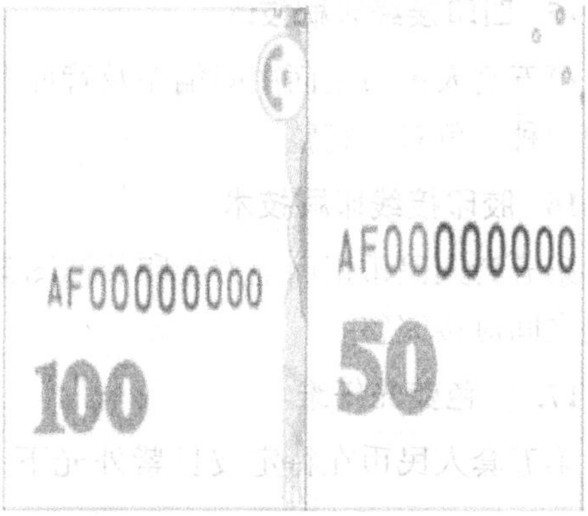

图 7-37　2005 版双色异型横号码

图 7-38　无色荧光油墨印刷图案

13. 有色荧光油墨印刷图案

100 元背面正上方椭圆形图案中的红色纹线，在特定波长的紫外光下显现明亮的橘黄色；20 元券背面的中间，在特定波长的紫外光下显现绿色荧光图案。50 元券背面在紫外光下也会显现图案。假币图案在紫外光下图案色彩单一、较暗淡。颜色浓度及荧光强度较差。

14. 凹印缩微文字

第五套人民币 5 种纸币都印有凹印缩微文字，必须借用放大镜才能分辨出来。他们分布于100 元、50 元和 5 元的背面主景下方和右下角的面额数字内；以及 20 元、10 元和 5 元正面右上方的装饰图案中。通过放大镜，可看到“RMB”和相应的面额数字字样。假币凹印缩微文字模糊不清。

15. 凹印接线印刷技术

第五套人民币正面中间偏左及背面左下角的面额数字，均采用雕刻凹版印刷，每根线条上的两种颜色对接完整。

16. 胶印接线印刷技术

第五套人民币正面上方胶印装饰图案由线条组成，每根线条呈现出两种以上颜色，不同颜色之间对接完整。

17. 变色荧光纤维

第五套人民币在特定波长紫外光下，可以看到纸张中有不规则分布的黄色和蓝色荧光纤维。

18. 专用纸张

第五套人民币的纸张采用棉短绒和高质量木浆为原料，由专用抄造设备抄制的印钞专用纸张印制，在紫外光下观察无荧光反应。

三、第五套人民币的识别与鉴别方法

1. 感观鉴别法

鉴别假钞的方法一般靠眼看、手摸、耳听等感官的感觉，从钞票纸质、水印、凹印技术、对印技术、接线技术、荧光油墨和光变油墨、安全线识别等几个方面来识别。

(1) 纸张识别

纸张是印制钞票的主要原料，为提高钞票的反假性能，现代钞票均采用专门纸张印制。人民币纸张也采用了专用钞纸，主要成分为棉短绒和高质量木浆，具有耐磨、有韧度、挺括、不易折断，抖动时发出脆响声音等特点。

假币纸张绵软，韧性差，易断裂，抖动时声音发闷；假币在紫外光下有荧光反应，真币无荧光反应。

(2) 水印识别

人民币水印是在造纸中采用特殊工艺使纸纤维堆积而形成的暗记。分满版和固定水印二种。其特点是层次分明、立体感强，透光观察清晰。

假币特点是水印模糊，无立体感，变形较大，用浅色油墨加印在纸张正、背面，不需迎光透视就能看到。

(3) 凹印技术识别

凹印技术是指一种先进的制版印刷术。真币的技术特点是图像层次清晰，色泽鲜艳、浓郁，立体感强，触摸有凹凸感，如人民币在人物、字体、国徽、盲文点处都采用了这一技术。假币图案平淡，手感光滑，花纹图案较模糊，并由网点组成。

(4) 对印技术识别

对印技术也可叫“可观定位”印制钞票技术，是通过专门印制技艺，使钞票某部位图案正背面图案相吻合，由一个整体或分步组合构成新的完整的图景。俗称阴阳互补图。对印制版印刷技术要求精确度很高，所以假币容易出现正背面图景错位现象，可抓住这个关键点进行真假对比。

（5）接线技术识别

接线技术是指在印制钞票图纹、线条时，在一条完整的直线或曲线中，采用多种颜色印刷但无重叠或缺口现象的一种专门印钞技术，是一种较好的防伪措施。采用接线技术印刷钞票，可以取得图案色彩鲜艳，观感明显的效果，并可使各类颜色衔接，过度自然，由于受制版条件和印刷设备限制，伪造假币是不容易做到的，因此真假币在接线部位区别很大。

（6）荧光油墨和光变油墨识别

荧光油墨、光变油墨是印制钞票的特种防伪墨剂，是主动防伪的重要内容，荧光油墨的检测必须借助仪器方可实施。如100元、50元人民币正面行名下方胶印底纹处，在特定波长的紫外光下可以看到阿拉伯数字“100”、“50”的荧光反应，但整版纸张无任何反应。而假币一般没有荧光暗记，个别的虽有荧光暗记，但与真币比较，颜色有较大差异，并且纸张会有较明亮的蓝白荧光反应。光变油墨真币变化反应明显，假币则无变化或变化不规律、不明显。

（7）安全线识别

真币的安全线是立体实物，与钞纸融为一体，有凸起的手感。假币一般是印上或画上的颜色，如果加入了立体实物，会出现与票面皱褶分离的现象，线与纸之间产生间隙。

2. 工具鉴别法

当用感观鉴别不能确认钞票真伪时，要借助于放大镜等简易工具，按照真钞的主要特征仔细核对识别，如平印、套印、对印等是否准确。

3. 仪器鉴别法

可以用比较先进的检验仪器来判定真假钞票。常见的检验仪器有对比显微镜、紫外光荧光墨检测仪、磁性油墨检测仪、假钞自动鉴别仪等。如自动鉴伪点钞机，采用先进的微电脑技术，运用紫外光、磁性、红外线穿透三重鉴伪技术，并设识读新版安全线技术，不仅能识别有荧光反应的假钞，对无荧光反应的大额假钞也能准确鉴别。

【任务处理】

1. 案例分析

案例中假钞制造类案件的频繁发生，给相关的从业人员带来了一定的困扰。在实践操作中，鉴别人民币真伪的方法主要是人工鉴别法和仪器鉴别法。人工鉴别法又称经验鉴别法。它是通过眼看、手模等方法将可疑币挑出。仪器鉴别法是运用专门的鉴别仪器来鉴别人民币真伪的方法。所以要求相关从业人员熟练掌握这些常用的鉴别方法，并加强自身的专业素质。

2. 解决措施

（1）加强防范意识。认真办理业务，仔细清点和查验钞票，不疏忽大意，不放过一张可疑钞票。

（2）强化基本功。除了利用点钞机检验钞票，还要牢记第五套人民币的防伪特征，运用眼看、手摸、耳听、仪器测等常用方法，然后再进行综合分析判断，假人民币即可现出本来面目。相信自己，熟能生巧。

实训任务

以100元和50元人民币为例，测试鉴别假币方法的正确性和识别假币的具体能力。

【项目实施与评价】

项目实施与评价表

项目七　点钞与验钞技能

授课教师：＿＿＿＿＿＿班级：＿＿＿＿＿＿学生姓名：＿＿＿＿＿＿时间：＿＿＿＿＿＿

一、典型案例

在2015年的中国铁路客运中，沈阳北站的售票员牛云峰打破了一个由他自己保持的记录，单日卖票1 853张。因为每个月售出的票最多、售票款最高、售出异地票最多，同事们都称他为“牛三多”，全国300多趟热点车次他倒背如流，平均30秒就能卖出一张票，牛云峰是一位名副其实的售票大王。

我们知道售票是铁路服务的第一张名片，它直接影响着铁路企业的形象和运营收入。看到这则新闻，作为在城市轨道交通售票岗位工作的你来讲，你了解这1 853张车票意味着什么吗？了解这1 853张车票背后有多少艰辛与付出吗？

二、案例分析

三、案例启示

四、成绩评价

1. 学生评价

评价等级	A—优	B—良	C—中	D—及格	E—不及格
学生自评					
组内互评					
他组互评					

2. 教师评价

评价等级	A—优	B—良	C—中	D—及格	E—不及格
专业能力					
社会能力					
评价结果					

3. 综合评定

评价等级	A—优	B—良	C—中	D—及格	E—不及格
评价结果					

4. 评价量化标准

评价等级	行为表现描述
A	能高效圆满地完成任务中的全部操作内容
B	能顺利完成任务中的全部操作内容
C	能完成实训任务的全部内容，但需要一些帮助和指导
D	只能完成实训任务的部分内容
E	不能完成实训任务中的全部内容

思考与练习

1. 点钞的方法有哪些？
2. 手工点钞的基本环节有哪些？
3. 机器点钞的基本程序是什么？
4. 我国第五套人民币的防伪标志有哪些？
5. 简述第五套人民币的识别与鉴别方法。

参考文献

[1] 段金辉. 车辆事故案例分析及防范措施 [M]. 北京：北京理工大学出版社，2011.
[2] 杨亚. 城市轨道交通票务组织 [M]. 北京：电子工业出版社，2014.
[3] 于涛. 城市轨道交通票务管理 [M]. 北京：人民交通出版社，2014.
[4] 赵舜尧，王敏. 城市轨道交通票务管理 [M]. 重庆：重庆大学出版社，2013.
[5] 鞠峰. 城市轨道交通客运服务规范与训练 [M]. 北京：北京理工大学出版社，2014.
[6] 费安萍. 城市轨道交通行车组织 [M]. 成都：西南交通大学出版社，2007.
[7] 郑丽娟. 基于城市轨道交通网络运营的客流分布预测研究 [D]. 上海：同济大学，2008.
[8] 许玉德，李海峰，戴月辉. 轨道交通工务管理 [M]. 上海：同济大学出版社，2007.
[9] GB 50381－2006. 城市轨道交通自动售检票系统工程质量验收规范 [S]. 2006.
[10] 刘静静，夏涛. 轨道交通仿真教学培训系统设计 [J]. 软件. 2012 (01).
[11] 钱钟侯. 高速铁路概论 [M]. 3 版. 北京：中国铁道出版社，2006.
[12] 毛保华. 城市轨道交通系统运营管理 [M]. 北京：人民交通出版社，2006.
[13] 谭复兴，高伟君，等. 城市轨道交通系统概论 [M]. 北京：中国水利水电出版社，2007.
[14] 李力. 城市轨道交通运营与管理综合应用 [M]. 北京：中国电力出版社，2008.
[15] 毛保华，江帆，刘迁，等. 城市轨道交通 [M]. 北京：科学出版社，2007.
[16] 黄典剑，李传贵. 突发事件应急能力评价 [M]. 北京：冶金工业出版社，2006.
[17] 田福生. 城市轨道交通行车组织的相关问题研究 [D]. 成都：西南交通大学，2006.
[18] 欧阳全裕. 地铁轻轨线路设计 [M]. 北京：中国建筑工业出版社，2007.
[19] 张凡，钱传贵. 城市轨道交通概论 [M]. 成都：西南交通大学出版社，2007.
[20] 欧莉. 简析地铁车站票务管理 [J]. 现代城市轨道交通，2011 (02).
[21] 耿幸福，宁斌. 城市轨道交通运营安全 [M]. 北京：人民交通出版社，2010.
[22] 张庆玲. 城市轨道交通车辆结构与检修 [M]. 北京：北京理工大学出版社，2014.